县域银行业金融机构
常见疑难法律问题解析

案例·误区·分析·处理建议·法条

丁 求 著

中国金融出版社

责任编辑：丁　芊
责任校对：李俊英
责任印制：程　颖

图书在版编目（CIP）数据

县域银行业金融机构常见疑难法律问题解析/（Xianyu Yinhangye Jinrong
Jigou Changjian Yinan Falü Wenti Jiexi）案例·误区·分析·处理建议·法
条/丁求著. —北京：中国金融出版社，2017.7
　　ISBN 978 - 7 - 5049 - 9001 - 3

　　Ⅰ. ①县… 　Ⅱ. ①丁… 　Ⅲ. ①农村金融—金融法—研究—中国
Ⅳ. ①D922. 280. 4

　　中国版本图书馆 CIP 数据核字（2017）第 096157 号

出版
发行　　中国金融出版社

社址　北京市丰台区益泽路 2 号
市场开发部　（010）63266347，63805472，63439533（传真）
网 上 书 店　http：//www. chinafph. com
　　　　　　　（010）63286832，63365686（传真）
读者服务部　（010）66070833，62568380
邮编　100071
经销　新华书店
印刷　保利达印务有限公司
尺寸　169 毫米×239 毫米
印张　17
字数　270 千
版次　2017 年 7 月第 1 版
印次　2017 年 7 月第 1 次印刷
定价　58. 00 元
ISBN 978 - 7 - 5049 - 9001 - 3
如出现印装错误本社负责调换　联系电话（010）63263947

加强法律风险管理
健全县域金融安全体系

（代序一）

2017 年 4 月 25 日，中央政治局就维护国家金融安全进行第四十次集体学习。习近平总书记强调，金融安全是国家安全的重要组成部分，是经济平稳健康发展的重要基础。维护金融安全，是关系我国经济社会发展全局的一件带有战略性、根本性的大事。法律风险是关系金融安全的重要因素，涉及金融机构经营管理的各个层面，我们必须深入思考和认真研究。

"郡县治，天下安；郡县富，天下足。"县域经济的发展离不开金融的支持，特别是我国中小金融机构对促进地方经济发挥着巨大的作用。目前我国涉及农村的银行业金融法人机构（农村商业银行、农村合作银行、农村信用社、村镇银行）3700 多家，它们在县域金融中有着重要的地位。与大型银行相比，县域农村金融法人机构具有决策效率高、经营流程短的显著优势，但同时也存在底子薄，专业人才少，特别是专业法务人员缺乏，法律风险防控意识不强，抗风险能力比较脆弱等问题。如何有效规避和减少农村金融机构的法律风险，是推动县域农村金融机构改革、发展、稳定，确保县域金融安全的一个重要课题。

《县域银行业金融机构常见疑难法律问题解析》一书在一定程度上回答了上述问题。作者丁求同志于苏州大学法学院研究生毕业后，曾从事企业法律顾问工作，后来又作为法律人才走进江苏沭阳农村商业银行，对县域金融特别是农村金融有了更加深入的触摸和认识。他将这些年来所接触的各类实务在认真思考的基础上整理编写成册，全书分为授信审批、信贷管理、不良资产处理、柜面运营、投诉和其他五章内容，解析了目前农村金融机构常见的疑难法律风险管理问题。

加强法律风险管理，维护金融安全，要以强烈的问题意识引导具体工作方向，抓住了问题就抓住了具体。本书坚持问题导向，以农村金融机构日常遇到的法律问题为案例，侧重从内部法务人员的视角来分析与处理问题，既站在经营管理的角度又切实体现了法治思维、底线思维、精准思维，有很强的实用性，具有"治未病"及"对症下药"的双重功效，对农村金融机构经营决策和法律风险管控具有较高的参考与借鉴价值。特别是 2016 年 11 月 16 日中国银监会发布《关于银行业金融机构法律顾问工作的指导意见》（银监发〔2016〕49 号）之后，对各地农村金融机构如何结合自身情况，以内部法律顾问为主，建立健全法律顾问制度，提升法律风险管理水平，构建以法律风险管理机制为基础的县域金融安全体系有着现实意义。

知之者不如好之者，好之者不如乐之者。丁求就是这样一位知之者、好之者、乐之者。我相信他能遵循新发展理念、运用六大思维方法、执着工作实践、细致观察分析、潜心调查研究，不断为党的农村金融事业贡献自己的智慧！

中国金融思想政治工作研究会秘书长

2017 年 6 月 26 日于北京

县域金融机构法律
风险防控体系建设任重道远
（代序二）

金融行业是法律密集型行业，法律风险是银行业务中的固有风险。巴塞尔委员会在 2004 年 6 月公布的《巴塞尔新资本协议》中，首次将法律风险纳入银行资本监管协议，要求国际商业银行采用规定的方法计量法律风险，并以此为基础确定其资本标准。该协议对商业银行全面风险管理体系建设提出更高要求。为缩小差距，加强我国银行业法治建设，提升银行业金融机构法律风险管理水平，2016 年中国银监会发布了《关于银行业金融机构法律顾问工作的指导意见》。该指导意见从人员配备、机构设置、权限划分、督促保障等多个方面构建了法律顾问制度体系，并要求农村商业银行等银行业监督管理机构批准设立的金融机构逐步建立法律顾问制度，到 2020 年全面建立与各机构风险状况相适应的法律工作体系，有效提升银行业法律风险管理水平。

长期以来，县域银行业金融机构内部法律专业人才奇缺，法律纠纷的处理多采用外聘律师的方式解决，企业内部法律风险防控意识薄弱，制度缺失，与《巴塞尔新资本协议》要求相去甚远。若能引进一批高素质的专业法律人才，通过建立完善的制度流程做好事前防控，不仅有利于提升整体的法律风险防控水平，更有利于县域银行业金融机构的长期稳健经营。

用鲜活的案例敲响警钟。本书作者采用案例分析法，以县域银行业金融机构在经营发展过程中的真实案例为载体，从资深法律人的视角深入剖析其中隐藏的法律问题，不仅对县域银行业金融机构经营决策和风险预防有重要价值，更对其加快内部法律风险防控体系建设具有重要的指导意义。本书案例分析法所体现的法律思维，对小额贷款公司、担保公司，其至大型商业银行的县级分支机构处理类似问题也具有很大的参考价值。

江苏省农村信用合作联社总法律顾问

2017 年 3 月 28 日于南京

自　序

　　自苏州大学法学院研究生毕业后，我就和法律结伴而行。在工作中，金融相关法律工作占据主要部分。初期在一家大型制造企业从事法律工作，因为该公司业务对资金需求巨大，同时又不断对外扩张，融资相关法律事务成为主要工作，除了传统的债权融资，还有供应链金融、信用证融资；股权融资除了上市，还有收购兼并、重组等。一时让我大开眼界，自此也喜爱上金融业务。后来到了一家担保公司工作，对担保的项目进行调查并设计风险控制措施，体会到设计方案的乐趣，特别是大多数人找不到有效的反担保措施准备放弃时，我提出有效的方案让项目起死回生。

　　县域金融中占据主要地位的是农村合作金融（农村信用社、农村合作银行、农村商业银行），其以县域为中心，覆盖城乡，"三农"和小微企业是它们主要的服务对象。在县域范围内为独立的法人机构，具有相当灵活的决策自主权，每一个省有一个省级联社，受省政府委托，履行对全省农村合作金融机构的管理、指导、协调、服务职能。地处县域，农村金融机构对人才的吸引力较弱，棘手的事情以人治的协调和沟通为主，法律化、制度化的思维落后于城市金融体系。

　　2014 年 5 月，我有幸作为专业法律人才走入江苏沭阳农村商业银行，成为农村合作金融体系的一员，近距离地感受县域农村金融的困惑和梦想。沭阳县处于江苏省的北部，在江苏属于欠发达地区，尽管其经济也曾经进入过全国百强县。我在两年多的时间内，每年审核上百份的合同，接受上百个咨询，指导应对金融业务的具体风险，对那些独特疑难事务形成处理方案，对流程、制度提出修订、完善建议，纠正了一些误区，引导全行的人员逐步用法律化思维分析和解决问题。

我将所接触的各类事务进一步去粗存精汇编成本书。其中每一个案例一般包含处理误区、分析、处理措施和规范建议。处理误区主要是部分一线人员的错误认识，揭示出来提醒部分人员改变认知；分析则是结合法律法规和处理方案的需要对案例涉及的相关知识进行分析比较；处理建议大部分是实践中具有可操作性的措施，个别处理建议是理论上的策略建议，并未经过实践的检验，同时处理建议需要结合客户的状况和农村金融机构的不同特点，相关处理建议具有参考价值；参考法规是将案例涉及的相关法律法规摘录出来，供从事县域金融的人员学习，以便对相关事务涉及的所有法律法规有一个全面的理解。

本书还存在诸多不足之处。因我一人之思维限制，难免有疏漏和欠缺，敬请谅解。以农村商业银行为代表的县域金融业务较为单一，因作者所在机构未开展理财、信用卡、国际结算和投行业务，所以本书没有涉及这些内容，也难以凭空杜撰相关的案例并提出有效的处理策略，对此尚感遗憾，期待农村商业银行能够在业务上补足短板。同时欢迎县域银行业金融机构经验丰富的人士提出宝贵意见，从而使本书内容得到补充和完善。

希望本书能够对县域金融的发展尽到绵薄之力！

丁　求

二〇一七年四月十五日

于江苏沭阳农村商业银行

目　　录

第一章　授信审批

第二章　信贷管理

第三章 不良资产处理

第四章　柜面运营

第五章　投诉和其他

第一章

授信审批

在授信调查和审批方面，合法性是最低要求。申请主体合法，经营合法，抵押物合法持有并抵押登记。对于客户经营的调查和分析，除了考虑经济因素外，从风险的角度看，无法律风险至关重要。

第一节 主体审核

股东贷款

✍ 案例

客户伍某为某某科技公司的投资人，占股比例为90%，其他小股东持有剩余的股权，现在伍某以个人的房产提供抵押向银行贷款并让该科技公司提供担保，该贷款实际也是用于某某科技公司，其他股东由于很少参与公司经营，也没有在股东会决议上签字。其贷款是否有效？

📖 处理误区

该贷款为伍某的个人贷款，所以需要股东会决议，且自己不能参与表决，应当回避。现在没有股东会决议，担保无效。

♻ 分析

1.《中华人民共和国公司法》规定，公司为股东担保需要出具股东会决议，且涉及的股东要回避，不参与表决。在中小企业实践中，有很多的股东贷款其实是公司贷款，以公司担保、用于公司。该贷款表面上为个人借款，实为公司借款，该借款运用于公司的日常经营事务，所以不应当受到是否具有股东会决议的限制。《中华人民共和国公司法》的规定目的是防止公司被股东利用来为自己服务从而损害债权人和其他股东的权益，如果该贷款实质上就是公司贷款，那么应当按照公司贷款处理。

2. 公司对外担保，股东会决议不是必要条件，股东会属于公司内部管理机构，股东会决议的约束对象应当是公司的股东、董事以及其他管理人员，不应当影响对外担保的效力。只要有公司盖章或者法人代表履行职务的签字行为，担保就应当合法有效。

处理措施和规范建议

1. 看股东或者法人代表的个人借款是否用于公司本身，如果是，那么应按照公司借款来对待。

2. 涉及公司的业务，最保险的方式就是所有的股东都参与表决，减少风险隐患。

参考法规

1. 《中华人民共和国公司法》第十六条　公司向其他企业投资或者为他人提供担保，依照公司章程的规定，由董事会或者股东会、股东大会决议；公司章程对投资或者担保的总额及单项投资或者担保的数额有限额规定的，不得超过规定的限额。

公司为公司股东或者实际控制人提供担保的，必须经股东会或者股东大会决议。

前款规定的股东或者受前款规定的实际控制人支配的股东，不得参加前款规定事项的表决。该项表决由出席会议的其他股东所持表决权的过半数通过。

2. 《最高人民法院关于审理民间借贷案件适用法律若干问题的规定》第二十三条第二款：企业法定代表人或负责人以个人名义与出借人签订民间借贷合同，所借款项用于企业生产经营，出借人请求企业与个人共同承担责任的，人民法院应予支持。

3. 最高人民法院公报公布的案例，关于中建材集团进出口公司的案例裁判宗旨：公司违反前述公司法对外担保的条款规定，与他人订立担保合同的，不能简单认定合同无效。第一，该条款并未明确规定公司违反上述规定对外提供担保导致担保合同无效；第二，公司内部决议程序，不得约束第三人；第三，该条款并非效力性强制性的规定；第四，依据该条款认定担保合同无效，不利于维护合同的稳定和交易的安全。

加油站贷款

案例

客户吉某某在本地经营加油站，准备在外地再办一个加油站，现在想以现有的加油站形成的资产抵押贷款，银行工作人员经过调查分析发现加油站的股权质押、资产抵押等都没有法律上的合适方式，但是加油站是稀缺资源，谁拥有就可以产生良好的现金流。

📖 处理误区

以加油站的房产进行抵押或者以经营加油站的公司股权质押。

♻️ 分析

1. 加油站需要办理成品油经营许可证和危险化学品经营许可证，还有其他很多证照需要办理，更重要的是需要获得几大石油公司的供油协议。

2. 为了防止加油站易主经营，成品油经营许可证经营单位投资主体发生变化的，原经营单位应办理相应经营资格的注销手续，新经营单位应重新申办成品油经营资格，所以股权质押无法有效进行。同时，加油站的房产一般都在路边，距离中心城区有一定的路程，很难做其他用途。因此处分抵押资产难度很大。

3. 股权质押没有期限的约束，同时租赁经营和接管也是很好的控制企业的方式方法之一。对于那些有很好质量的产品以及较为健全的销售渠道的企业，因为经营不善要进入破产边缘，可以以接管、强制租赁等方式让这些企业起死回生，这是盘活企业的重要途径。对加油站来说，其本身是优质资产，只要经营者自身不出现风险即可。但是国内银行还难以围绕客户设计个性化融资方案，对于以小额信贷为主的县级金融，则更是难以满足。

🧮 处理措施和规范建议

加油站是优质资产，违约的风险很小。但是一旦违约，银行处理难度较大，也很难接手经营，如果贷款形成不良，则加油站也丧失继续经营的可能性。将加油站经营主体的股权质押，并和股东签署附条件的接管经营的协议，符合条件后由银行委派人员进行经营，以经营所得利润还款。这样的方式没有改变加油站的投资主体，也容易被投资主体即借款人所接受和配合。

🔍 参考法规

《成品油市场管理办法》第三条　国家对成品油经营实行许可制度。

第四条　本办法所称成品油是指汽油、煤油、柴油及其他符合国家产品质量标准、具有相同用途的乙醇汽油和生物柴油等替代燃料。

第五条　申请从事成品油批发、仓储经营资格的企业，应当向所在地省级人民政府商务主管部门提出申请，省级人民政府商务主管部门审查后，将初步审查意见及申请材料上报商务部，由商务部决定是否给予成品油批发、仓储经营许可。

第六条　申请从事成品油零售经营资格的企业，应当向所在地市级（设区的市，下同）人民政府商务主管部门提出申请。地市级人民政府商务主管部门审查后，将初步审查意见及申请材料报省级人民政府商务主管部门。由省级人民政府商务主管部门决定是否给予成品油零售经营许可。

第八条　申请成品油零售经营资格的企业，应当具备下列条件：

（一）符合当地加油站行业发展规划和相关技术规范要求；

（二）具有长期、稳定的成品油供应渠道，与具有成品油批发经营资格的企业签订 3 年以上的与其经营规模相适应的成品油供油协议；

（三）加油站的设计、施工符合相应的国家标准，并通过国土资源、规划建设、安全监管、公安消防、环境保护、气象、质检等部门的验收；

（四）具有成品油检验、计量、储运、消防、安全生产等专业技术人员；

（五）从事船用成品油供应经营的水上加油站（船）和岸基加油站（点），除符合上述规定外，还应当符合港口、水上交通安全和防止水域污染等有关规定；

（六）面向农村、只销售柴油的加油点，省级人民政府商务主管部门可根据本办法规定具体的设立条件。

第十一条　申请成品油经营资格的企业，应当提交下列文件：

（一）申请文件；

（二）油库、加油站（点）及其配套设施的产权证明文件；国土资源、规划建设、安全监管、公安消防、环境保护、气象、质检等部门核发的油库、加油站（点）及其他设施的批准证书及验收合格文件；

（三）工商部门核发的《企业法人营业执照》或《企业名称预先核准通知书》；

（四）安全监管部门核发的《危险化学品经营许可证》；

（五）外商投资企业还应提交《中华人民共和国外商投资企业批准证书》；

（六）审核机关要求的其他文件。

第十三条　申请从事成品油零售经营资格的企业，除提交本办法第十一条规定的文件外，还应当提交具有长期、稳定成品油供应渠道的法律文件及相关材料以及省级人民政府商务主管部门核发的加油站（点）规划确认文件。

通过招标、拍卖、挂牌方式取得加油站（点）土地使用权的，还应提供省级人民政府商务主管部门同意申请人投标或竞买的预核准文件及国土资源部门核发的国有土地使用权拍卖（招标、挂牌）《成交确认书》。

第二十九条　成品油经营企业要求变更成品油经营批准证书有关事项的，应向申请部门提交下列文件：

经营单位投资主体发生变化的，原经营单位应办理相应经营资格的注销手续，新经营单位应重新申办成品油经营资格。

60 岁以上老人贷款

✍ 案例

客户杨某某已经年过 60 岁，一直做生意，现在想贷款 30 万元。对于超过 60 岁的人群，很多的银行都作为高风险客户限制准入。但是现在随着人平均寿命的提高，60 岁还可以做很多事情，但是随着年龄上升容易生病，这是重要的风险因素。

📖 处理误区

统一规定不能贷款或者可以贷款，都有偏颇之处。

♻ 分析

年龄超过 18 周岁的公民属于完全民事行为能力人，从行为能力的角度可以贷款。《个人贷款管理暂行办法》等相关的金融法规没有对借款者的年龄作出限制，只要是完全行为能力人即可。随着年龄的上升，年龄转化成一个风险因子，年龄越大风险相对越高，年龄的下限由法律规定，而年龄的上限则由每一个金融机构根据自己的风险制度进行管理。金融机构一般在贷款、理财等业务中将年龄因素纳入考虑范围。

☎ 处理措施和规范建议

在农村金融中，年龄超过 55 岁周岁的人，需要综合考虑其资产承担责任的能力，特别是容易变现的资产状况，同时考虑其身体健康状况。以这一类人作为借款人或担保人要重点考虑他们所拥有的不动产状况。如果从事经营，则考虑其经营的能力，特别是现金流的状况。可以在贷款的制度中将年龄结合资产进行分层管理。

参考法规

1.《中华人民共和国民法通则》第十一条　十八周岁以上的公民是成年人，具有完全民事行为能力，可以独立进行民事活动，是完全民事行为能力人。

2.《个人贷款管理暂行办法》第十一条　个人贷款申请应具备以下条件：

（一）借款人为具有完全民事行为能力的中华人民共和国公民或符合国家有关规定的境外自然人；

（二）贷款用途明确合法；

（三）贷款申请数额、期限和币种合理；

（四）借款人具备还款意愿和还款能力；

（五）借款人信用状况良好，无重大不良信用记录；

（六）贷款人要求的其他条件。

残疾人员贷款

案例

客户魏某某为残疾人，主要是腿脚不方便，其行为意识上没有问题，现在他想贷款 10 万元从事经营。对于这类人员是否需要特别规定？

处理误区

统一规定不能贷款或者可以贷款，都有偏颇之处。

分析

虽然法律没有规定身体残疾对行为能力的影响，但是残疾人毕竟属于弱者，《中华人民共和国残疾人权益保障法》作为特别法，对他们的权益进行特别保护，并有专门机构——残疾人联合会维护他们的权益。同时，相关执法机构在执行残疾人的财产时会考虑更多，担心社会的道德谴责，一般会很谨慎。因此，如果金融借贷中需要强制执行，法院一般较为为难，有些残疾人也会以自身的残疾为盾牌阻止执法。所以涉及残疾人的贷款和担保需要考虑其中包含的风险。

📓 处理措施和规范建议

残疾人作为借款人或者作为担保人，除了扶贫性质的贷款外，在风险控制条件上应严于身体没有残疾的人，特别是其经营的现金流和拥有的不动产状况要优于一般的借款人和担保人。

🔍 参考法规

1. 《中华人民共和国民法通则》第十一条 十八周岁以上的公民是成年人，具有完全民事行为能力，可以独立进行民事活动，是完全民事行为能力人。

2. 《个人贷款管理暂行办法》第十一条 个人贷款申请应具备以下条件：

（一）借款人为具有完全民事行为能力的中华人民共和国公民或符合国家有关规定的境外自然人；

（二）贷款用途明确合法；

（三）贷款申请数额、期限和币种合理；

（四）借款人具备还款意愿和还款能力；

（五）借款人信用状况良好，无重大不良信用记录；

（六）贷款人要求的其他条件。

3. 《中华人民共和国残疾人权益保障法》第八条 中国残疾人联合会及其地方组织，代表残疾人的共同利益，维护残疾人的合法权益，团结教育残疾人，为残疾人服务。

一个项目多次贷款

✍ 案例

客户王某某和林某某合伙成立了某某合伙企业，王某某以该项目贷款100万元，后来林某某也以该项目贷款50万元。该项目的贷款量已经远远超过该项目的需求量。

📖 处理误区

林某某贷款时仅仅查询其夫妻二人的征信报告。

♻ 分析

动产是以占有为宣示所有权的方式，在动产上可以成立多个主体，现在不少私营企业主在一个资产上成立了多个经营主体，并在工商登记部门注册。有限责任公司因为成立的程序稍微复杂一些，尽管前期不需要，后期还需要验资，同时还要每年提交经营报告，所以个人投资者成立的主体的数量相对少；而合伙企业、个人独资企业等因为不需要注册资本，不少投资者成立多个。一个场地多块牌子，在农村区域普遍存在，有的土地和房产属于一个企业，而机器设备又注册在另一个企业名下，可能两个企业都将机器设备作为资产。

处理措施和规范建议

1. 贷款授信审查时不仅要查询贷款主体的征信报告，还应当要求其他相关的投资者授权查询征信报告，看是否已经以这个项目申请了贷款。如果是有限责任公司，应当查询所有的股东征信，对于小微企业更需要如此，因为企业的资产和个人的资产往往混同在一起，个人贷款和企业贷款融合在一起。

2. 授信调查人员通过现场调查的方式，了解清楚其负债情况和注册多个主体的情况，了解其资金的需求量。因为有的股东贷款表面上是该项目贷款，其实是另有用途。

参考法规

1.《中华人民共和国物权法》第二十三条　动产物权的设立和转让，自交付时发生效力，但法律另有规定的除外。

2.《中华人民共和国公司法》第二十三条　设立有限责任公司，应当具备下列条件：

（一）股东符合法定人数；

（二）有符合公司章程规定的全体股东认缴的出资额。

3.《企业信息公示暂行条例》第八条　企业应当于每年1月1日至6月30日，通过企业信用信息公示系统向工商行政管理部门报送上一年度年度报告，并向社会公示。

当年设立登记的企业，自下一年起报送并公示年度报告。

第九条　企业年度报告内容包括：

（一）企业通信地址、邮政编码、联系电话、电子邮箱等信息；

（二）企业开业、歇业、清算等存续状态信息；

（三）企业投资设立企业、购买股权信息；

（四）企业为有限责任公司或者股份有限公司的，其股东或者发起人认缴和实缴的出资额、出资时间、出资方式等信息；

（五）有限责任公司股东股权转让等股权变更信息；

（六）企业网站以及从事网络经营的网店的名称、网址等信息；

（七）企业从业人数、资产总额、负债总额、对外提供保证担保、所有者权益合计、营业总收入、主营业务收入、利润总额、净利润、纳税总额信息。

前款第一项至第六项规定的信息应当向社会公示，第七项规定的信息由企业选择是否向社会公示。

经企业同意，公民、法人或者其他组织可以查询企业选择不公示的信息。

具有担保不良的担保人授信（一）

✎ 案例

客户仲某某为韩某某贷款 10 万元提供担保，仲某某本身在农村商业银行有贷款 10 万元，现在韩某某贷款逾期形成不良贷款，仲某某贷款到期后希望能够续贷。仲某某的经营情况较好，自身的贷款使用无风险，但是由于为韩某某的贷款提供担保而产生不良信息，现在仲某某能否继续获得贷款？

📖 处理误区

仲某某担保逾期，有不良信息，不能继续贷款。

♻ 分析

1. 仲某某担保不良产生的不良信息和自身经营不善出现风险产生的不良信息有很大的不同，如果因为担保不良抽贷，则会形成更多的不良贷款，仲某某的担保形成逾期，如果其经营也将终止，带来更多的风险。相反，如果能够让其继续使用贷款，维持经营，其自身经营能够继续获得一定的利润，有了利润不仅可以归还自身的贷款，而且可以代偿所担保的贷款。在具有担保不良的背景下，让仲某某继续使用贷款，体现了农村商业银行的诚意，仲某某成为银行的忠实客户，也会愿意为所担保的贷款承担代偿责任。

2. 有担保不良，是否属于重大不良信用记录，还没有形成统一的判断标准，因为金融机构独立经营，是否同意继续使用贷款由各金融机构根据自身

11

的风险控制措施独立进行判断。继续使用贷款并没有增加金融机构现有的风险，否则增加不良贷款。但是续贷需要履行内部审批程序，且不能扩大信用额度。

处理措施和规范建议

担保不良的贷款人和银行签署分期代偿的协议，然后许可其继续在原有的范围内使用贷款。

参考法规

1. 《个人信用信息基础数据库管理暂行办法》第四条　本办法所称个人信用信息包括个人基本信息、个人信贷交易信息以及反映个人信用状况的其他信息。

前款所称个人基本信息是指自然人身份识别信息、职业和居住地址等信息；个人信贷交易信息是指商业银行提供的自然人在个人贷款、贷记卡、准贷记卡、担保等信用活动中形成的交易记录；反映个人信用状况的其他信息是指除信贷交易信息之外的反映个人信用状况的相关信息。

第十二条　商业银行办理下列业务，可以向个人信用数据库查询个人信用报告：

（一）审核个人贷款申请的；

（二）审核个人贷记卡、准贷记卡申请的；

（三）审核个人作为担保人的；

（四）对已发放的个人信贷进行贷后风险管理的；

（五）受理法人或其他组织的贷款申请或其作为担保人，需要查询其法定代表人及出资人信用状况的。

2. 《个人贷款管理暂行办法》第十一条　个人贷款申请应具备以下条件：

（一）借款人为具有完全民事行为能力的中华人民共和国公民或符合国家有关规定的境外自然人；

（二）贷款用途明确合法；

（三）贷款申请数额、期限和币种合理；

（四）借款人具备还款意愿和还款能力；

（五）借款人信用状况良好，无重大不良信用记录；

（六）贷款人要求的其他条件。

具有担保不良的担保人授信（二）

✍ 案例

客户林某某为金某某贷款 10 万元提供担保，林某某多年之前在农村商业银行有贷款 10 万元，后来因为金某某贷款逾期导致不良，林某某贷款归还之后就没有续贷，但是其担保义务也没有履行，现在林某某到银行协商，希望能够和银行签订分期代偿的还款计划，继续获得贷款。

📖 处理误区

林某某表现出诚意，愿意履行担保义务，尽管有不良信息，可以继续使用贷款。

♻ 分析

1. 林某某担保不良，没有积极履行担保义务，不良信息已经形成，说明他诚信度不足。如果给予其贷款授信，就扩大了他所承担的义务，增加金融机构的风险，所以不能同意其准入。如果他能够先积极地履行完担保义务，其不良信息已经消除，则可以授信准入。

2. 有担保不良，是否属于重大不良信用记录，还没有形成统一的判断标准，由各金融机构根据自身的风险控制措施独立进行判断。但是不能因此而增加金融机构的风险。

📋 处理措施和规范建议

1. 要求担保人先履行担保义务，然后许可其准入，并调查后给予一定的授信额度。

2. 拒绝其继续使用贷款的要求，说明情况。

🔍 参考法规

1.《个人信用信息基础数据库管理暂行办法》第四条　本办法所称个人信用信息包括个人基本信息、个人信贷交易信息以及反映个人信用状况的其他信息。

前款所称个人基本信息是指自然人身份识别信息、职业和居住地址等信息；个人信贷交易信息是指商业银行提供的自然人在个人贷款、贷记卡、准贷记卡、担保等信用活动中形成的交易记录；反映个人信用状况的其他信息是指除信贷交易信息之外的反映个人信用状况的相关信息。

第十二条　商业银行办理下列业务，可以向个人信用数据库查询个人信用报告：

（一）审核个人贷款申请的；

（二）审核个人贷记卡、准贷记卡申请的；

（三）审核个人作为担保人的；

（四）对已发放的个人信贷进行贷后风险管理的；

（五）受理法人或其他组织的贷款申请或其作为担保人，需要查询其法定代表人及出资人信用状况的。

2.《个人贷款管理暂行办法》第十一条　个人贷款申请应具备以下条件：

（一）借款人为具有完全民事行为能力的中华人民共和国公民或符合国家有关规定的境外自然人；

（二）贷款用途明确合法；

（三）贷款申请数额、期限和币种合理；

（四）借款人具备还款意愿和还款能力；

（五）借款人信用状况良好，无重大不良信用记录；

（六）贷款人要求的其他条件。

民营医院（学校）的贷款

案例

某某民营医院准备贷款 300 万元，因为大楼和设备都无法抵押，对外出租的商铺价值又不足，审批无法通过。股东孙某某说，我们这些股东在医院投入很多，形成大量资产，而且现金流很好，为什么难以获得贷款？

处理误区

民营医院的资产难以抵押，取消其贷款授信申请。

分析

1. 依据相关的法律法规的规定，民营医院分为营利性和非营利性，但是在资产抵押方面并没有进行区分，民营医院的经营资产不得抵押，防止最终处分抵押物时影响医院的经营，因为医院涉及众多病人，即使是民营医院也具有公益性。以非经营性的资产，如自有的商铺等进行抵押有效，但是资产的价值不大，远远不能满足贷款的需要。

2. 国内医疗资源紧张,而且随着老龄化社会的到来,民营医院前景很好,是良好的市场经营主体,无论是资产还是现金流都很好。如果放弃其贷款业务,不仅银行业务减少,而且不利于民营医院的发展。

处理措施和规范建议

1. 民营医院的投资者类推适用有限责任公司的股东,但是形成的投资份额类似股权,可以以其每一个股东的投资份额质押并到主管部门备案。如果到期无法还款,需要处分质押物,则投资份额更好处理,也不直接影响医院的正常经营。

2. 医院的股东提供无限连带责任担保,这样不仅包含他们对医院的投资份额,而且使他们的个人资产也在责任财产的范围内。

类推适用

民营学校。

参考法规

1.《中华人民共和国担保法》第三十七条 下列财产不得抵押:

(三)学校、幼儿园、医院等以公益为目的的事业单位、社会团体的教育设施、医疗卫生设施和其他社会公益设施。

2.《最高人民法院关于适用〈中华人民共和国担保法〉若干问题的解释》第五十三条 学校、幼儿园、医院等以公益为目的的事业单位、社会团体,以其教育设施、医疗卫生设施和其他社会公益设施以外的财产为自身债务设定抵押的,人民法院可以认定抵押有效

第二节 担保物准入

浮动抵押

案例

客户曾某为某某木业有限公司的法人代表和实际控制人,现在某某木业

有限公司准备贷款 100 万元，但是房产这类不动产不足，曾某提出将公司没有抵押的所有资产以打包的形式抵押，这些都是他对公司实实在在的投入。他聘请的律师建议以浮动抵押进行贷款，现在他向银行申请以浮动抵押的方式贷款 100 万元。

处理误区

该木业公司的固定资产量大，日常经营中要保持大量的存货供周转，所以可以办理浮动抵押。

分析

1. 《中华人民共和国物权法》规定了浮动抵押，企业可以现在和未来取得的动产进行概括性抵押，不影响日常经营，到抵押权实现的时候对固定下来的动产具有优先受偿权。

2. 尽管《中华人民共和国物权法》做了前瞻性的规定，但是目前还没有专门的浮动抵押管理办法，如果抵押登记是按照动产抵押登记办法进行，则浮动抵押自身的特点无法表现。

3. 国内的信用体系不健全和浮动抵押相关的制度性不足，按照浮动抵押的要求，在日常经营中不能对抗支付合理对价的买受人，所以会被抵押人利用，以不正当的方式处分抵押物，抵押权人最后可能一无所有。

处理措施和规范建议

1. 拒绝浮动抵押贷款，告知客户暂时没有开发这样的贷款类型。

2. 对于有些企业留存的动产较多，容易处分且便于监控，可以按照动产质押处理，规定一个标准线，超过标准线就进行控制，禁止其存货的流动。

参考法规

《中华人民共和国物权法》第一百八十一条　经当事人书面协议，企业、个体工商户、农业生产经营者可以将现有的以及将有的生产设备、原材料、半成品、产品抵押，债务人不履行到期债务或者发生当事人约定的实现抵押权的情形，债权人有权就实现抵押权时的动产优先受偿。

第一百八十九条　企业、个体工商户、农业生产经营者以本法第一百八十一条规定的动产抵押的，应当向抵押人住所地的工商行政管理部门办理登记。抵押权自抵押合同生效时设立；未经登记，不得对抗善意第三人。

依照本法第一百八十一条规定抵押的，不得对抗正常经营活动中已支付合理价款并取得抵押财产的买受人。

第二百零八条 为担保债务的履行，债务人或者第三人将其动产出质给债权人占有的，债务人不履行到期债务或者发生当事人约定的实现质权的情形，债权人有权就该动产优先受偿。

前款规定的债务人或者第三人为出质人，债权人为质权人，交付的动产为质押财产。

第二百一十二条 质权自出质人交付质押财产时设立。

船舶抵押

✍ 案例

客户徐某某购买了一艘船跑运输，可是没有资金运营，准备以船舶抵押贷款 30 万元。他到农村商业银行咨询，可是农村商业银行不愿意对此物进行抵押，担心有风险，特别是河流较少，对船舶抵押没有经验地区的农村商业银行更是不敢触碰。

📖 处理误区

船舶抵押涉及优先权、留置权，所以不能作为良好的抵押物。

♻ 分析

1. 船舶抵押是船舶融资最主要的担保方式。船舶本身是一种非常特殊的客体。其实船舶抵押与汽车抵押类似，所以银行可以开展对船舶的抵押融资，特别是吨位较小，在内河从事运输的船舶。

2. 购买新船和二手船都可以按揭，也可以以船舶抵押获取经营性资金。应要求船主购买充足的保险。至于留置权和优先权，在动产融资中都会存在，可以通过适当降低抵押率的方式降低风险。同时由于河流运输费用低，船主一年的收益可观，只要不出现天灾人祸，风险较低。现在船舶是直接产生经营性现金流的资产，已经成为融资租赁的重要资产，其比一般的汽车抵押融资具有更低的风险，有些类似大型货车。

3. 船舶有完整的户籍和抵押登记机构、交易市场等。国际和国内的法律体系相当完备。

处理措施和规范建议

1. 将本地登记为船籍地和本地客户拥有的船舶作为重要的营销对象，开拓船舶抵押融资市场。可以和相关政府部门合作，为本地的船民提供融资等一系列服务。周边市场也可以开拓，因为船舶登记有一定的灵活性。

2. 和船舶评估机构合作，对船舶价值进行评估；在充分调查其所有权的基础上进行抵押融资。

参考法规

1. 《中华人民共和国海商法》第十一条　船舶抵押权，是指抵押权人对于抵押人提供的作为债务担保的船舶，在抵押人不履行债务时，可以依法拍卖，从卖得的价款中优先受偿的权利。

第十二条　船舶所有人或者船舶所有人授权的人可以设定船舶抵押权。

船舶抵押权的设定，应当签订书面合同。

第十三条　设定船舶抵押权，由抵押权人和抵押人共同向船舶登记机关办理抵押权登记；未经登记的，不得对抗第三人。

船舶抵押权登记，包括下列主要项目：

（一）船舶抵押权人和抵押人的姓名或者名称、地址；

（二）被抵押船舶的名称、国籍、船舶所有权证书的颁发机关和证书号码；

（三）所担保的债权数额、利息率、受偿期限。

船舶抵押权的登记状况，允许公众查询。

第十五条　除合同另有约定外，抵押人应当对被抵押船舶进行保险；未保险的，抵押权人有权对该船舶进行保险，保险费由抵押人负担。

第二十五条　船舶优先权先于船舶留置权受偿，船舶抵押权后于船舶留置权受偿。

前款所称船舶留置权，是指造船人、修船人在合同另一方未履行合同时，可以留置所占有的船舶，以保证造船费用或者修船费用得以偿还的权利。船舶留置权在造船人、修船人不再占有所造或者所修的船舶时消灭。

第二十六条　船舶优先权不因船舶所有权的转让而消灭。但是，船舶转让时，船舶优先权自法院应受让人申请予以公告之日起满六十日不行使的除外。

2. 《中华人民共和国船舶登记条例》第六条　船舶抵押权、光船租赁权的设定、转移和消灭，应当向船舶登记机关登记；未经登记的，不得对抗第三人。

第八条　中华人民共和国港务监督机构是船舶登记主管机关。

第九条　船舶登记港为船籍港。

船舶登记港由船舶所有人依据其住所或者主要营业所所在地就近选择，但是不得选择二个或者二个以上的船舶登记港。

第二十条　对 20 总吨以上的船舶设定抵押权时，抵押权人和抵押人应当持下列文件到船籍港船舶登记机关申请办理船舶抵押权登记：

（一）双方签字的书面申请书；

（二）船舶所有权登记证书或者船舶建造合同；

（三）船舶抵押合同。

该船舶设定有其他抵押权的，还应当提供有关证明文件。

船舶共有人就共有船舶设定抵押权时，还应当提供三分之二以上份额或者约定份额的共有人的同意证明文件。

第二十一条　对经审查符合本条例规定的，船籍港船舶登记机关应当自收到申请之日起 7 日内将有关抵押人、抵押权人和船舶抵押情况以及抵押登记日期载入船舶登记簿和船舶所有权登记证书，并向抵押权人核发船舶抵押权登记证书。

第二十二条　船舶抵押权登记，包括下列主要事项：

（一）抵押权人和抵押人的姓名或者名称、地址；

（二）被抵押船舶的名称、国籍，船舶所有权登记证书的颁发机关和号码；

（三）所担保的债权数额、利息率、受偿期限。

船舶登记机关应当允许公众查询船舶抵押权的登记状况。

租赁土地上的林权抵押

✎ 案例

客户李某租赁了 200 亩土地种植花木，在 2013 年后，因为房地产行情不好，导致花木生意也不怎么好，但是花木基本上是越大越值钱，所以他舍不得卖，希望能够长得大一些，紫薇多长一年，那价格都可能翻一番。但是其手中的资金越来越少，他看到网上有林权抵押，于是到农村商业银行咨询，希望以 200 亩土地上的花木为抵押办理贷款。

📖 处理误区

1. 租赁的土地使用权，不能办理林权证，无法抵押贷款。

2. 这类花木，可以随时出售，很少人主动去办理林权登记，所以风险不好控制。

♻ 分析

1. 按照林权的相关法律规定，林地可以办理林权证，单独的林木也可以办理林权证，有了林权证就可以办理林权抵押贷款。

2. 地上的林木属于不动产，其价值每年都增长，同时运输要办理检验检疫相关手续和证件，所以风险可以控制，还可以办理抵押登记。

3. 花木一般成片种植，是重要产业之一，可以针对该产业开发很多金融服务。

4. 花木如果有良好的市场，形成花木资产的市场机制，则随时可以市场价格出售，这对农村资产来说至关重要，否则即使以房产等不动产抵押也无法变现还款。

📠 处理措施和规范建议

1. 花木一般在当地占有重要地位，可以协调政府出台相关管理办法支持花木融资，并办理林权证进行抵押登记。

2. 可以和花木协会合作进行价格评估，后期协助处理抵押物。

3. 在监控方面，可以将客户自己安装在花木地用于防盗的监控摄像头纳入监控平台；办理检验检疫证时可知晓其出售情况，以此防范风险。

4. 在办理抵押登记时保留一部分不抵押，留作将来进行抵押置换，这样花木所有人可以出售花木。

🔍 参考法规

1. 《中华人民共和国森林法》第三条　森林资源属于国家所有，由法律规定属于集体所有的除外。

国家所有的和集体所有的森林、林木和林地，个人所有的林木和使用的林地，由县级以上地方人民政府登记造册，核发证书，确认所有权或者使用权。

森林、林木、林地的所有者和使用者的合法权益，受法律保护，任何单位和个人不得侵犯。

2.《中华人民共和国森林法实施条例》第五条　单位和个人所有的林木,由所有者向所在地的县级人民政府林业主管部门提出登记申请,由该县级人民政府登记造册,核发证书,确认林木所有权。

3.《林木和林地权属登记管理办法》第四条　林权权利人为个人的,由本人或者其法定代理人、委托的代理人提出林权登记申请;林权权利人为法人或者其他组织的,由其法定代表人、负责人或者委托的代理人提出林权登记申请。

第十条　登记机关对已经受理的登记申请,应当自受理之日起10个工作日内,在森林、林木和林地所在地进行公告。公告期为30天。

第十一条　对经审查符合下列全部条件的登记申请,登记机关应当自受理申请之日起3个月内予以登记:

(一)申请登记的森林、林木和林地位置、四至界限、林种、面积或者株数等数据准确;

(二)林权证明材料合法有效;

(三)无权属争议;

(四)附图中标明的界桩、明显地物标志与实地相符合。

4.《中华人民共和国担保法》第四十二条　办理抵押物登记的部门如下:

(三)以林木抵押的,为县级以上林木主管部门。

5.《中华人民共和国植物检疫条例》第七条　调运植物和植物产品,属于下列情况的,必须经过检疫:

(二)凡种子、苗木和其他繁殖材料,不论是否列入应施检疫的植物、植物产品名单和运往何地,在调运之前,都必须经过检疫。

收费权质押

✎ 案例

客户仲某某为县民营医院的院长,其准备向农村商业银行贷款,打算以拥有稳定收入的民营医院收费权作为质押,这对农村商业银行来说属于新型业务,是否可以办理?

📖 处理误区

1. 自来水收费权、高速公路收费权可以质押，这方面有明确的法律规定，而医院、学校等公益性单位的收费权不适合质押。

2. 没有登记部门，也没有办法转移占有，无法监管。

♻ 分析

1. 按照《中华人民共和国物权法》和《应收账款质押登记办法》规定，收费权都归入应收账款。稳定持续可以预见的收入来源一般都可以归入法律上的应收账款范围内，医院的收费权也属于医院未来的应收账款，依法可以质押，并办理质押登记。

2. 医院、学校尽管带有一定的公益性质，但是收费权益的质押不是资产的抵押，收费权益质押不影响为病人提供服务，其具有财产权的特征和性质，法律没有禁止性规定，所以可以进行质押。

3. 至于监控的问题，因为国内的法律体系中没有规定对公司的接管权利，所以正常贷款时期和贷款出现逾期情形下如何通过监控来防范风险，特别是经营状况恶化的阶段，需要在合同中约定。监控的方式方法以控制质押人的应收账款流入并保留其正常的经营为核心。

📱 处理措施和规范建议

1. 将医院的收费权质押和医院投资者及管理者的经营能力评估相关联，经营能力强、团队稳定，则可以授信且评级较高；否则不予授信或者评级较低。

2. 签署个性化的合同，对于核心的团队成员，可以约定在借款期限内不得跳槽以及竞业禁止；或者签署外部的医院管理公司在一定的条件下进驻、接管的相关条款。

3. 需要核算该医院每月固定成本、浮动成本和收益，对于收益部分约定在一定的情况下可以扣划还款。

4. 要求在该贷款行独家开户，并进行现金流的监控。

💡 类推适用

1. 民营学校收费；

2. 景区收费；

3. 殡仪馆的收费。

参考法规

1. 《中华人民共和国物权法》第二百二十八条 以应收账款出质的，当事人应当订立书面合同。质权自信贷征信机构办理出质登记时设立。

2. 《应收账款质押登记办法》第四条 本办法所称的应收账款是指权利人因提供一定的货物、服务或设施而获得的要求义务人付款的权利，包括现有的和未来的金钱债权及其产生的收益，但不包括因票据或其他有价证券而产生的付款请求权。

本办法所称的应收账款包括下列权利：

（一）销售产生的债权，包括销售货物，供应水、电、气、暖，知识产权的许可使用等；

（二）出租产生的债权，包括出租动产或不动产；

（三）提供服务产生的债权；

（四）公路、桥梁、隧道、渡口等不动产收费权；

（五）提供贷款或其他信用产生的债权。

3. 《中华人民共和国担保法》第三十七条 下列财产不得抵押：

（三）学校、幼儿园、医院等以公益为目的的事业单位、社会团体的教育设施、医疗卫生设施和其他社会公益设施。

婚姻期间持有在离婚中未涉及的房产抵押

案例

客户鲍某欲以房产抵押办理贷款，该房产现登记在鲍某名下，是鲍某和赵某婚姻期间购买持有，后来双方离婚，在离婚的调解书中没有涉及该房产如何分割，现在鲍某能否以该房产抵押办理贷款？

处理误区

不可以抵押，因为离婚协议未涉及，可能是遗忘，所以对方可能随时要求分割，产权处于不确定状态。

分析

1. 按照《中华人民共和国物权法》的规定，房产以登记为准，如果信赖登记的信息并办理抵押登记则属于善意取得；无论离婚前还是离婚后，房产证的登记人都是鲍某，所以基于信赖接受抵押登记，抵押权人属于善意取得。

2. 按照《中华人民共和国婚姻法》的相关解释，离婚后一年内如果发现有因为欺诈和胁迫分割财产的情形，可以要求撤销已经分割的财产协议。如果是没有发现的财产，自发现之日诉讼时效为二年，在二年内可以起诉重新分割财产。房子是普通人重要的资产，一般夫妻双方都会知晓，离婚中很少不涉及或被遗忘，文化较低人员有可能会被欺诈，或者被隐瞒，同时在农村中，夫妻双方私下达成协议，一般也不放在离婚诉讼中进行分割或者离婚协议中不涉及。

处理措施和规范建议

1. 可以让另一方当事人签署放弃权益的承诺。

2. 如果无法做到第 1 点，也不会影响银行的抵押权，银行属于善意取得抵押权。

参考法规

1. 《最高人民法院关于适用〈中华人民共和国婚姻法〉若干问题的解释（一）》第三十一条　当事人依据婚姻法第四十七条的规定向人民法院提起诉讼，请求再次分割夫妻共同财产的诉讼时效为两年，从当事人发现之次日起计算。

2. 《中华人民共和国物权法》第九条　不动产物权的设立、变更、转让和消灭，经依法登记，发生效力；未经登记，不发生效力，但法律另有规定的除外。

第十六条　不动产登记簿是物权归属和内容的根据。不动产登记簿由登记机构管理。

第一百零六条　无处分权人将不动产或者动产转让给受让人的，所有权人有权追回；除法律另有规定外，符合下列情形的，受让人取得该不动产或者动产的所有权：

（一）受让人受让该不动产或者动产时是善意的；

（二）以合理的价格转让；

（三）转让的不动产或者动产依照法律规定应当登记的已经登记，不需要登记的已经交付给受让人。

3. 《最高人民法院关于适用〈中华人民共和国婚姻法〉若干问题的解释（二）》第九条　男女双方协议离婚后一年内就财产分割问题反悔，请求变更或者撤销财产分割协议的，人民法院应当受理。

人民法院审理后，未发现订立财产分割协议时存在欺诈、胁迫等情形的，应当依法驳回当事人的诉讼请求。

农村商业银行的股权质押贷款

✍ 案例

客户某某实业有限责任公司持有农村商业银行的股份，且为发起人之一，准备质押贷款1亿元，但是农村商业银行的章程中明确规定发起人股份在三年内不得转让，任何股份的质押需要董事会的同意，现在还不到三年。法律有规定，无法转让的资产不得进行抵押。某某实业有限责任公司是否可以将股份质押？

📖 处理误区

没有董事会的同意不得质押。

♻ 分析

1. 虽然章程规定三年内不得转让，但是质押的行为不是转让，章程限制的是转让行为，所以质押不受影响，很多上市公司发起人还在限售期内就将自己的发起人股进行质押融资。

2. 股权质押是否需要董事会的同意，按照工商登记部门股权质押的相关规定，不需要董事会的同意。这属于股东处分自己的资产，虽然有章程规定，如果违反法律，则章程的相关规定无效。银监会相关股权管理规定却要求董事会的备案和同意，这也不符合法律的规定，董事会的工作方式是对事项表决，不存在备案工作方式。

📠 处理措施和规范建议

1. 如果是对股权质押审批贷款，则不需要董事会的同意，直接授信。
2. 如果是本行的股份到他行质押，则许可其进行质押。

🔍 参考法规

1.《中华人民共和国公司法》第一百三十九条　记名股票，由股东以背书方式或者法律、行政法规规定的其他方式转让；转让后由公司将受让人的姓名或者名称及住所记载于股东名册。

股东大会召开前二十日内或者公司决定分配股利的基准日前五日内，不得进行前款规定的股东名册的变更登记。但是，法律对上市公司股东名册变更登记另有规定的，从其规定。

第一百四十一条　发起人持有的本公司股份，自公司成立之日起一年内不得转让。公司公开发行股份前已发行的股份，自公司股票在证券交易所上市交易之日起一年内不得转让。

2.《工商行政管理机关股权出质登记办法》第七条　申请股权出质设立登记，应当提交下列材料：

（一）申请人签字或者盖章的《股权出质设立登记申请书》；

（二）记载有出质人姓名（名称）及其出资额的有限责任公司股东名册复印件或者出质人持有的股份公司股票复印件（均需加盖公司印章）；

（三）质权合同；

（四）出质人、质权人的主体资格证明或者自然人身份证明复印件（出质人、质权人属于自然人的由本人签名，属于法人的加盖法人印章，下同）；

（五）国家工商行政管理总局要求提交的其他材料。

离婚后约定分割的房产抵押

✍ 案例

客户王某来贷款，准备以登记自己名字的房产抵押，同时他处于离婚状态，拿出了离婚判决书，判决将该房产转让给已经成年的孩子所有，这种情形下能否以该房产抵押办理贷款？如果孩子还是未成年人，这种情形下能否以该房产抵押办理贷款？

📖 处理误区

房屋登记在王某名下，银行接受其为抵押物且办理了抵押登记，属于善意取得，依法享有抵押权。

♻ 分析

1. 房产为不动产，以登记为准，不动产登记簿的记载具有推定效力，但是如果有相反证据证明登记簿错误的除外。《最高人民法院关于适用〈中华人民共和国物权法〉若干问题的解释（一）》进一步明确哪些情形下可以否定登记簿，但是如果抵押权人是基于对登记簿的信赖而接受登记的，如果有证据证明属于善意取得抵押权，可以认定为有效。

2. 金融机构在贷款授信、抵押登记等环节都需要进行调查，同时王某主动出示了离婚判决书，金融机构知晓判决书对于房产物权变动的内容，所以不符合善意取得的条件。

3. 如果未成年人的监护人不能履行监护责任，存在侵害被监护人的合法权益，则其他监护人可以要求撤销监护资格，为被监护人主张权益，要求监护人赔偿等。

📋 **处理措施和规范建议**

1. 如果孩子已经成年，可以让房产的真正所有人即孩子来签署同意抵押的承诺书。

2. 如果孩子属于未成年人，则不能进行抵押，即使没有过户也不能进行抵押，因为房产属于孩子，如果抵押，孩子的另一个监护人即其母亲可以要求撤销抵押。

🔍 **参考法规**

1.《中华人民共和国物权法》第十七条 不动产权属证书是权利人享有该不动产物权的证明。不动产权属证书记载的事项，应当与不动产登记簿一致；记载不一致的，除有证据证明不动产登记簿确有错误外，以不动产登记簿为准。

第二十八条 因人民法院、仲裁委员会的法律文书或者人民政府的征收决定等，导致物权设立、变更、转让或者消灭的，自法律文书或者人民政府的征收决定等生效时发生效力。

2.《最高人民法院关于适用〈中华人民共和国物权法〉若干问题的解释（一）》第七条 人民法院、仲裁委员会在分割共有不动产或者动产等案件中作出并依法生效的改变原有物权关系的判决书、裁决书、调解书，以及人民法院在执行程序中作出的拍卖成交裁定书、以物抵债裁定书，应当认定为物权法第二十八条所称导致物权设立、变更、转让或者消灭的人民法院、仲裁委员会的法律文书。

第八条 依照物权法第二十八条至第三十条规定享有物权，但尚未完成动产交付或者不动产登记的物权人，根据物权法第三十四条至第三十七条的规定，请求保护其物权的，应予支持。

3.《最高人民法院关于贯彻执行〈中华人民共和国民法通则〉若干问题的意见（试行）》监护人的监护职责包括：保护被监护人的身体健康，照顾被监护人的生活，管理和保护被监护人的财产，代理被监护人进行民事活动，对被监护人进行管理和教育，在被监护人合法权益受到侵害或者与人发生争议时，代理其进行诉讼。

夫妻一方死亡另一方以自己名下的房产抵押

✍ 案例

金某某向银行申请贷款，以自己名下的房产进行抵押，金某某丈夫死亡，但是没有分割资产，其家庭有多套房产，有的登记在其丈夫的名下，有的登记在金某某名下，现在金某某能否以该房产抵押贷款。

📖 处理误区

不动产的登记簿具有法定效力，登记簿上登记谁，谁就被推定为所有人。房产登记在金某某的名下，所以金某某有权进行抵押借款。

♻ 分析

1. 遗产没有分配之前，属于继承人共有，在没有其他共有人同意的情况下抵押无效。

2. 按照《中华人民共和国物权法》的登记原则，不动产登记在谁的名下就推定谁为权利人，但是有相反证据的除外。

3. 金某某为夫妻共同财产的所有人之一，首先需要分割夫妻共同财产，然后将遗产的部分再分割，所以金某某可以分得大部分的资产。如果原有的夫妻共同财产较多，抵押的部分仅仅占据很小的部分，那么分割后的资产会超过抵押的财产，所以可以认定金某某拿其中的一套房产抵押有效。

🔧 处理措施和规范建议

许可金某某抵押贷款。

🔍 参考法规

1.《中华人民共和国继承法》第二十六条　夫妻在婚姻关系存续期间所得的共同所有的财产，除有约定的以外，如果分割遗产，应当先将共同所有的财产的一半分出为配偶所有，其余的为被继承人的遗产。

2.《中华人民共和国物权法》第二十九条　因继承或者受遗赠取得物权的，自继承或者受遗赠开始时发生效力。

有回购协议的房产抵押

✍ 案例

卢某某购买了一套二手别墅，并以该别墅抵押贷款200万元，银行在进行信贷调查时发现卢某某和原房主的购买协议中附带回购条款，在两年之内可以以原来的价格回购。现在能否以该房产抵押？

📖 处理误区

不能，因为该房产未来权属存在不确定性，如果原房主回购，则房屋权属会发生变更，影响银行的抵押权。

♻ 分析

1. 按照《中华人民共和国物权法》的规定，房产采取登记原则，登记在谁的名下就推定谁为权利人，除非有相反的证据推翻抵押登记的内容。

2. 该房产已经登记在卢某某名下，可以办理抵押登记，属于物权的范畴，而回购协议属于合同约定，如果到期不履行或者难以履行，承担违约责任，这属于债权的范畴，不会影响所有权、抵押权等物权的行使，银行的抵押权仍然存在，不受影响。原出售人要求回购解除抵押权，回购出售房屋的资金可以归还贷款，有利于保障债权。

📱 处理措施和规范建议

可以办理抵押贷款，抵押权有效。如果后期原出售人要求回购房屋，可用回购资金归还贷款，则银行解除该房产的抵押。

多人共有的房产各自贷款抵押

✍ 案例

仲某某夫妻、林某某夫妻和张某某夫妻共同投资购买了县城中心地段的商铺，价值5000万元，现在三个家庭都要拿这个商铺进行抵押贷款，如何进行抵押登记？

📖 处理误区

只能按照一个抵押权登记进行授信，作为同一笔贷款处理。

分析

1. 尽管法律上分为按份额共有和共同共有，理论上可以分别进行抵押登记，但是登记部门实际上很少办理按份共有，登记的相关法规也没有专门规定按份抵押。

2. 将产权抵押，确保债权的安全，围绕这个核心，可以进行抵押登记的方式很多，可以按照顺位进行抵押，也可以按照一个最高额进行抵押登记。

处理措施和规范建议

1. 按照各自份额分别进行抵押贷款，依次办理抵押登记，顺位按照抵押登记的先后顺序。

2. 共同办理第一顺位的最高额抵押登记，将所有借款人的债权都包含在内。

参考法规

1. 《中华人民共和国物权法》第九十三条　不动产或者动产可以由两个以上单位、个人共有。共有包括按份共有和共同共有。

2. 《不动产登记暂行条例实施细则》第六十七条　同一不动产上设立多个抵押权的，不动产登记机构应当按照受理时间的先后顺序依次办理登记，并记载于不动产登记簿。当事人对抵押权顺位另有约定的，从其规定办理登记。

第七十一条　设立最高额抵押权的，当事人应当持不动产权属证书、最高额抵押合同与一定期间内将要连续发生的债权的合同或者其他登记原因材料等必要材料，申请最高额抵押权首次登记。

当事人申请最高额抵押权首次登记时，同意将最高额抵押权设立前已经存在的债权转入最高额抵押担保的债权范围的，还应当提交已存在债权的合同以及当事人同意将该债权纳入最高额抵押权担保范围的书面材料。

农村土地承包经营权抵押

案例

客户王某某家里承包土地 10 亩，孩子都在外地打工，他决定将土地出租给别人种花木。他自己做生意，听说可以以承包的耕地办理抵押贷款，他希望银行能够以承包的土地使用权作为抵押来贷款扩大经营。

📖 处理误区

农村的土地使用权还没有确权，所以难以确定抵押物的权属，承包地价值也难以评估，暂时不好办理抵押贷款。

♻ 分析

1. 农村的土地承包经营权长期保持不变，已经具有了物权的性质。现在中央为了搞活农村经济，有序放开经营权，可以用土地承包经营权办理抵押贷款。在试点地区甚至已经对相关的法律作出了一些变动。因为没有真正的土地流转，只是暂时出让土地承包收益，如果后期不能偿还贷款，则可以执行土地承包收益。

2. 目前农村资产要素市场没有形成，难以发挥市场价值评估作用，买受人的范围狭窄。开展这样服务的银行较少，已经开展这样业务的农村金融机构给予的授信额度依据各家银行的授信方式而有所不同。但是毕竟在农村的抵押品方面形成了重大的突破。市场因素是促进业务发展的推动力，交通便利、当地经济活跃的区域，土地经营权的承包非常活跃，而且租金在不断增长。

3. 从目前的农村状况来看，土地承包经营权对外承包，承包费就是其现金收益，按照现金流评估法，以当地平均的承包费为评估标准，以其一定倍数进行授信。

4. 除了抵押登记外，金融机构还要和土地承包经营权的所有者签署委托对外承包协议，在逾期的情形下代为收取承包费。如果当地政府已经建立了完善的系统，包括评估、登记、对外承包等环节，则更有利于农村以承包的土地经营权为抵押的贷款的发展。

📱 处理措施和规范建议

以承包费为基础，结合资金需求进行信贷授信，如果产生不良，则以收取的承包费还贷，并可以进一步对外转让承包。

🔍 参考法规

1.《中华人民共和国物权法》第一百二十七条　土地承包经营权自土地承包经营权合同生效时设立。

县级以上地方人民政府应当向土地承包经营权人发放土地承包经营权

证、林权证、草原使用权证，并登记造册，确认土地承包经营权。

第一百二十八条　土地承包经营权人依照农村土地承包法的规定，有权将土地承包经营权采取转包、互换、转让等方式流转。流转的期限不得超过承包期的剩余期限。未经依法批准，不得将承包地用于非农建设。

第一百三十三条　通过招标、拍卖、公开协商等方式承包荒地等农村土地，依照农村土地承包法等法律和国务院的有关规定，其土地承包经营权可以转让、入股、抵押或者以其他方式流转。

2.《农村承包土地的经营权抵押贷款试点暂行办法》第五条　符合本办法第六条、第七条规定条件、通过家庭承包方式依法取得土地承包经营权和通过合法流转方式获得承包土地的经营权的农户及农业经营主体（以下称借款人），均可按程序向银行业金融机构申请农村承包土地的经营权抵押贷款。

第十四条　借贷双方要按试点地区规定，在试点地区农业主管部门或试点地区政府授权的农村产权流转交易平台办理承包土地的经营权抵押登记。受理抵押登记的部门应当对用于抵押的承包土地的经营权权属进行审核、公示。

第十五条　因借款人不履行到期债务，或者按借贷双方约定的情形需要依法行使抵押权的，贷款人可依法采取贷款重组、按序清偿、协议转让、交易平台挂牌再流转等多种方式处置抵押物，抵押物处置收益应由贷款人优先受偿。

3.《最高人民法院关于审理涉及农村土地承包纠纷案件适用法律问题的解释》第十五条　承包方以其土地承包经营权进行抵押或者抵偿债务的，应当认定无效。对因此造成的损失，当事人有过错的，应当承担相应的民事责任。

农村房屋抵押

案例

客户周某某在乡镇集镇上有一套二层小楼，有一间门面已经出售给他人，他准备以这个小楼中属于他自己的部分到银行抵押贷款，银行经过调查确认了该楼房属于他所有，经过评估贷款 20 万元。能否抵押贷款？

处理误区

农村住房在试点地区已经可以抵押贷款，并可以转让，为了扩大农村信贷，可以适当推开。

♻ 分析

1. 在试点地区农民的房产可以抵押贷款，但是对于购买者没有突破法律所确定范围上的限制，仅仅在本村的居民可以购买，有的扩大到镇、县。所以购买者范围的限制会影响抵押物的处置。

2. 农民住房，即使在集镇上，因为没有产权登记，也无法办理抵押登记，确权颁证之后，在非试点地区也无法办理抵押登记。在授信调查上确定借款人自己在居住使用是重要的因素。如果政府为了促进当地的金融发展，已经建立了测绘、评估、登记等程序，那么有利于金融机构参与其中。

3. 在农民住房的抵押中，市场因素至关重要，靠近路边、交通方便，以及集镇上的房产，即使购买者限定为本村的人员，购买者也很多（现在农村开发很多的小产权房屋就是如此）。针对暂时不能获得法律对于优先受偿权的认可，可以按照最高租赁期限 20 年进行租赁权质押，确保金融机构具有优先处分的权益。

🖊 处理措施和规范建议

1. 在集镇上，交通便利，有利于交易且市场价值高的房产为主要的租赁权质押对象，其他农村房产暂时不纳入抵押贷款的范围，即使法律上全面放开。

2. 最终处分涉及居住权，因为可以抵押的一般都是价值较高的楼房，可以分出部分居住，同时不少家庭在县城还有其他住房。

3. 如果交通较为便利，按照出租的方式进行还款，也是不错的选择。在贷款初期就和客户约定拥有对外出租的权益，最长期限 20 年，到期之后可以续租一次，以事实上的占有代替所有权处分。

🔍 参考法规

1. 《中华人民共和国物权法》第一百五十二条　宅基地使用权人依法对集体所有的土地享有占有和使用的权利，有权依法利用该土地建造住宅及其附属设施。

第一百五十三条　宅基地使用权的取得、行使和转让，适用土地管理法等法律和国家有关规定。

2. 《农民住房财产权抵押贷款试点暂行办法》第二条　本办法所称农民住房财产权抵押贷款，是指在不改变宅基地所有权性质的前提下，以农民住房所有权及所占宅基地使用权作为抵押、由银行业金融机构（以下称贷款人）向符合条件的农民住房所有人（以下称借款人）发放的、在约定期限内还本付息的贷款。

第十二条 因借款人不履行到期债务，或者按借贷双方约定的情形需要依法行使抵押权的，贷款人应当结合试点地区实际情况，配合试点地区政府在保障农民基本居住权的前提下，通过贷款重组、按序清偿、房产变卖或拍卖等多种方式处置抵押物，抵押物处置收益应由贷款人优先受偿。变卖或拍卖抵押的农民住房，受让人范围原则上应限制在相关法律法规和国务院规定的范围内。

没有产权证的工业房产抵押

✍ 案例

客户某某有限公司坐落在乡镇工业区中，乡镇许可该公司建立了很多厂房，但是暂时没有土地指标，有的是在废弃的土地上建造的，没有产权证。县政府为了协助企业融资以及吸引更多企业来该县落户生产，协调建设局和房产管理局，要求给予红线图以及抵押登记，并协调当地银行给予抵押贷款，在本县范围内有优先受偿权。

📖 处理误区

这样的房产已经履行了抵押登记，具有优先权，可以抵押融资。

♻ 分析

1. 不具有完整的产权进行抵押登记，不符合法律要求，其占有不属于产权性质的占有，属于合同意义上的占有。所以这样的产权即使登记了，但是仍然没有抵押权，金融机构不具有优先受偿权。

2. 在以县城为中心的城市和乡镇，很多企业持有这类房产，完全否定这样的抵押融资，影响客户的数量众多，业务也受到很大影响。

3. 其实资产只有在经营中才能产生价值，如果没有生产经营，那么单纯的资产就没有存在的价值，所以对于生产经营状况较好的企业进行融资风险较低。

4. 对于产业具有良好前景，经营者具有一定的管理能力的企业，对于厂房产权手续不完整，不能办理抵押融资的企业，可以按照租赁权质押的方式提供融资。在人民银行办理应收账款质押登记，将未来因为租赁产生的应收账款进行登记，租期可以长达 20 年，在贷款初期就签订有权对外租赁并拍卖租赁权的相关约定。融资的数额参照 20 年租期的租金。

处理措施和规范建议
1. 取消产权不完整的厂房抵押融资，以应收账款质押作为担保方式。
2. 和客户签署委托租赁、寻找租赁者，拍卖租赁权、收取租金等协议。

参考法规
1.《中华人民共和国物权法》第十五条　当事人之间订立有关设立、变更、转让和消灭不动产物权的合同，除法律另有规定或者合同另有约定外，自合同成立时生效；未办理物权登记的，不影响合同效力。

2.《中华人民共和国合同法》第二百一十四条　租赁期限不得超过二十年。超过二十年的，超过部分无效。租赁期限届满，当事人可以续订租赁合同，但约定的租赁期限自续订之日起不得超过二十年。

第二百一十五条　租赁期限六个月以上的，应当采用书面形式。当事人未采用书面形式的，视为不定期租赁。

已经出售的房产如何抵押

案例
客户孙某想以自己的商业性房产抵押贷款，可是土地证和房产证还在开发商名下，因为开发商想节省各项税费，一直没有分割办理到购买者名下的产权证，他们作为购买者手中持有的是购房合同。但是作为县城中心位置的商业房产，总价很高，现在增值也很大，当初都是具有一定实力和资源的人才能够买到，所以他们也不愿和开发商翻脸，开发商也没有侵犯他们的权益。现在孙某因投资其他项目，资金紧张，和银行沟通希望以所购的开发商的房产办理抵押贷款。

处理误区
以他人房产抵押，《中华人民共和国物权法》有善意取得制度，只要可以抵押登记即可贷款。

分析
1.《中华人民共和国物权法》对于不动产以登记为准，一般情况下登记优先。最高人民法院的司法解释确认已经支付了大部分款项且占据了该房产的购房者具有优先性，可以对抗查封、冻结、拍卖。从法律风险的角度看，这样的购房者尽管没有产权证明，但是可以对抗开发商对产权的抵押、出售等处分物权的行为。

2. 因为房产当初没有及时过户，在中心地段，增值较大，所以如果分割过户，需要缴纳契税、营业税、土地增值税、所得税等，如果购买者以愿意承担税费的代价进行过户，则税费占房款的比例很高。

📠 处理措施和规范建议

1. 第一种措施，可以让所有购房者与开发商签署协议，在每一个所购房产的价值范围内进行抵押登记，其他购房者出具同意抵押且放弃主张优先性的权利，每一个购房者都通过房地产商的土地房产抵押进行贷款，时间不同抵押的顺位也不同即可。

2. 第二种措施，就是开发商、实际购买占有者及银行签署协议，约定在抵押期间以及贷款未偿还完毕之前银行具有委托出租的权利，实际占有者以租赁权进行应收账款质押贷款，一旦借款者贷款逾期形成不良贷款，则银行可以行使租赁权，向外租赁，收取租金，并可以一次性出售20年的租赁权。这个方案可以避免房产分割产生的大量税费，且容易被购房者接受。到期贷款形成逾期，法院也可以执行收取租金的措施。

3. 第三种措施，单独由该贷款的购房者出具同意抵押且放弃主张优先性的权利，房地产公司在该购房者占有房产的价值范围内进行抵押权价值登记。银行在市场价值的基础上降低抵押率，等到真正处分的时候可以缴纳税费进行分割处分。

🔍 参考法规

1.《中华人民共和国物权法》第二百二十八条　以应收账款出质的，当事人应当订立书面合同。质权自信贷征信机构办理出质登记时设立。

应收账款出质后，不得转让，但经出质人与质权人协商同意的除外。出质人转让应收账款所得的价款，应当向质权人提前清偿债务或者提存。

2.《应收账款质押登记办法》第四条　本办法所称的应收账款是指权利人因提供一定的货物、服务或设施而获得的要求义务人付款的权利，包括现有的和未来的金钱债权及其产生的收益，但不包括因票据或其他有价证券而产生的付款请求权。本办法所称的应收账款包括下列权利：

（一）销售产生的债权，包括销售货物，供应水、电、气、暖，知识产权的许可使用等；

（二）出租产生的债权，包括出租动产或不动产；

（三）提供服务产生的债权；

（四）公路、桥梁、隧道、渡口等不动产收费权；

（五）提供贷款或其他信用产生的债权。

民营医院（学校）投资人的股权质押

✍ 案例

凌某某是某某民营学校的股东之一，想以对学校的投资股权质押贷款300万元，到工商局咨询，工商局不办理学校的股权质押。民营学校股权能否质押？

📖 处理误区

不能，因为学校具有公益性，质押贷款会影响公益性的发挥，同时积累的资产也不得分割给股东。

♻ 分析

1. 民营学校或者医院分为营利性组织和非营利性公益单位，如果是非营利性的，在税收减免上享有优惠，但是股东不能分红，积累的收入必须再投入扩大经营。

2. 虽然民营公益性组织在资产分配上有很多的限制，但是毕竟形成了很多的资产，这个可以永久所有。同时作为掌握着经营权的股东有很多的方式方法获得大量的收入。学校、医院等都是凭资质经营的，所以现金流都不错，资质本身也是资源，具有价值，股东也可以以投资转让的形式获得投资收益。

📞 处理措施和规范建议

1. 参与经营以及掌握实际控制权的股东可以以股权质押办理贷款，对不参与经营的中小股东以股权质押办理贷款设定更严格的条件。

2. 股权质押的部门是主管单位，学校在教育局、医院在卫生局办理质押。

参考法规

1. 《关于城镇医疗机构分类管理的实施意见》非营利性医疗机构是指为社会公众利益服务而设立和运营的医疗机构，不以营利为目的，其收入用于弥补医疗服务成本，实际运营中的收支结余只能用于自身的发展，如改善医疗条件、引进技术、开展新的医疗服务项目等。营利性医疗机构是指医疗服务所得收益可用于投资者经济回报的医疗机构。政府不举办营利性医疗机构。

2. 《医疗机构管理条例》第四十条　县级以上人民政府卫生行政部门行使下列监督管理职权：

（一）负责医疗机构的设置审批、执业登记和校验；

（二）对医疗机构的执业活动进行检查指导；

（三）负责组织对医疗机构的评审；

（四）对违反本条例的行为给予处罚。

3. 《股权质押登记管理办法》第二条　以持有的有限责任公司和股份有限公司股权出质，办理出质登记的，适用本办法。已在证券登记结算机构登记的股份有限公司的股权除外。

4. 《中华人民共和国民办教育促进法》第十一条　举办实施学历教育、学前教育、自学考试助学及其他文化教育的民办学校，由县级以上人民政府教育行政部门按照国家规定的权限审批；举办实施以职业技能为主的职业资格培训、职业技能培训的民办学校，由县级以上人民政府劳动和社会保障行政部门按照国家规定的权限审批，并抄送同级教育行政部门备案。

第三十七条　民办学校收取的费用应当主要用于教育教学活动和改善办学条件。

水面经营权抵押

案例

客户廖某某拥有 10 亩池塘的承包经营权，5 亩自己养殖，剩余 5 亩租赁给别人养殖。现在他想以自己的水面承包经营权办理抵押贷款。

处理误区

不能抵押贷款，因为国家没有水面经营权抵押的相关制度。

♻ 分析

1. 水面经营权属于全民所有，在较为宽阔的水面养殖，可以发放养殖证和海域使用权证。农村中遍布的大大小小水面，一般都属于挖泥取土所致池塘。只有那些水面较为开阔的湖泊、滩涂才核发养殖证。有些区域甚至不设置渔政管理部门，但是即使在挖掘形成的池塘进行养殖，也可以带来较大的经济价值。在农村承包经营权的土地上形成的池塘，属于土地承包经营权的范畴，属于荒地之一，可以采取拍卖的形式发包，可以进行抵押融资。

2. 按照《中华人民共和国物权法》的规定，法律没有禁止的财产就可以抵押。水面承包经营权在农村是重要的经营资产，可以带来不错的收益，与种植粮食为主的土地相比可以产生较大的经济价值。如果贷款产生不良，水面经营权作为抵押物相对比较容易处理，因为承包水面养殖的人较多。

📠 处理措施和规范建议

1. 许可水面经营权抵押贷款，无论是自己名下的水面经营权还是承包来的水面经营权都可以抵押贷款。

2. 对于抵押登记，如果当地政府部门有渔政部门，则可以抵押登记，如果没有渔政部门或者渔政部门不愿登记的，可以公证抵押登记。

3. 权属确定，对于有正式部门颁发的权利凭证的，则按照凭证进行；没有权属的小河道和池塘，其都掌握在村里，村和承包人及金融机构签署三方协议，明确抵押、权利转移等方面的约定。

🔍 参考法规

1. 《中华人民共和国物权法》第一百二十三条　依法取得的探矿权、采矿权、取水权和使用水域、滩涂从事养殖、捕捞的权利受法律保护。

第一百三十三条　通过招标、拍卖、公开协商等方式承包荒地等农村土地，依照农村土地承包法等法律和国务院的有关规定，其土地承包经营权可以转让、入股、抵押或者以其他方式流转。

2. 《中华人民共和国渔业法》第十一条　国家对水域利用进行统一规划，确定可以用于养殖业的水域和滩涂。单位和个人使用国家规划确定用于养殖业的全民所有的水域、滩涂的，使用者应当向县级以上地方人民政府渔业行政主管部门提出申请，由本级人民政府核发养殖证，许可其使用该水域、滩涂从事养殖生产。核发养殖证的具体办法由国务院规定。集体所有的或者全民所有由农业集体经济组织使用的水域、滩涂，可以由个人或者集体承包，从事养殖生产。

3.《中华人民共和国担保法》第四十三条　当事人以其他财产抵押的，可以自愿办理抵押物登记，抵押合同自签订之日起生效。

当事人未办理抵押物登记的，不得对抗第三人。当事人办理抵押物登记的，登记部门为抵押人所在地的公证部门。

4.《公证机构办理抵押登记办法》第三条　《中华人民共和国担保法》第四十三条规定的"其他财产"包括下列内容：

（一）个人、事业单位、社会团体和其他非企业组织所有的机械设备、牲畜等生产资料；

（二）位于农村的个人私有房产；

（三）个人所有的家具、家用电器、金银珠宝及其制品等生活资料；

（四）其他除《中华人民共和国担保法》第三十七条和第四十二条规定之外的财产。

当事人以前款规定的财产抵押的，抵押人所在地的公证机构为登记部门，公证机构办理登记适用本办法规定。

特许经营权质押（一）

案例

客户吴某某注册了一个内衣品牌，经过多年连锁经营，已经成为具有一定知名度的商标，现在有不少人想加盟。加盟店多了后，为了改善管理，吴某某想贷款建设生产基地，能否以这个内衣品牌的特许经营权办理质押贷款？

处理误区

因为不是政府公共事业的特许经营权，《中华人民共和国物权法》规定只有法律确定的权利才能办理，所以不能办理质押贷款。

分析

1. 特许经营权包含两类：一类是政府对公共事业性收费的特许经营，如自来水收费、旅游景点的门票收费等；另一类是拥有一定品牌知名度的企业将自己的品牌、管理、技术等许可其他企业经营，也称为特许加盟，如麦当劳的特许加盟。

2. 特许经营权的收费在《中华人民共和国物权法》上归入应收账款，既包含已经形成的应收账款，也包含未来的应收账款。如果要办理质押贷款则需要在人民银行的应收账款质押系统进行登记公示，从而产生质押登记的效力。

📠 处理措施和规范建议

1. 了解拥有品牌的企业对于加盟者的管理体系是否科学、品牌的知名度以及加盟商的利润等。特别是对于加盟商的管理，有的属于松散型管理，只输出一个品牌和供应材料，这样的体系很容易导致品牌的弱化和混乱；而类似麦当劳的形式，则具有严格的加盟体系，输出更多的管理，能够保证品牌和产品的统一化。

2. 质押的应收账款范围限于加盟费，对于货物销售产生的应收账款谨慎参与，并要调查货物的销售情况和退换情况，如果是具有独特技术的产品供应，各加盟商具有很大的依赖性，则可以适当参与。

🔍 参考法规

《商业特许经营管理条例》第三条　本条例所称商业特许经营（以下简称特许经营），是指拥有注册商标、企业标志、专利、专有技术等经营资源的企业（以下称特许人），以合同形式将其拥有的经营资源许可其他经营者（以下称被特许人）使用，被特许人按照合同约定在统一的经营模式下开展经营，并向特许人支付特许经营费用的经营活动。

第七条　特许人从事特许经营活动应当拥有成熟的经营模式，并具备为被特许人持续提供经营指导、技术支持和业务培训等服务的能力。

特许人从事特许经营活动应当拥有至少2个直营店，并且经营时间超过1年。

特许经营权质押（二）

✍ 案例

吴某某注册了一个内衣品牌，经过多年连锁经营，已经成为具有一定知名度的商标，已经有不少人加盟。客户刘某某在县城具有该店的独家加盟资格，刘某某经营一段时间后，生意日益兴隆。现在他想以在本地县城五年期限内的独家经营权办理质押贷款来扩大经营并改善装修，能否进行？

📖 **处理误区**

这个加盟的特许经营权，可以质押贷款。

♻ **分析**

1. 应收账款的定义是指权利人因提供一定的货物、服务或设施而获得的要求义务人付款的权利，包括现有的和未来的金钱债权及其产生的收益，但不包括因票据或其他有价证券而产生的付款请求权。

2.《中华人民共和国物权法》的应收账款，既包含已经形成的应收账款，也包含未来的应收账款。加盟店的经营收入尽管也属于应收账款，但是不具有一定的稳定性和持续性，收款的对象处于不确定之中。

📠 **处理措施和规范建议**

特许加盟店经营收益不具有稳定性，难以控制，所以无法接受该应收账款作为质押。

特许经营权质押（三）

✎ **案例**

客户某某县第三自来水厂在筹建中，投资者为当地的民营企业，它们获得了政府的批准，许可它们收费 15 年。现在它们想以未来的自来水厂的收费质押融资来建设自来水厂。当地的农村商业银行处于犹豫之中，不知道这样能否进行质押融资。

📖 **处理误区**

这是收费性质的特许经营权，在专属的法律法规中只有高速公路、桥梁等不动产收费权。《中华人民共和国物权法》规定只有法律确定的权利才能质押，所以不能办理质押贷款。

♻ **分析**

1.《中华人民共和国物权法》出台之前，其他法规、规章、地方性法规、司法解释已经明确确立或者已经提出的收费权质押类型：一是收费公路收费权可质押；二是农村电网建设与改造工程项目的电费收益权可质押；三是公路桥梁等不动产收益权可质押；四是供水、供热、公交、电信等收费权可质押；五是高等学校学生公寓收费权可质押。

2.《中华人民共和国物权法》出台之前，涉及不动产的收费权益质押，都以特定的法律法规的形式规定。如果没有相应的法律法规作为支撑，则难以获得金融机构和法院的认可，也难以融资。在《中华人民共和国物权法》出台之后，统一将这类收费权归为应收账款，都可以按照《应收账款质押登记管理办法》进行质押登记，范围进一步扩大。2015 年出台了《基础设施和公用事业特许经营管理办法》，将相关类型的收费权统一纳入。

处理措施和规范建议

1. 调查了解该基础设施和公用事业是否获得政府的许可，以及相关许可协议的内容涉及的收费期限等。同时需要核算正常的开支，剩余部分才能还款，需要在特许经营的期限内归还完毕。

2. 可以将相关的收费系统和银行的业务系统对接，代理客户的缴费，将公用事业或者基础设施的服务性进一步增强，同时控制风险。

参考法规

1.《基础设施和公用事业特许经营管理办法》第二条　中华人民共和国境内的能源、交通运输、水利、环境保护、市政工程等基础设施和公用事业领域的特许经营活动，适用本办法。

第三条　本办法所称基础设施和公用事业特许经营，是指政府采用竞争方式依法授权中华人民共和国境内外的法人或者其他组织，通过协议明确权利义务和风险分担，约定其在一定期限和范围内投资建设运营基础设施和公用事业并获得收益，提供公共产品或者公共服务。

第二十三条　国家鼓励金融机构为特许经营项目提供财务顾问、融资顾问、银团贷款等金融服务。政策性、开发性金融机构可以给予特许经营项目差异化信贷支持，对符合条件的项目，贷款期限最长可达 30 年。探索利用特许经营项目预期收益质押贷款，支持利用相关收益作为还款来源。

2.《最高人民法院关于适用〈中华人民共和国担保法〉若干问题的解释》第九十七条　以公路桥梁、公路隧道或者公路渡口等不动产收益权出质的，按照担保法第七十五条第（四）项的规定处理。

商铺租金质押（一）

✍ 案例

客户周某在县城中心区域繁华地段拥有一套商铺，但是房地产商因为税收问题没有办理产权转让，周某属于购买且实际占有使用者。现在想以该房产融资，准备以该房产的出租收益权进行质押。

📖 处理误区

1. 房产抵押无法进行，如果以租金收益权质押，则风险较大，难实现担保权利。

2. 按照物权法定原则，这不属于法定的物权类型。

♻ 分析

1. 房屋存续期间不动产出租收益和收益金额可以确定，所以收益权（租金）属于担保法所确定的其他财产性权利，属于财产性权利，依法可以质押。《中华人民共和国物权法》出台之后，不动产收益权属于提供不动产的租赁服务所产生的现在和将来金钱债权，属于应收账款范畴，所以可以质押。同时出租说明房屋投入了生产经济领域，产生现金流入，房屋的价值也相应提升。

2. 按照《应收账款质押登记管理办法》到人民银行进行质押登记。

3. 质权的实现方式可以为收取租金并对该租金的优先受偿，可以在合同中约定对于租金的收取和监控，特别是贷款逾期后对于租金的收取、委托出租等内容要进行详细的约定。

📱 处理措施和规范建议

1. 在租金的一定倍数内确定授信额度，最长不得超过 20 年。

2. 要和市场的管理方和房产所有人约定租金的收取、出租等物业性的权利行使方式，现有的出租人纳入银行的管理范围，到期贷款产生不良，则银行可以行使出租并收取租金还贷的权利。

🔍 参考法规

1.《中华人民共和国物权法》第二百二十八条　以应收账款出质的，当事人应当订立书面合同。质权自信贷征信机构办理出质登记时设立。

应收账款出质后，不得转让，但经出质人与质权人协商同意的除外。出质人转让应收账款所得的价款，应当向质权人提前清偿债务或者提存。

2.《应收账款质押登记办法》第二条　中国人民银行征信中心（以下简称征信中心）是应收账款质押的登记机构。

征信中心建立应收账款质押登记公示系统（以下简称登记公示系统），办理应收账款质押登记，并为社会公众提供查询服务。

第四条　本办法所称的应收账款是指权利人因提供一定的货物、服务或设施而获得的要求义务人付款的权利，包括现有的和未来的金钱债权及其产生的收益，但不包括因票据或其他有价证券而产生的付款请求权。

本办法所称的应收账款包括下列权利：

（一）销售产生的债权，包括销售货物，供应水、电、气、暖，知识产权的许可使用等；

（二）出租产生的债权，包括出租动产或不动产；

（三）提供服务产生的债权；

（四）公路、桥梁、隧道、渡口等不动产收费权；

（五）提供贷款或其他信用产生的债权。

商铺租金质押（二）

✍ 案例

客户林某某在县城中心区域繁华地段拥有一套商铺，该房产以按揭贷款200万元购买。现在他想贷款从事其他经营，但无其他抵押物。这个商铺处于城市的中心区域，租金较高，且想租赁者较多，于是他希望将该房产的出租收益权进行质押融资50万元。

📖 处理误区

1. 房产已经抵押，不能够再以租金收益权形式对外质押融资，否则容易产生冲突。

2. 以租金对外质押融资比抵押具有优先性。

♻ 分析

1. 不动产的收益权（租金）属于提供不动产的租赁服务所产生的金钱债权，属于应收账款范畴，可以按照应收账款进行质押融资。

2. 不动产抵押权和应收账款质押权产生竞合，登记的抵押权优先于质押权。对此《中华人民共和国物权法》作出了明确规定。

3. 登记在后的质押如果侵犯了登记在前的抵押权，债权人可以要求增加担保措施，以注销登记等方式保护在前的抵押权。处于抵押之后的租赁，不得影响抵押物处分。

4. 客户既需要归还按揭贷款，也需要归还应收账款质押的贷款，判断其租金和其他收入产生的现金流能否覆盖，如果不能覆盖则需要降低融资数额。

处理措施和规范建议

加强出租的不动产抵押物的管理，发现未经抵押权人同意而设置质押权，评估其对抵押物和债权的影响。如果属于应收账款质押的融资方，则需要考虑在抵押物的抵押期限内，包括续贷期，能否归还贷款，同时做好租赁物的维护和租赁情况的监督。

参考法规

《最高人民法院关于适用〈中华人民共和国担保法〉若干问题的解释》第七十九条　同一财产法定登记的抵押权与质权并存时，抵押权人优先于质权人受偿。

商铺租金质押（三）

案例

客户孙某某在县城中心区域繁华地段拥有一套商铺，该房产按揭贷款已经归还完毕，他以该房产抵押贷款 200 万元作为流动资金，后期他准备增加贷款授信额度，于是到其他银行将该房产的出租收益权进行质押融资 50 万元。

处理误区

一年一次续贷的流动资金贷款和应收账款质押融资可以同时进行。

分析

目前的流动资金贷款都是一年一年进行，债务人只好每年续贷直到贷款不再使用。而租赁一般都期限较长。房产抵押贷款和应收账款质押贷款，双方在租金的收取和处分担保物时存在冲突。在抵押物未被查封之前，应收账款质押权人可以收取租金，并可以通过合同的约定对租金进行进一步的控制。因为租赁的长期性，一旦债务人归还贷款后续贷，则租赁就发生在下一次续贷之前，抵押物的租赁就不受抵押甚至处分抵押物的影响。但是现在通行的做法是，作为债权人的银行一般会要求承租人承诺放弃要求租赁不受影响的权利，如果承租人签署了该承诺或约定，则建立在租金基础上的应收账款质押融资将受到很大影响，风险很大，难以发展。

处理措施和规范建议

1. 作为抵押贷款债权人的金融机构，应当要求承租人放弃抵押物处分时要求继续租赁的权利。如果发现客户已经签署了应收账款质押融资，则不能接受其抵押贷款。

2. 作为应收账款质押债权人的金融机构，则要详细了解租赁期限的长短，是否签署了放弃权利的承诺书；如果签署了这样的条款，则不能接受应收账款质押融资。如果没有签署这样的条款，则应收账款质押融资的质权人相比较抵押权人更有利。

参考法规

1. 《中华人民共和国担保法》第四十七条　债务履行期届满，债务人不履行债务致使抵押物被人民法院依法扣押的，自扣押之日起抵押权人有权收取由抵押物分离的天然孳息以及抵押人就抵押物可以收取的法定孳息。抵押权人未将扣押抵押物的事实通知应当清偿法定孳息的义务人的，抵押权的效力不及于该孳息。

前款孳息应当先充抵收取孳息的费用。

第四十八条　抵押人将已出租的财产抵押的，应当书面告知承租人，原租赁合同继续有效。

第六十八条　质权人有权收取质物所生的孳息。质押合同另有约定的，按照约定。

前款孳息应当先充抵收取孳息的费用。

2. 《中华人民共和国合同法》第二百二十九条　租赁物在租赁期间发生所有权变动的，不影响租赁合同的效力。

3. 《最高人民法院关于适用〈中华人民共和国担保法〉若干问题的解释》第六十六条　抵押人将已抵押的财产出租的，抵押权实现后，租赁合同对受让人不具有约束力。

抵押人将已抵押的财产出租时，如果抵押人未书面告知承租人该财产已抵押的，抵押人对出租抵押物造成承租人的损失承担赔偿责任；如果抵押人已书面告知承租人该财产已抵押的，抵押权实现造成承租人的损失，由承租人自己承担。

智障人士名下的房产抵押贷款

✍ 案例

客户陈某经营超市以及投资咨询公司，准备以房产抵押办理贷款。其做生意多年，资产较多，但是经过调查，发现主要的资产都在其子名下，且发现其子虽然已经有二十多岁，但是行为呆滞，信贷调查人员调查时，客户也认可其子属于智障人员。陈某的生意其实都是自己在经营，他和孩子共同居住，他自己说是为了孩子打算，让他名下有很多财产，有利于找对象结婚。最后金融机构拒绝了其以房产抵押办理贷款，但是客户不断找人说情，还准备投诉，为什么有资产抵押还不能贷款。

📖 处理误区

1. 父母是限制行为能力人的监护人，可以代理其签字，所以不影响贷款。

2. 客户经营是为了孩子，所以孩子也是受益人，对于纯受益行为应当有效。

♻ 分析

1. 智障人员属于限制行为能力人，法律规定超过 18 周岁的限制行为能力人采取宣告制度。由于法院宣告非强行要求，主动申请宣告其直系亲属为限制行为能力人的比例较低。

2. 对于限制行为能力人可以从事其认知能力范围内的事情，超过认知能力的行为无效。但是纯获利行为有效。这个客户的孩子可以接受父母的赠与，所以这个房产属于孩子合法有效，但是对于抵押贷款的行为，既超过了孩子的认知范围，也不是单纯为了孩子，所以其抵押手续即使办理了，也属于无效行为。如果最终处分该房产，则会被法院认定为抵押行为无效，无抵押权。

3. 代理人的代理行为必须是为了被代理人的利益才属于有效代理，否则为无效代理，其他有权代理人可以申请撤销代理行为。客户一直在经营生意，所以不能认同为完全为了其子，有逃避债务的嫌疑。

处理措施和规范建议

1. 超过 18 周岁的智障人员，以及间歇性的精神病人，即使经过法院宣告为限制行为能力人，在实践中也无法进行查询，需要依靠调查人员的细致调查才能发现。

2. 有的客户是故意将自己所有的房产、公司法人代表等登记为智障人员，自己躲在幕后经营，自身名下资产较少，一旦经营出现问题，将限制行为能力人搬出来逃避责任，他们在法律上找到了一个通道。

3. 有些客户确实是为孩子着想，希望其名下有很多资产，对孩子的补偿很多。对于这类客户，如果对信息早了解，可以建议客户通过保险或者信托让孩子未来无生活之忧，这样可使房产等固定资产发挥抵押融资功能。

4. 如该房产在孩子名下，即使没有超过一年也不得撤销该房产的赠与，因为其孩子属于限制行为能力人，对他的赠与具有道德和扶助的性质，不得撤销。

类推适用

1. 青少年名下的房产抵押贷款；
2. 青少年以及其他限制行为能力人名下的其他资产抵押、质押贷款。

参考法规

1.《中华人民共和国民事诉讼法》第一百八十七条 申请认定公民无民事行为能力或者限制民事行为能力，由其近亲属或者其他利害关系人向该公民住所地基层人民法院提出。

申请书应当写明该公民无民事行为能力或者限制民事行为能力的事实和根据。

第一百八十八条 人民法院受理申请后，必要时应当对被请求认定为无民事行为能力或者限制民事行为能力的公民进行鉴定。申请人已提供鉴定意见的，应当对鉴定意见进行审查。

2.《中华人民共和国公司登记管理条例》第二条 有限责任公司和股份有限公司（以下统称公司）设立、变更、终止，应当依照本条例办理公司登记。

申请办理公司登记，申请人应当对申请文件、材料的真实性负责。

3.《中华人民共和国合同法》第一百八十六条 赠与人在赠与财产的权

利转移之前可以撤销赠与。

具有救灾、扶贫等社会公益、道德义务性质的赠与合同或者经过公证的赠与合同，不适用前款规定。

老人名下的房产抵押

✍ 案例

客户贾某某来贷款，信贷调查人员经过询问，认为需要增加担保措施，要求提供房产抵押。贾某某自己的房产还没有拿到房产证，准备以其父亲名下的房产进行抵押，但是其父亲年龄已经 70 多岁，能否抵押登记？

📖 处理误区

1. 在阳光信贷中超过 60 周岁的人员作为限制贷款人，因为风险因素变大，所以超过 60 周岁的抵押人也应当限制。

2. 只要能够办理抵押登记即可，不受抵押人年龄大小的影响。

♻ 分析

1. 老年人尽管年龄上升，但其行为能力不受限制，且抵押担保是以抵押的财产为核心衡量的，所以抵押贷款应当不受年龄的影响。

2. 超过 60 周岁的老人，虽然在法律上不属于限制行为能力人，但是在宪法以及其他法律方面属于弱势群体，对其权益进行特别保护。

3. 老年人是弱势群体，所以在贷款逾期，成为不良贷款时，法院执行抵押财产时会被借款人利用作为盾牌。

📱 处理措施和规范建议

1. 了解作为抵押人的老年人资产状况，是一套房产还是二套房产，如果是唯一的住房，要先落实好老年人的住处，保障其居住权。

2. 老年人的住处可以是农村房产，也可由其直系亲属保障其居住权。

3. 上述措施到位，再结合借款人的状况，可以同意以老年人的房产抵押，否则应当限制老年人的房产抵押。

💡 类推适用

1. 老年人名下的其他不动产抵押不受影响。

2. 老年人名下的动产和财产性权利不受影响。

参考法规

1.《最高人民法院关于人民法院民事执行中查封、扣押、冻结财产的规定》第六条 对被执行人及其所扶养家属生活所必需的居住房屋，人民法院可以查封，但不得拍卖、变卖或者抵债。

2.《关于人民法院办理执行异议和复议案件若干问题的规定》第二十条 金钱债权执行中，符合下列情形之一，被执行人以执行标的系本人及所扶养家属维持生活必需的居住房屋为由提出异议的，人民法院不予支持：

（一）对被执行人有扶养义务的人名下有其他能够维持生活必需的居住房屋的；

（二）执行依据生效后，被执行人为逃避债务转让其名下其他房屋的；

（三）申请执行人按照当地廉租住房保障面积标准为被执行人及所扶养家属提供居住房屋，或者同意参照当地房屋租赁市场平均租金标准从该房屋的变价款中扣除五至八年租金的。

执行依据确定被执行人交付居住的房屋，自执行通知送达之日起，已经给予三个月的宽限期，被执行人以该房屋系本人及所扶养家属维持生活的必需品为由提出异议的，人民法院不予支持。

集镇上的房产抵押

案例

客户王某在镇中心自建了门面房三间，准备到农村商业银行办理抵押贷款，银行经过调查，发现该门面房处于镇中心黄金地段，经营情况较好，租金比较高。但是镇上的房产都是在小城镇建设兴起时建设的，仅仅有乡政府出具的书面证明，没有产权。

处理误区

1. 该房产没有正式的房产证，无法像城市房产一样进行抵押登记，很难处分，风险很大，不能接受该房产抵押贷款。

2. 该房产属于小产权，私下的买卖较多，可能已经转让他人，且存在一房多卖的可能性。

分析

1. 在严格的法律意义上，该房产属于在农村宅基地或者经营承包地上建设的房产，有的是在乡镇企业搬迁留下来的土地上建设的，因为没有经过挂牌拍卖的程序将土地使用权性质进行变更，所以没有正式的产权。法院对于这类房屋交易的判决基本上是合同无效。但是也有的法院提供了较为新的判决思路，认可农村的房产交易，定性为租赁宅基地使用权或者仅仅是房屋交易等。

2. 目前中央政策积极鼓励进行农村房产抵押贷款试点，在非试点地区还要按照原有的法律法规来处理，即要按照农村房产相关规定进行，有购买程序和购买范围的限制。

3. 这些房产是当年小城镇建设时形成的，都是在各地政府的支持下形成的。为了促进当地经济的发展，各地政府在产权确认、抵押登记等方面都会给予大力支持，但是很难获得法院的支持。如果在农村已经有居住房屋，则可以协调法院拍卖处分租赁使用权。同时这些房产，特别是靠近镇附近的房产，都是以楼房居多，可以在保障出售人居住权的情况下处分其他房屋。

4. 农民贷款的抵押物本来就少，这些资产在农民占有的资产中占据一定的分量，也形成了一定的市场价值，从市场的角度容易处分。

处理措施和规范建议

1. 协调政府在产权认定、抵押登记方面给予协助，有利于按照《物权法》的要求登记公示，这样操作不一定获得地方法院对抵押权的认可。可以和地方法院进行沟通，如果不能获得法院对于抵押权的认同，则可以按照租赁权质押的方式进行担保融资。如果属于试点地区，则可以直接进行抵押登记。

2. 及时关注其私下转让的情况，详细调查实际占有人和产权人，即借款申请人是否一致。

3. 主要以镇中心位置的房产为主，在市场化的条件下有利于出租，租金也较高。房屋基本上都是楼房，可以采取分割转让、出租等多种处分方式。在保障居住权的前提下可以创新多种处分方式。

类推适用

1. 镇区成片的小产权房住宅，不能按照镇中心的门面房进行抵押登记。
2. 小产权房住宅。

参考法规

1. 《中华人民共和国土地管理法》第六十二条 农村村民一户只能拥有

一处宅基地，农村村民出卖、出租住房后，再申请宅基地的，不予批准。

2.《国务院关于开展农村承包土地的经营权和农民住房财产权抵押贷款试点的指导意见》建立抵押物处置机制，做好风险保障。因借款人不履行到期债务或者发生当事人约定的情形需要实现抵押权时，允许金融机构在保证农户承包权和基本住房权利前提下，依法采取多种方式处置抵押物。完善抵押物处置措施，确保当借款人不履行到期债务或者发生当事人约定的情形时，承贷银行能顺利实现抵押权。农民住房财产权（含宅基地使用权）抵押贷款的抵押物处置应与商品住房制定差别化规定。探索农民住房财产权抵押担保中宅基地权益的实现方式和途径，保障抵押权人合法权益。对农民住房财产权抵押贷款的抵押物处置，受让人原则上应限制在相关法律法规和国务院规定的范围内。

3.《农民住房财产权抵押贷款试点暂行办法》第十二条　因借款人不履行到期债务，或者按借贷双方约定的情形需要依法行使抵押权的，贷款人应当结合试点地区实际情况，配合试点地区政府在保障农民基本居住权的前提下，通过贷款重组、按序清偿、房产变卖或拍卖等多种方式处置抵押物，抵押物处置收益应由贷款人优先受偿。变卖或拍卖抵押的农民住房，受让人范围原则上应限制在相关法律法规和国务院规定的范围内。

保障房抵押

✍ 案例

客户王某符合购买保障房的条件，在本县城的小区里购买了一套保障房，房产部门也办理了房产证，但是土地性质为划拨。过了三年之后，王某听说这样的保障房也可以交易，可以抵押贷款，于是到农村商业银行咨询要求抵押贷款。王某的现金流不错，农村商业银行为其办理了抵押贷款。信贷管理部门则有不同看法，认为风险较大，到时候影响抵押物的处分，而经营部门认为，这类性质的房产数量不少，不允许抵押贷款会减少不少业务，影响单位的收入。

📖 处理误区

1. 该房产不能抵押，因为是保障房。
2. 该房产可以按照正常房产进行抵押贷款。

分析

1. 保障房就是经济适用房，是为城镇低收入人群改善住房条件而建设，所以每一个地级市对于经济适用房的政策有区别。达到一定年限后可以交易，同时需要补交地价款等。

2. 经济适用房属于限制交易的资产，不是禁止转让的资产，所以从法理上来说可以抵押。但是能否办理抵押登记和如何办理抵押登记，每一个地方的抵押登记部门会有不同的规定。

处理措施和规范建议

1. 接受保障房的抵押融资，降低抵押率，将以后交易时需要补交的价款计算在内。

2. 可以增加担保人，在房产的剩余价值范围内以房产作为反担保物按照顺位抵押给担保人，由担保人来最终处理抵押物。

3. 保障房一般都是为低收入人群准备的，最终处分的时候，他们会声称为低收入人，要求法院保障其居住权，所以对于这类住房，要先调查并落实好其居住地方。

类推适用

对于残疾人、低保户的房产可以类推适用。

参考法规

1.《经济适用住房管理办法》第二条　本办法所称经济适用住房，是指政府提供政策优惠，限定套型面积和销售价格，按照合理标准建设，面向城市低收入住房困难家庭供应，具有保障性质的政策性住房。

第七条　经济适用住房建设用地以划拨方式供应。经济适用住房建设用地应纳入当地年度土地供应计划，在申报年度用地指标时单独列出，确保优先供应。

第十二条　严禁以经济适用住房名义取得划拨土地后，以补交土地出让金等方式，变相进行商品房开发。

第二十五条　城市低收入家庭申请购买经济适用住房应同时符合下列条件：

（一）具有当地城镇户口；

（二）家庭收入符合市、县人民政府划定的低收入家庭收入标准；

（三）无房或现住房面积低于市、县人民政府规定的住房困难标准。

第二十九条　居民个人购买经济适用住房后，应当按照规定办理权属登记。房屋、土地登记部门在办理权属登记时，应当分别注明经济适用住房、划拨土地。

第三十条　经济适用住房购房人拥有有限产权。

购买经济适用住房不满 5 年，不得直接上市交易，购房人因特殊原因确需转让经济适用住房的，由政府按照原价格并考虑折旧和物价水平等因素进行回购。

购买经济适用住房满 5 年，购房人上市转让经济适用住房的，应按照届时同地段普通商品住房与经济适用住房差价的一定比例向政府交纳土地收益等相关价款，具体交纳比例由市、县人民政府确定，政府可优先回购；购房人也可以按照政府所定的标准向政府交纳土地收益等相关价款后，取得完全产权。

上述规定应在经济适用住房购买合同中予以载明，并明确相关违约责任。

2.《已购公有住房和经济适用住房上市出售土地出让金和收益分配管理的若干规定》二、已购公有住房和经济适用住房上市出售时，由购房者按规定缴纳土地出让金或相当于土地出让金的价款。缴纳标准按不低于所购买的已购公有住房中经济适用住房坐落位置的标定地价的10%确定。

购房者缴纳土地出让金或相当于土地出让金的价款后，按出让土地使用权的商品住宅办理产权登记。

二次抵押贷款

✍ 案例

客户赵某的住房已经抵押给银行做了按揭贷款，还有一套房产是抵押给银行做经营性抵押贷款，现在听说不少银行放开二次抵押贷款，赵某也打算将自己的二套房产的剩余价值抵押贷款，但是有些银行只接受在该行有按揭贷款的二次抵押贷款，而已经做经营性抵押贷款的房产却没有获得第二顺位的抵押贷款。

📖 处理误区

1. 从法律上看，所有房产都可以做二次抵押贷款，现在不少商业银行都如此，只要客户没有信用不良，没有大的风险就可以做二次抵押贷款，毕竟客户违约的比例很小，况且还有抵押物。

2. 不接受二次抵押贷款，难以处分，去除第一顺位的抵押贷款数额和处分费用，剩余部分很小，不值得冒险。

♻ 分析

《中华人民共和国物权法》出台之后允许二次抵押，有的地方抵押登记部门要看是否有剩余价值，有的地方抵押登记部门是以第一顺位抵押的价值为准，有的地方登记部门是以自身的价值评估为准，如果没有剩余价值，就不接受二次抵押登记。如果两个抵押权人不相同，可能最终对房产的评估价值也不同。

📟 处理措施和规范建议

1. 接受按揭贷款房产的二次抵押，因为付了首付款之后已经归还了多期的贷款，同时房产价值可能还会有一定的升值；而经营性抵押贷款房产的二次抵押，因为贷款是流动资金贷款，期限为三年到五年，所以评估价值变化幅度不大，去除第一顺位的抵押权价值后剩余不多，如果再去除处理费用和逾期利息，则基本没有剩余。

2. 接受按揭抵押贷款房产的二次抵押，如果还款期限较少，则以本行的为主。

3. 对于他行为第一顺位的抵押物，需要谨慎评估以便确定是否有剩余价值，同时期限放在第一顺位的贷款期限内，便于第一顺位的抵押权人处分抵押物时能够一并处理。

4. 也可以让借款人找担保人，将房产剩余价值反抵押给担保人，这样担保人有部分物的保障，同时担保人代偿后享有第二顺位的抵押权，担保人处分抵押物较金融机构更为灵活。

🔍 参考法规

《中华人民共和国物权法》第一百七十三条　担保物权的担保范围包括主债权及其利息、违约金、损害赔偿金、保管担保财产和实现担保物权的费用。当事人另有约定的，按照约定。

第一百九十九条　同一财产向两个以上债权人抵押的，拍卖、变卖抵押财产所得的价款依照下列规定清偿：

（一）抵押权已登记的，按照登记的先后顺序清偿；顺序相同的，按照债权比例清偿。

第三节　经营行为审核

认缴制下审查股东出资义务

案例

客户李某某和张某某投资设立了一家有限责任公司,注册资本为 1000 万元,初期实到资本为零,经过几年的发展,公司不断发展壮大,资产充足,其资产已经远远超过 1000 万元。现在准备到银行融资,如何审核其注册资本情况?

处理误区

该公司的注册资本已经到位,资产积累已经达到。

分析

在认缴制下,公司的注册资本缴纳时间没有强行要求,但是还是要缴纳,进行验资等,只是在时间上由股东自己把握,有很多投资者理解为不需要缴纳注册资本,或者疏忽这件事情,有的公司已经积累很多财产,但是注册资本还没有到位,这也表明公司的管理规范性还需要加强。

处理措施和规范建议

查询公司的注册资本到位情况,如果没有到位,提醒股东及时将注册资本到位,公司的资产不能当然地转化为注册资本。

参考法规

《中华人民共和国公司法》第二十三条　设立有限责任公司,应当具备下列条件:

(一)股东符合法定人数;

(二)有符合公司章程规定的全体股东认缴的出资额;

（三）股东共同制定公司章程；

（四）有公司名称，建立符合有限责任公司要求的组织机构；

（五）有公司住所。

第二十六条　有限责任公司的注册资本为在公司登记机关登记的全体股东认缴的出资额。

第二十八条　股东应当按期足额缴纳公司章程中规定的各自所认缴的出资额。股东以货币出资的，应当将货币出资足额存入有限责任公司在银行开设的账户；以非货币财产出资的，应当依法办理其财产权的转移手续。

股东不按照前款规定缴纳出资的，除应当向公司足额缴纳外，还应当向已按期足额缴纳出资的股东承担违约责任。

环保审核

✍ 案例

客户某某皮革制品有限公司准备申请贷款 500 万元，当审查人员询问环评事宜时，该公司说环评没有问题，并拿出了环保部门的环评批复。但是，厂区里还是有刺鼻的气味。

📖 处理误区

有环保部门的环评批复就符合要求。

♻ 分析

1. 根据污染物的不同确定环评报告的格式是环评表还是环评报告书，以及确定环保部门审批环评报告的级别，有的是县环保部门审批，有的需要省、国家环保部门审批，环评报告的批复是第一步。

2. 第二步需要"三同时"安排，就是环保设备同时设计、同时施工、同时运营。很多公司只进行第一步，特别是乡镇那些污染不是太严重的企业，没有"三同时"安排。因为有很多年，环境保护的力度不足，导致很多公司就是做了书面的环评报告并获得审批，仅仅停留在书面上，并没有真正地实施。

3. "三同时"结束后，公司需要先向环保部门申请试生产，获得环境保护部门对于试生产的批复许可后进行试生产，公司向第三方机构申请采集污染物并进行验收评估，如果一切合格，则报送相关资料给环保部门，环保部门认可并批复同意正式生产。

4. 上述程序走完并正常生产后，还需要缴纳排污费；设备要正常运行，有的属于严重污染的企业，还要安装监控设备监控排污是否达到正常标准，不能超标排放。现在有些环保不达标的中小企业将厂房搬到县和乡镇，比较隐蔽，同时能够获得当地政府部门一定程度的保护。

5. 对于环保不达标的企业，环保部门的投诉热线和政府的投诉热线使用起来很方便，群众对于污染企业敏感度高；上一级环保部门也会进行检查；环保纠纷的公益诉讼机制日益健全，这些都很容易将企业的环保问题展现出来，让企业因为环保问题而关闭或者支付巨额的赔偿。

📟 处理措施和规范建议

了解企业是属于一般污染企业还是严重污染企业，根据污染物查询环保部门的相关法律规定，然后看企业完整的环评过程是否走完，特别是查看正式生产的环保批复，并实地查看环保设备运行情况和排污费缴纳情况。一旦确定环保存在问题，要督促企业整改，如果无法整改，又属于较为严重的污染企业，则停止授信，如果已经发放贷款，应逐步收回。

🔍 参考法规

1.《中华人民共和国环境保护法》第四十一条　建设项目中防治污染的设施，应当与主体工程同时设计、同时施工、同时投产使用。防治污染的设施应当符合经批准的环境影响评价文件的要求，不得擅自拆除或者闲置。

第四十二条　排放污染物的企业事业单位和其他生产经营者，应当采取措施，防治在生产建设或者其他活动中产生的废气、废水、废渣、医疗废物、粉尘、恶臭气体、放射性物质以及噪声、振动、光辐射、电磁辐射等对环境的污染和危害。

排放污染物的企业事业单位，应当建立环境保护责任制度，明确单位负责人和相关人员的责任。

重点排污单位应当按照国家有关规定和监测规范安装使用监测设备，保证监测设备正常运行，保存原始监测记录。

第四十三条　排放污染物的企业事业单位和其他生产经营者，应当按照国家有关规定缴纳排污费。排污费应当全部专项用于环境污染防治，任何单位和个人不得截留、挤占或者挪作他用。

第五十四条　县级以上地方人民政府环境保护主管部门和其他负有环境保

护监督管理职责的部门，应当将企业事业单位和其他生产经营者的环境违法信息记入社会诚信档案，及时向社会公布违法者名单。

第五十八条 对污染环境、破坏生态，损害社会公共利益的行为，符合下列条件的社会组织可以向人民法院提起诉讼：

（一）依法在设区的市级以上人民政府民政部门登记；

（二）专门从事环境保护公益活动连续五年以上且无违法记录。

符合前款规定的社会组织向人民法院提起诉讼，人民法院应当依法受理。

提起诉讼的社会组织不得通过诉讼牟取经济利益。

第五十九条 企业事业单位和其他生产经营者违法排放污染物，受到罚款处罚，被责令改正，拒不改正的，依法作出处罚决定的行政机关可以自责令改正之日的次日起，按照原处罚数额按日连续处罚。

2.《建设项目环境保护管理条例》第六条 国家实行建设项目环境影响评价制度。建设项目的环境影响评价工作，由取得相应资格证书的单位承担。

第七条 国家根据建设项目对环境的影响程度，按照下列规定对建设项目的环境保护实行分类管理：

（一）建设项目对环境可能造成重大影响的，应当编制环境影响报告书，对建设项目产生的污染和对环境的影响进行全面、详细的评价；

（二）建设项目对环境可能造成轻度影响的，应当编制环境影响报告表，对建设项目产生的污染和对环境的影响进行分析或者专项评价；

（三）建设项目对环境影响很小，不需要进行环境影响评价的，应当填报环境影响登记表。

建设项目环境保护分类管理名录，由国务院环境保护行政主管部门制订并公布。

第九条 建设单位应当在建设项目可行性研究阶段报批建设项目环境影响报告书、环境影响报告表或者环境影响登记表；但是，铁路、交通等建设项目，经有审批权的环境保护行政主管部门同意，可以在初步设计完成前报批环境影响报告书或者环境影响报告表。

按照国家有关规定，不需要进行可行性研究的建设项目，建设单位应当在建设项目开工前报批建设项目环境影响报告书、环境影响报告表或者环境影响登记表；其中，需要办理营业执照的，建设单位应当在办理营业执照前报批建设项目环境影响报告书、环境影响报告表或者环境影响登记表。

第十条　建设项目环境影响报告书、环境影响报告表或者环境影响登记表，由建设单位报有审批权的环境保护行政主管部门审批；建设项目有行业主管部门的，其环境影响报告书或者环境影响报告表应当经行业主管部门预审后，报有审批权的环境保护行政主管部门审批。

海岸工程建设项目环境影响报告书或者环境影响报告表，经海洋行政主管部门审核并签署意见后，报环境保护行政主管部门审批。

环境保护行政主管部门应当自收到建设项目环境影响报告书之日起60日内、收到环境影响报告表之日起30日内、收到环境影响登记表之日起15日内，分别作出审批决定并书面通知建设单位。

第二十条　建设项目竣工后，建设单位应当向审批该建设项目环境影响报告书、环境影响报告表或者环境影响登记表的环境保护行政主管部门，申请该建设项目需要配套建设的环境保护设施竣工验收。

环境保护设施竣工验收，应当与主体工程竣工验收同时进行。需要进行试生产的建设项目，建设单位应当自建设项目投入试生产之日起3个月内，向审批该建设项目环境影响报告书、环境影响报告表或者环境影响登记表的环境保护行政主管部门，申请该建设项目需要配套建设的环境保护设施竣工验收。

第二十一条　分期建设、分期投入生产或者使用的建设项目，其相应的环境保护设施应当分期验收。

第二十二条　环境保护行政主管部门应当自收到环境保护设施竣工验收申请之日起30日内，完成验收。

第二十三条　建设项目需要配套建设的环境保护设施经验收合格，该建设项目方可正式投入生产或者使用。

项目核准审核

✍ 案例

客户金某某成立了一家加工压力容器相关设备的公司，其业务主要为压力容器企业加工某一个部件。公司成立后就开始生产，该公司准备申请贷款100万元，经过审查认为符合要求。贷款后一年，公司被相关部门要求停产，贷款归还无望。

📖 处理误区

企业是为其他企业代工，不需要办理相关的项目批准手续。

♻ 分析

1. 有的项目审批属于前置性的，就是指获得项目审批才能申请领取营业执照，而后后置性审批就是先领取营业执照，再申请项目核准或者备案才进行业务经营。现在政府逐步减少前置性审批项目，并将有些前置性审批修改为后置性审批。

2. 乡镇的创业者有部分人员文化水平较低，很多企业投资者不是很熟悉投资的相关法律法规，设置前置性审批的，他们就先获得审批。而项目需要后续审批的，他们就认为不需要审批，忽视法律对于项目审批的要求，往往取得营业执照之后就开始经营。

3. 企业后续生产经营需要的相关资质，相关部门执法具有一定的随机性，特别是在县城和乡镇，以往的人情对严格执法具有一定的影响，导致不少企业轻视项目的批准，往往在面临重要的执法检查或者处罚时才有所认识。

🗓 处理措施和规范建议

1. 在贷款审批阶段查询相关行业的法规，确保企业需要的相关资质、证照都能够办理到位。国务院列出了需要获得行政许可的审批项目类型，各省也有相关的项目审批目录以及项目核准、备案的相关法律法规。同时政府的相关服务部门也都列出相关的审批目录。因此在贷款的审批授信阶段，审批人员必须熟悉相关法律法规。

2. 对于没有办理经营项目批准、核准、备案的企业要督促其进行整改，进一步补充完善相关审批手续，对于没有整改的，或者不符合相关条件的，则要限制贷款的使用，缩减授信或者取消授信，如果已经获得贷款，则要逐步收回。

🔍 参考法规

1.《中华人民共和国公司登记管理条例》第十七条　设立公司应当申请名称预先核准。法律、行政法规或者国务院决定规定设立公司必须报经批准，或者公司经营范围中属于法律、行政法规或者国务院决定规定在登记前须经批准的项目的，应当在报送批准前办理公司名称预先核准，并以公司登记机关核准的公司名称报送批准。

2.《国务院关于投资体制改革的决定》 （一）改革项目审批制度，落实企业投资自主权。彻底改革现行不分投资主体、不分资金来源、不分项目性质，一律按投资规模大小分别由各级政府及有关部门审批的企业投资管理办法。对于企业不使用政府投资建设的项目，一律不再实行审批制，区别不同情况实行核准制和备案制。其中，政府仅对重大项目和限制类项目从维护社会公共利益角度进行核准，其他项目无论规模大小，均改为备案制，项目的市场前景、经济效益、资金来源和产品技术方案等均由企业自主决策、自担风险，并依法办理环境保护、土地使用、资源利用、安全生产、城市规划等许可手续和减免税确认手续。对于企业使用政府补助、转贷、贴息投资建设的项目，政府只审批资金申请报告。各地区、各部门要相应改进管理办法，规范管理行为，不得以任何名义截留下放给企业的投资决策权利。

（二）规范政府核准制。要严格限定实行政府核准制的范围，并根据变化的情况适时调整。《政府核准的投资项目目录》（以下简称《目录》）由国务院投资主管部门会同有关部门研究提出，报国务院批准后实施。未经国务院批准，各地区、各部门不得擅自增减《目录》规定的范围。

企业投资建设实行核准制的项目，仅需向政府提交项目申请报告，不再经过批准项目建议书、可行性研究报告和开工报告的程序。政府对企业提交的项目申请报告，主要从维护经济安全、合理开发利用资源、保护生态环境、优化重大布局、保障公共利益、防止出现垄断等方面进行核准。对于外商投资项目，政府还要从市场准入、资本项目管理等方面进行核准。政府有关部门要制定严格规范的核准制度，明确核准的范围、内容、申报程序和办理时限，并向社会公布，提高办事效率，增强透明度。

（三）健全备案制。对于《目录》以外的企业投资项目，实行备案制，除国家另有规定外，由企业按照属地原则向地方政府投资主管部门备案。备案制的具体实施办法由省级人民政府自行制定。国务院投资主管部门要对备案工作加强指导和监督，防止以备案的名义变相审批。

3.《政府核准投资项目管理办法》第二条 实行核准制的投资项目范围和项目核准机关的核准权限，由国务院颁布的《政府核准的投资项目目录》（以下简称《核准目录》）确定。

前款所称项目核准机关，是指《核准目录》中规定具有项目核准权限的行政机关。《核准目录》所称国务院投资主管部门是指国家发展和改革委员会；《核准目录》规定由省级政府、地方政府核准的项目，其具体项目核准机关由省级政府确定。

项目核准机关对企业投资项目进行的核准是行政许可事项，实施行政许可所需经费应当由本级财政予以保障。

第二十八条　对于未按规定取得规划选址、用地预审、环评审批、节能审查意见的项目，各级项目核准机关不得予以核准。对于未按规定履行核准手续或者未取得项目核准文件的项目，城乡规划（建设）、国土资源、安全生产监管等部门不得办理相关手续，金融机构不得发放贷款。

4.《国务院对确需保留的行政审批项目设定行政许可的决定》　依照《中华人民共和国行政许可法》和行政审批制度改革的有关规定，国务院对所属各部门的行政审批项目进行了全面清理。由法律、行政法规设定的行政许可项目，依法继续实施；对法律、行政法规以外的规范性文件设定，但确需保留且符合《中华人民共和国行政许可法》第十二条规定事项的行政审批项目，根据《中华人民共和国行政许可法》第十四条第二款的规定，现决定予以保留并设定行政许可，共500项。

客户购买了乡镇厂房

✍ 案例

乡镇有不少厂房是在租赁的农村集体所有的土地上建设的，不具有完全的产权，在地方政府的许可和市场的作用下，这些厂房的租赁和交易比较常见。在农村市场经营的农村金融机构不能无视这类资产的存在和在贷款中的独特性，特别是在土地指标不足、发展相对滞后的区域更是如此。客户孙某某就购买了一套这样的厂房，现在他准备贷款，能否将这些厂房作为其名下的资产，在授信中给予充分的考虑？

📖 处理误区

不行，因为没有正式的产权登记，无法证明。

♻ 分析

登记是不动产的公示形式，占有是动产的公示方式。占有也是一种宣传权利占有的方式。对于乡镇租赁土地上的厂房，如果要确认属于孙某某所有，则除了资金支付证明等材料外，更主要的是关注其占有使用的情况。

处理措施和规范建议

采集其占有使用的照片，如果其已经占有使用，结合其他材料就可以明确该厂房为其所有。

参考法规

《中华人民共和国物权法》第二百四十一条 基于合同关系等产生的占有，有关不动产或者动产的使用、收益、违约责任等，按照合同约定；合同没有约定或者约定不明确的，依照有关法律规定。

第二百四十二条 占有人因使用占有的不动产或者动产，致使该不动产或者动产受到损害的，恶意占有人应当承担赔偿责任。

第二百四十五条 占有的不动产或者动产被侵占的，占有人有权请求返还原物；对妨害占有的行为，占有人有权请求排除妨害或者消除危险；因侵占或者妨害造成损害的，占有人有权请求损害赔偿。

贷款提交的销售合同真假

案例

林某某向银行申请贷款20万元，声称承接了外地200万元的工程，希望银行能够尽快审批。审批人员经过仔细审阅材料和听取林某某的自述后感觉外地的工程项目为虚构，但是要回绝林某某的贷款申请需要有较为充足的理由，于是贷款审批人在建设合同上寻找破绽。

处理误区

根据合同确定项目真假。

分析

1. 合同包含诸多要素，针对不同经营项目，其要素有所不同。如建设合同其项目方的责任主要是发包、监督、付款，材料的供应和付款的进度会成为焦点。有些合同本身漏洞百出，自相矛盾，审核人员对相关的合同内容要熟悉。

2. 经验丰富的客户，合同会做得比较真实，从合同本身看不出问题，需要进一步从其他方面了解，如结合现金流、用工等。

处理措施和规范建议

1. 审查合同本身的合理性，主要从该类合同的性质入手，根据合同所约定内容的合理性和逻辑性确定是否为虚假合同。如果合同本身较为合理，那么可以就合同本身的内容和贷款申请人进行沟通，看其回答是否自如、流畅、一致。

2. 如果贷款额度大、风险高，贷款审批人员可以进一步和合同的相关各方沟通核对。

参考法规

《中华人民共和国合同法》第十二条　合同的内容由当事人约定，一般包括以下条款：

（一）当事人的名称或者姓名和住所；

（二）标的；

（三）数量；

（四）质量；

（五）价款或者报酬；

（六）履行期限、地点和方式；

（七）违约责任；

（八）解决争议的方法。

当事人可以参照各类合同的示范文本订立合同。

第一百二十五条　当事人对合同条款的理解有争议的，应当按照合同所使用的词句、合同的有关条款、合同的目的、交易习惯以及诚实信用原则，确定该条款的真实意思。

客户代开发票

案例

客户曹某某有一家公司，其准备以公司的名义贷款 10 万元，经过授信审查发现其开具发票的金额和其业务收入的数额不相称，远远超过其业务经营所产生的数额。经过了解发现，当地政府为了增加财政收入以及虚增地区生产总值，鼓励企业代开发票，并给予一定比例的返还，有些企业从中谋取利益。所以不少企业都有为他人代开的行为。

处理误区

有地方政府的保护，正常缴纳税款代开发票的行为没有偷逃国家的税款，不构成犯罪。

♺ 分析

1. 虚开增值税发票构成犯罪，即使如实代开也构成犯罪。因为税务机关可以为非一般纳税人代开增值税专用发票。而找其他单位代开，是为了逃避监管或者减少税点，同时代开单位也没有资格代开。所以代开增值税发票很容易构成犯罪。

2. 虚开增值税专用发票金额1万元或使国家税款被骗取5000元即构成犯罪。

3. 很多人认为代开单位如实向国家缴纳税款就不构成犯罪，其实单纯的代开无法看出是否偷逃了税款，因为增值税是相互抵扣，仅仅对增值部分缴纳税收，代开单位无法掌握使用该税票的单位虚构销售货物的状况。所以即使按照要求缴纳了税款也同样是犯罪行为。

4. 有些乡镇和县城的小微企业看到代开发票有利可图，大量为其他单位开具增值税发票，这给其贷款带来风险。

📠 处理措施和规范建议

审查企业的开票金额和实际的销售收入，如果相差太大，那么就要了解是否在为其他企业或个人代开发票，如果是代开，则应当取消授信，或者收回贷款，即使以房产抵押的贷款，也要逐步收回。

🔍 参考法规

1. 《中华人民共和国发票管理办法》第十六条 需要临时使用发票的单位和个人，可以凭购销商品、提供或者接受服务以及从事其他经营活动的书面证明、经办人身份证明，直接向经营地税务机关申请代开发票。依照税收法律、行政法规规定应当缴纳税款的，税务机关应当先征收税款，再开具发票。税务机关根据发票管理的需要，可以按照国务院税务主管部门的规定委托其他单位代开发票。禁止非法代开发票。

第二十二条 开具发票应当按照规定的时限、顺序、栏目，全部联次一次性如实开具，并加盖发票专用章。

任何单位和个人不得有下列虚开发票行为：

（一）为他人、为自己开具与实际经营业务情况不符的发票；

（二）让他人为自己开具与实际经营业务情况不符的发票；

（三）介绍他人开具与实际经营业务情况不符的发票。

第三十七条　违反本办法第二十二条第二款的规定虚开发票的，由税务机关没收违法所得；虚开金额在 1 万元以下的，可以并处 5 万元以下的罚款；虚开金额超过 1 万元的，并处 5 万元以上 50 万元以下的罚款；构成犯罪的，依法追究刑事责任。

非法代开发票的，依照前款规定处罚。

2.《中华人民共和国刑法》第二百零五条　虚开增值税专用发票或者虚开用于骗取出口退税、抵扣税款的其他发票的，处三年以下有期徒刑或者拘役，并处二万元以上二十万元以下罚金；虚开的税款数额较大或者有其他严重情节的，处三年以上十年以下有期徒刑，并处五万元以上五十万元以下罚金；虚开的税款数额巨大或者有其他特别严重情节的，处十年以上有期徒刑或者无期徒刑，并处五万元以上五十万元以下罚金或者没收财产。

有前款行为骗取国家税款，数额特别巨大，情节特别严重，给国家利益造成特别重大损失的，处无期徒刑或者死刑，并处没收财产。

单位犯本条规定之罪的，对单位判处罚金，并对其直接负责的主管人员和其他直接责任人员，处三年以下有期徒刑或者拘役；虚开的税款数额较大或者有其他严重情节的，处三年以上十年以下有期徒刑；虚开的税款数额巨大或者有其他特别严重情节的，处十年以上有期徒刑或者无期徒刑。

虚开增值税专用发票或者虚开用于骗取出口退税、抵扣税款的其他发票，是指有为他人虚开、为自己虚开、让他人为自己虚开、介绍他人虚开行为之一的。

虚开本法第二百零五条规定以外的其他发票，情节严重的，处二年以下有期徒刑、拘役或者管制，并处罚金；情节特别严重的，处二年以上七年以下有期徒刑，并处罚金。

单位犯前款罪的，对单位判处罚金，并对其直接负责的主管人员和其他直接责任人员，依照前款的规定处罚。

抵押物上的租赁权

📝 案例

客户李某将县城中心区的商业房产抵押给银行，借款合同期限三年，在期限内贷款循环使用。贷款到期后李某无法归还形成逾期，最终准备通过法院进行拍卖，但是法院调查抵押物状态准备执行时，承租人贾某某提出其在抵押之前就一直租赁经营，租赁期限 10 年，租金已经支付完毕，所以要求法院认可其租赁权。

处理误区

担保物已经抵押登记，应当享有优先权，租赁不影响拍卖。

分析

1. 法律规定买卖不破租赁，新的买受人必须接受原有的租赁关系。所以有些借款人或抵押人会通过倒签租赁协议等方式恶意运用该法律规定。长期租赁权的存在影响抵押物的处分，价值会降低很多，大部分人不愿购买这样的抵押物。

2. 现在信贷授信和贷后管理中对于租赁权的重视程度不够，会留下漏洞被抵押人利用。有的借款人长期使用资金，抵押登记需要延续很长时间，抵押登记期限到期后继续进行抵押登记，而本来处于抵押登记之后的租赁关系会转变为下一次抵押登记之前。随着法律意识的增强，租赁权的管理需要充分重视。

处理措施和规范建议

1. 在贷款授信时可以要求抵押人签署租赁人在处分抵押物时放弃租赁权的承诺书；每一次抵押登记延续之前需要进一步核实租赁关系是否发生变化，租赁关系是处于新的抵押登记之前还是之后，如果新的抵押登记处于租赁关系之后，则要签署承诺书。

2. 大部分抵押人以租赁权来阻却抵押物的处分都是后期故意所为。因此信贷中的风险预防至关重要。如果租赁客户不愿签署放弃租赁权的承诺书，那么可以完整地调查租赁关系的真实性情况并记录在案，如租赁合同约定的期限、是否许可转租、租金的交付方式和已经缴纳租金的情况，将这些情况写下来让出租人（抵押人）确认，如果调查中发现租期较长、租金较低、租金已经缴纳完毕或者缴纳后续多年租金的，则应当谨慎，可能存在故意行为。

3. 必要时可以在放款之前和承租人、出租人签署协议，约定借款人到期形成逾期贷款的，则租金直接缴纳到放款银行约定的账户，合同到期之后放款银行可以许可租赁人继续承租。

参考法规

1.《中华人民共和国物权法》第一百九十条 订立抵押合同前抵押财产

已出租的，原租赁关系不受该抵押权的影响。抵押权设立后抵押财产出租的，该租赁关系不得对抗已登记的抵押权。

2.《中华人民共和国合同法》第二百一十四条　租赁期限不得超过二十年。超过二十年的，超过部分无效。租赁期间届满，当事人可以续订租赁合同，但约定的租赁期限自续订之日起不得超过二十年。

第二百二十九条　租赁物在租赁期间发生所有权变动的，不影响租赁合同的效力。

非上市股份公司的股权转让

✍ 案例

客户张某某持有农村商业银行股份有限公司的股权，准备以该股权办理质押贷款，现在某某城市商业银行的审批人员认为该股权为发起人股份，一般有限售期的约定，同时认为在处分时其他股东有优先购买权。

📖 处理误区

其他股东有优先购买权，且在限售期内不得质押。

♻ 分析

1. 对于有限责任公司而言，如果出售股权，则其他股东有优先购买权；而股份有限公司作为公众公司，《公司法》和公司章程都没有规定其他股东有优先购买权，农村商业银行股份有限公司尽管没有上市，但是仍然是股份公司，其股权转让不受优先购买权的约束。

2. 股权质押属于对股权使用收益权利的利用，不是直接处分，所以不受限售期的约束。

📟 处理措施和规范建议

可以通过审批。非上市的股份有限公司股权可以自由转让，发起人的股权过了限售期之后一样可以自由处分，在限售期内的股权质押不受影响。许多上市公司发起人的股份在限售期内进行质押。

🔍 参考法规

《中华人民共和国公司法》第七十二条　有限责任公司的股东之间可以相互转让其全部或者部分股权。

股东向股东以外的人转让股权，应当经其他股东过半数同意。股东应就其股权转让事项书面通知其他股东征求同意，其他股东自接到书面通知之日起满三十日未答复的，视为同意转让。其他股东半数以上不同意转让的，不同意的股东应当购买该转让的股权；不购买的，视为同意转让。经股东同意转让的股权，在同等条件下，其他股东有优先购买权。两个以上股东主张行使优先购买权的，协商确定各自的购买比例；协商不成的，按照转让时各自的出资比例行使优先购买权。

公司章程对股权转让另有规定的，从其规定。

第七十三条 人民法院依照法律规定的强制执行程序转让股东的股权时，应当通知公司及全体股东，其他股东在同等条件下有优先购买权。其他股东自人民法院通知之日起满二十日不行使优先购买权的，视为放弃优先购买权。

第一百四十二条 发起人持有的本公司股份，自公司成立之日起一年内不得转让。公司公开发行股份前已发行的股份，自公司股票在证券交易所上市交易之日起一年内不得转让。

与没有保证金且要求先处分房产的房地产公司合作

✍ 案例

客户为某某房地产公司，是全国有一定知名度的上市公司，在县城开发一个楼盘，与银行签订的按揭贷款合作协议中的条款比较苛刻，其不愿意缴纳保证金，同时要求银行催收多次并尽可能采取先处分房产的措施，在无法实现先处分房产的情况下才愿意承担担保责任。是否要与这样的房地产公司合作，如果合作要注意哪些方面？

📖 处理误区

合同条款比较严格，出现风险后，银行要费太多的周折，不应当和该房地产公司合作。

♻ 分析

1. 法律是预防风险的重要工具。风险发生的概率有多大，发生之后的损失有多大，这是经济问题，要搞清楚。如果该风险的发生概率很小，且即使发生了，造成的损失要远远低于收益，则就不能因为该风险而禁止该业务的开展。

2. 房地产公司提供房产证办理完成之前的阶段性担保。按揭贷款保证金就是房地产开发商按照银行向购房者发放的贷款余额存入一定比例的保证金，为银行发放贷款提供阶段性担保的款项。当购房者取得房地产权证，并办妥银行的抵押登记手续后，银行将相应的保证金退还给房地产开发商。在此期间，若购房者未按照借款合同的约定按期还本付息，则由房地产开发商代为偿还，银行有权直接从保证金账户中扣划相关款项。

3. 房地产公司交房时间晚和房产质量问题导致房地产公司承担违约责任，甚至退房，从法律上来说，这是另一个法律关系，银行和客户之间的债权债务关系不应当受到影响。但是如果房地产公司违约，在实际状况中，不少客户会拒绝还款，认为房地产公司应当承担责任。所以要考虑房地产公司这个方面的状况，如果是规范的公司，这样的风险很小。

4. 客户购买房产需缴纳首付款，在抵押登记之后的风险就很小。即使购房者弃房，那么排除房价大跌这样的经济危机情况，银行处分该房产不会有很大的损失。

处理措施和规范建议

1. 调查该公司其他项目中交付房屋、办理产权证是否能够按照合同如期完成，如果能够规范运作，只要不是严重违约导致大规模群众事件，就可以进一步合作。

2. 调查客户的首付资金来源，只要不是来自借贷资金即可，亲朋好友的借钱除外。

参考法规

《最高人民法院关于适用〈中华人民共和国担保法〉若干问题的解释》第八十五条 债务人或者第三人将其金钱以特户、封金、保证金等形式特定化后，移交债权人占有作为债权的担保，债务人不履行债务时，债权人可以以该金钱优先受偿。

第二章

信贷管理

　　完善的法律可以提高银行的信贷管理水平，提升金融法治化水平，可以有效防范和解决目前银行面临的诸多信贷风险。

　　在内部的信贷管理和外部客户的风险防范方面法律的参与尤为重要。

第一节　客户行为的变化

借新还旧（一）

案例

客户刘某某在银行借款 20 万元，银行客户经理在其到期之前就发现他暂时无法归还，他也和银行协商借新还旧。银行审批通过之后，将资金直接支付到银行继续还款。

处理误区

1. 直接将资金打入银行继续还款。
2. 和客户签署借新还旧协议。

分析

1. 借新贷还旧贷，系指在贷款到期不能按时收回的情况下，作为债权人的金融机构又与债务人订立协议，向债务人发放新的贷款用于归还旧贷款的行为。该行为与债务人用自有资金偿还贷款，从而消灭原债权债务关系的行为具有本质的区别。虽然新贷代替了旧贷，但原有的债权债务关系并未消除，客观上只是以新贷形式延长了旧贷的还款期限。这是针对借贷资金没有直接到达借款人账户而是直接用来还款。如果是借贷资金先进入借款人账户，然后从借款人账户来归还贷款，则原有的债权债务关系消除，附属在旧债上的担保关系也消除，后续的借贷为新借贷。根据新的借贷资金的不同走向，最高人民法院也有两种不同的倾向。

2. 如果新的贷款是担保人继续担保的，肯定承担责任；如果有充分证据证明担保人知晓，也要承担责任，但是在实践中比较难证明，同时法院对于是否知晓的判断标准也是仁者见仁，智者见智。

3. 借贷资金的走向是先进入客户的借款人账户然后归还银行贷款，这样从资金的流向上看和正常的贷款归还是一样的。要根据不同的类型选择不同的资金走向。

处理措施和规范建议

1. 如果原有债务的担保人能够对新的债务签署担保协议，则按照新债务进行，他们都需要承担责任。

2. 如果旧债的担保人或者部分担保人不同意再继续担保，则对新债务要注明为借新还旧，即以书面的形式明确该贷款为借新还旧，资金的去向就是归还旧的贷款。

3. 如果旧债有担保物存在，担保物可以重新办理登记，则可以不考虑新的借贷资金的走向，如果无法重新办理担保物的登记，则新的借贷资金的走向需要直接归还贷款，不能先进入借款人账户再扣划还贷。

参考法规

《最高人民法院关于适用〈中华人民共和国担保法〉若干问题的解释》第三十九条　主合同当事人双方协议以新贷偿还旧贷，除保证人知道或者应当知道的外，保证人不承担民事责任。

新贷与旧贷系同一保证人的，不适用前款的规定。

借新还旧（二）

案例

客户金某某与银行签署了三年期最高额借款 20 万元的协议，实际运作是每年归还然后续贷，三年期结束之后，如果客户没有发生信用风险，则会继续进行。在金某某贷款的第二年，银行客户经理发现他暂时因为应收账款较多，现金流中断无法归还借款，他希望银行能够借新还旧，给他一段时间催收账款。银行审批同意他的贷款借新还旧，但是在放款之前发现他的抵押物房产被法院查封。现在还能否进行操作借新还旧贷款。

处理误区

不可以操作，因为抵押物已经被查封。

分析

1. 借新贷还旧贷，在最高额抵押期间同样发生，因为每次的贷款均为流动资金贷款，都是一年期限，到期后归还续贷。在最高额抵押借款期间，抵押物被查封的，则最高额抵押的债权数额就确定，不再产生最高额期限内的循环借款。

2. 抵押物被查封，为了保留原有债权附属担保物权，新的借贷资金的走向不能先进入借款人账户，如果进入借款人账户，则原有的抵押权消失，新债权成为信用债权，无担保，这样不利于债权人的权利保障。这是建立在债务人有希望解决眼前的困难的基础上，如果确认借款人已经没有后续转好的可能，则不能借新还旧，直接进入催收和诉讼程序。

处理措施和规范建议

1. 缩小部分债权本金数额，以新债归还旧债，资金不到借款人账户，直接归还借款。

2. 借新还旧的期限需要控制在担保期限内，即借债到期后二年内。第一年的借新还旧到期后，如果债务人不能解决问题，归还借款，则启动诉讼程序，不能再进行借新还旧。如果债权数额不断减少，在没有抵押物查封的状况下，则新债的担保手续按照完全的新债办理，资金走向也是进入债务人账户进行还款，则可以不用考虑借新还旧的规则。

参考法规

《中华人民共和国物权法》第二百零六条　有下列情形之一的，抵押权人的债权确定：

（一）约定的债权确定期间届满；

（二）没有约定债权确定期间或者约定不明确，抵押权人或者抵押人自最高额抵押权设立之日起满二年后请求确定债权；

（三）新的债权不可能发生；

（四）抵押财产被查封、扣押；

（五）债务人、抵押人被宣告破产或者被撤销；

（六）法律规定债权确定的其他情形。

客户身份证过期办理贷款

案例

客户解某某到银行贷款，银行审批为三年期循环借款。第二年继续使用贷款的时候发现其身份证已经过期了，还没有换新身份证，现在解某某急需要用钱，能否用旧的身份证继续办理贷款手续？

📖 处理误区

身份证过期已经失效，所以应当补办新身份证后办理业务，或者使用临时身份证办理业务。

♻️ 分析

按照《中华人民共和国居民身份证法》的规定，一个公民只有一个身份证号码，且终身不变，所以即使身份证到期需要换证，那么换发的新证和原来的证件的区别就是有效日期不同。所以根据失效的身份证件可以确定其身份，不会导致张冠李戴的现象。

📠 处理措施和规范建议

确定其签名、身份证号码和银行卡是否与以前一致，如果一致则许可其用款，在身份证换发新证后将新的证件复印件补充完整。

🔍 参考法规

1.《中华人民共和国居民身份证法》第三条　居民身份证登记的项目包括：姓名、性别、民族、出生日期、常住户口所在地住址、公民身份号码、本人相片、证件的有效期和签发机关。公民身份号码是每个公民唯一的、终身不变的身份代码，由公安机关按照公民身份号码国家标准编制。

第十一条　居民身份证有效期满、公民姓名变更或者证件严重损坏不能辨认的，应当申请换领新证；居民身份证登记项目出现错误的，公安机关应当及时更正，换发新证；领取新证时，必须交回原证。居民身份证丢失的，应当申请补领。未满十六周岁公民的居民身份证有前款情形的，可以申请换领、换发或者补领新证。

2.《中华人民共和国临时居民身份证管理办法》第十二条　公民申请领取、换领、补领临时居民身份证时，公安机关应当按照本办法的规定及时办理，并在收到申请后的三日内将临时居民身份证发给申领人。

虚假资料骗取贷款

✍️ 案例

客户张某某一直保留着两个身份证，一个是在新的住址办理；还有一个旧身份证，是早期在农村办理的，标注的出生年月和新的身份证不同，当时应当交回派出所，但是他声称丢了未交回。他用旧身份证在原地址的农村商业银行乡镇支行找人担保贷款 10 万元，贷款到期后一直没有归还，尽管这个身份证显示有不良信息，但他后期主要使用另一个身份证，包括贷款、注册公司等。多年后，原来贷款的担保期限已经结束，诉讼时效也已经过期。

📖 处理误区

1. 旧身份证是公安机关制作的，属于真身份证，其行为不构成骗取贷款犯罪。

2. 担保人不承担担保责任。

♻ 分析

1. 贷款诈骗罪主要是指以非法占有为目的，用虚构的项目、资料骗取贷款，和骗取贷款罪的重要区别就是是否以非法占有为目的。

2. 有的人说应当收回的身份证或者办证人员徇私枉法办理的证件不是外部私自加工办理，所以不能称为假身份证。其实身份证因为登记内容的变更应当收回，属于已经作废的身份证，如果使用同样属于使用假身份证。所以他故意隐瞒了真实的情况，以作废的身份证办理贷款，构成了欺诈。在民事上属于可以撤销的合同，自知道或应当知道之日起一年内行使撤销权，一旦撤销了，合同就自始无效。

3. 贷款诈骗罪属于状态犯，没有将贷款归还就一直持续在犯罪的状态，即使经过了多年，仍处于犯罪行为的追诉时效内。后期该借款人已经具备了还款能力而拒不归还的，可以认定为非法占有。

4. 担保人是和借款人比较熟悉的关系人，应当了解其身份情况，因为借款合同被撤销而导致无效，担保人最多承担三分之一的责任。同时银行可以要求合同变更成为正式的借款协议，按照正式的借款协议归还。但是变更有可能不能获得担保人的认同。

5. 涉及贷款诈骗罪和行使撤销权的诉讼不属于同一个法律关系，不需要先刑事后民事。

✎ 处理措施和规范建议

1. 在了解情况后一年内向法院申请撤销该借款合同，并要求张某某返还借款。因为时代久远，如果不撤销而是认可该借款，则超过了诉讼时效。所以行使撤销权是较好的方式。

2. 尽管张某某构成贷款诈骗罪，但是还是要和客户商谈还款的条件，告诉他行为的后果，如果拒不还款，可以向公安机关报案。

参考法规

1. 《中华人民共和国居民身份证条例》（已经废止）第八条 居民身份证有效期满或者登记内容有变更、更正或者证件严重损坏不能辨认时，应当按照规定申报换领新证；丢失证件的，应当申报补领。

2. 《中华人民共和国居民身份证法》第十一条 国家决定换发新一代居民身份证、居民身份证有效期满、公民姓名变更或者证件严重损坏不能辨认的，公民应当换领新证；居民身份证登记项目出现错误的，公安机关应当及时更正，换发新证；领取新证时，必须交回原证。居民身份证丢失的，应当申请补领。

3. 《中华人民共和国合同法》第五十四条 下列合同，当事人一方有权请求人民法院或者仲裁机构变更或者撤销：

（一）因重大误解订立的；

（二）在订立合同时显失公平的。

一方以欺诈、胁迫的手段或者乘人之危，使对方在违背真实意思的情况下订立的合同，受损害方有权请求人民法院或者仲裁机构变更或者撤销。

当事人请求变更的，人民法院或者仲裁机构不得撤销。

第五十五条 有下列情形之一的，撤销权消灭：

（一）具有撤销权的当事人自知道或者应当知道撤销事由之日起一年内没有行使撤销权；

（二）具有撤销权的当事人知道撤销事由后明确表示或者以自己的行为放弃撤销权。

第五十六条 无效的合同或者被撤销的合同自始没有法律约束力。合同部分无效，不影响其他部分效力的，其他部分仍然有效。

第五十八条 合同无效或者被撤销后，因该合同取得的财产，应当予以返还；不能返还或者没有必要返还的，应当折价补偿。有过错的一方应当赔偿对方因此所受到的损失，双方都有过错的，应当各自承担相应的责任。

4. 《中华人民共和国刑法》第八十九条 追诉期限从犯罪之日起计算；犯罪行为有连续或者继续状态的，从犯罪行为终了之日起计算。

第一百九十三条 有下列情形之一，以非法占有为目的，诈骗银行或者其他金融机构的贷款，数额较大的，处五年以下有期徒刑或者拘役，并处二万元以上二十万元以下罚金；数额巨大或者有其他严重情节的，处五年以上十年以下有期徒刑，并处五万元以上五十万元以下罚金；数额特别巨大或者有其他特别严重情节的，处十年以上有期徒刑或者无期徒刑，并处五万元以上五十万元以下罚金或者没收财产：

（一）编造引进资金、项目等虚假理由的；

（二）使用虚假的经济合同的；

（三）使用虚假的证明文件的；

（四）使用虚假的产权证明作担保或者超出抵押物价值重复担保的；

（五）以其他方法诈骗贷款的。

第一百七十五条　以欺骗手段取得银行或者其他金融机构贷款、票据承兑、信用证、保函等，给银行或者其他金融机构造成重大损失或者有其他严重情节的，处三年以下有期徒刑或者拘役，并处或者单处罚金；给银行或者其他金融机构造成特别重大损失或者有其他特别严重情节的，处三年以上七年以下有期徒刑，并处罚金。

单位犯前款罪的，对单位判处罚金，并对其直接负责的主管人员和其他直接责任人员，依照前款的规定处罚。

5.《全国法院审理金融犯罪案件工作座谈会纪要》（三）关于金融诈骗罪

1. 金融诈骗罪中非法占有目的的认定

金融诈骗犯罪都是以非法占有为目的的犯罪。在司法实践中，认定是否具有非法占有为目的，应当坚持主客观相一致的原则，既要避免单纯根据损失结果客观归罪，也不能仅凭被告人自己的供述，而应当根据案件具体情况具体分析。根据司法实践，对于行为人通过诈骗的方法非法获取资金，造成数额较大资金不能归还，并具有下列情形之一的，可以认定为具有非法占有的目的：

（1）明知没有归还能力而大量骗取资金的；

（2）非法获取资金后逃跑的；

（3）肆意挥霍骗取资金的；

（4）使用骗取的资金进行违法犯罪活动的；

（5）抽逃、转移资金、隐匿财产，以逃避返还资金的；

（6）隐匿、销毁账目，或者搞假破产、假倒闭，以逃避返还资金的；

（7）其他非法占有资金、拒不返还的行为。但是，在处理具体案件的时候，对于有证据证明行为人不具有非法占有目的的，不能单纯以财产不能归还就按金融诈骗罪处罚。

6.《最高人民检察院、公安部关于公安机关管辖的刑事案件立案追诉标准的规定（二）》第五十条 ［贷款诈骗案（刑法第一百九十三条）］以非法占有为目的，诈骗银行或者其他金融机构的贷款，数额在二万元以上的，应予立案追诉。

7.《最高人民法院关于适用〈中华人民共和国担保法〉若干问题的解释》第八条 主合同无效而导致担保合同无效，担保人无过错的，担保人不承担民事责任；担保人有过错的，担保人承担民事责任的部分，不应超过债务人不能清偿部分的三分之一。

8.《最高人民法院关于在审理经济纠纷案件中涉及经济犯罪嫌疑若干问题的规定》第十条 人民法院在审理经济纠纷案件中，发现与本案有牵连，但与本案不是同一法律关系的经济犯罪嫌疑线索、材料，应将犯罪嫌疑线索、材料移送有关公安机关或检察机关查处，经济纠纷案件继续审理。

第十二条 人民法院已立案审理的经济纠纷案件，公安机关或检察机关认为有经济犯罪嫌疑，并说明理由附有关材料函告受理该案的人民法院的，有关人民法院应当认真审查。经过审查，认为确有经济犯罪嫌疑的，应当将案件移送公安机关或检察机关，并书面通知当事人，退还案件受理费；如认为确属经济纠纷案件的，应当依法继续审理，并将结果函告有关公安机关或检察机关。

客户贷款项目作假是否影响担保人的担保责任

案例

客户曾某某在银行贷款 30 万元用于花木种植，到期后无法偿还，经过调查发现其贷款不是用于花木种植，而是用于其母亲运营的企业，花木地和承包协议都是虚构的，现在担保人提出该业务为虚假，银行应当调查清楚该项目情况，应当知晓该项目为虚假，所以不应当承担责任。

处理误区

银行具有详细审查的义务，没有调查出基本的情况即项目的虚假，所以担保人不承担责任。

♻ 分析

1. 按照《中华人民共和国担保法》的规定，保证人在以下情况下不承担民事责任：主合同当事人双方串通，骗取保证人提供保证的；主合同债权人采取欺诈、胁迫等手段，使保证人在违背真实意思的情况下提供保证的。银行对项目审核不严不能说明双方存在串通和欺诈，同时银行的审查范围和程度属于银行内部管理的范畴，银行只要做到基本的审查即可，如果有失职审查行为，依法应当承担监管责任或行政责任，甚至刑事责任，但是不应当影响银行和借款人以及担保人之间的法律关系。

2. 作为主要的贷款用途，即经营项目为虚假，银行存在审查不严的责任，但是审查不严并不违反和客户签署的担保合同，不违反《中华人民共和国担保法》的规定。客户和第三人签署虚假项目协议，这个属于其他法律关系。资金到达借款人账户后，借款人如何处分，甚至将资金转出，这属于借款人的权利，超出了银行的审查范围，借款人后续的贷后管理也是事后行为，不影响其前期行为的效力。

3. 《贷款通则》和《中华人民共和国商业银行法》对于贷款人的要求都是从行业管理的角度进行的，如果没有履行这些责任，应当承担行政责任。

📠 处理措施和规范建议

要求担保人承担担保责任，必要时进行诉讼。

🔍 参考法规

1. 《贷款通则》第十七条　借款人应当是经工商行政管理机关（或主管机关）核准登记的企（事）业法人、其他经济组织、个体工商户或具有中华人民共和国国籍的具有完全民事行为能力的自然人。

借款人申请贷款，应当具备产品有市场、生产经营有效益、不挤占挪用信贷资金、恪守信用等基本条件，并且应当符合以下要求：

一、有按期还本付息的能力，原应付贷款利息和到期贷款已清偿；没有清偿的，已经做了贷款人认可的偿还计划。

二、除自然人和不需要经工商部门核准登记的事业法人外，应当经过工商部门办理年检手续。

三、已开立基本账户或一般存款账户。

四、除国务院规定外，有限责任公司和股份有限公司对外股本权益性投资累计额未超过其净资产总额的 50%。

五、借款人的资产负债率符合贷款人的要求。

六、申请中期、长期贷款的，新建项目的企业法人所有者权益与项目所需总投资的比例不低于国家规定的投资项目的资本金比例。

第二十三条　贷款人的义务：

一、应当公布所经营的贷款的种类、期限和利率，并向借款人提供咨询。

二、应当公开贷款审查的资信内容和发放贷款的条件。

三、贷款人应当审议借款人的借款申请，并及时答复贷与不贷。短期贷款答复时间不得超过 1 个月，中期、长期贷款答复时间不得超过 6 个月；国家另有规定者除外。

四、应当对借款人的债务、财务、生产、经营情况保密，但对依法查询者除外。

第二十四条　对贷款人的限制：

二、借款人有下列情形之一者，不得对其发放贷款：

（一）不具备本通则第四章第十七条所规定的资格和条件的；

（二）生产、经营或投资国家明文禁止的产品、项目的；

（三）违反国家外汇管理规定的；

（四）建设项目按国家规定应当报有关部门批准而未取得批准文件的；

（五）生产经营或投资项目未取得环境保护部门许可的；

（六）在实行承包、租赁、联营、合并（兼并）、合作、分立、产权有偿转让、股份制改造等体制变更过程中，未清偿原有贷款债务、落实原有贷款债务或提供相应担保的；

（七）有其他严重违法经营行为的。

2.《中华人民共和国商业银行法》第三十五条　商业银行贷款，应当对借款人的借款用途、偿还能力、还款方式等情况进行严格审查。

3.《中华人民共和国担保法》第三十条　有下列情形之一的，保证人不承担民事责任：

（一）主合同当事人双方串通，骗取保证人提供保证的；

（二）主合同债权人采取欺诈、胁迫等手段，使保证人在违背真实意思的情况下提供保证的。

4.《中华人民共和国合同法》第五十二条　有下列情形之一的，合同无效：

（一）一方以欺诈、胁迫的手段订立合同，损害国家利益；

（二）恶意串通，损害国家、集体或者第三人利益；

（三）以合法形式掩盖非法目的；

（四）损害社会公共利益；

（五）违反法律、行政法规的强制性规定。

银行对借款人疏于审查，担保人是否承担担保责任

✍ 案例

客户鲍某某到银行贷款 20 万元，由蒋某某和卫某某提供担保，到期后鲍某某无法偿还贷款，现在银行要求两个担保人代偿，两个担保人提出鲍某某在贷款之前就有不良记录，银行疏于审查，属于骗取担保，担保人应当免除担保责任。

📖 处理误区

银行疏于审查违反了《贷款通则》和《中华人民共和国商业银行法》，所以应当免除担保责任。

♻ 分析

1. 借款人和债务人恶意串通骗取担保人的担保或者以欺诈、胁迫的方式让担保人提供担保才可以免除担保责任。

2. 《贷款通则》和《中华人民共和国商业银行法》属于银行管理相关的法律法规，调整内容主要是银行的内部管理，违反这样的规定应当承担行政责任，严重的行为要承担刑事责任。而银行和贷款客户之间的关系适用《中华人民共和国合同法》，如果违反双方的合同约定和法律法规的强制性和禁止性规定，则导致合同无效。双方的借款合同和担保合同合法有效，那么担保人就应当承担担保责任。

3. 银行审查不严导致风险出现，相关人员需要承担行政责任，甚至刑事责任。但是作为担保人除了法律明确规定的不承担担保责任情形，其他情况下都需要承担担保责任。

📝 处理措施和规范建议

要求担保人承担担保责任，如果对方聘请律师协调，则可以和律师进行

法律上的沟通。

客户涉及刑事案件贷款的手续办理

案例

客户谭某某一直做教学设备销售生意，因为向当地的教育局行贿而被拘留，目前关押在看守所。还有 5 天，其在银行的贷款就到期了，但是因为本人作为借款人无法到场签字，所以无法放款。

处理误区

因为本人无法签字，放弃该业务，并作为隐性不良贷款进行处理。

分析

1. 在婚姻期间夫妻一方的借款为共同债务，除非证明用于个人的不良消费等。

2. 代理人可以代替被代理人从事一般的民事行为，其行为的后果为被代理人承受。

处理措施和规范建议

1. 如果能够明确该贷款为续贷，那么由其夫妻的其中一方签署即可。

2. 可以让谭某某委托其律师作为代理人签署相关借款协议，因为律师可以接触到看守所中的谭某某，同时律师会珍视自己的执业声誉，一般不会做无权代理的事情。

3. 银行可以委托律师作为代理人将借款资料送到看守所，并以见证人的身份见证借款人的签名。

参考法规

1.《最高人民法院关于适用〈中华人民共和国婚姻法〉若干问题的解释（二）》第二十四条　债权人就婚姻关系存续期间夫妻一方以个人名义所负债务主张权利的，应当按夫妻共同债务处理。但夫妻一方能够证明债权人与债务人明确约定为个人债务，或者能够证明属于婚姻法第十九条第三款规定情形的除外。

第二十五条　当事人的离婚协议或者人民法院的判决书、裁定书、调解书已经对夫妻财产分割问题作出处理的，债权人仍有权就夫妻共同债务向男女双方主张权利。

一方就共同债务承担连带清偿责任后，基于离婚协议或者人民法院的法律文书向另一方主张追偿的，人民法院应当支持。

第二十六条　夫或妻一方死亡的，生存一方应当对婚姻关系存续期间的共同债务承担连带清偿责任。

2.《中华人民共和国看守所条例》第二十八条　人犯在羁押期间，经办案机关同意，并经公安机关批准，可以与近亲属通信、会见。

3.《公安机关办理刑事案件程序规定》第五十二条　辩护律师会见在押或者被监视居住的犯罪嫌疑人时，看守所或者监视居住执行机关应当采取必要的管理措施，保障会见顺利进行，并告知其遵守会见的有关规定。辩护律师会见犯罪嫌疑人时，公安机关不得监听，不得派员在场。

4.《中华人民共和国刑事诉讼法》第三十六条　辩护律师在侦查期间可以为犯罪嫌疑人提供法律帮助；代理申诉、控告；申请变更强制措施；向侦查机关了解犯罪嫌疑人涉嫌的罪名和案件有关情况，提出意见。

第三十七条　辩护律师可以同在押的犯罪嫌疑人、被告人会见和通信。其他辩护人经人民法院、人民检察院许可，也可以同在押的犯罪嫌疑人、被告人会见和通信。辩护律师持律师执业证书、律师事务所证明和委托书或者法律援助公函要求会见在押的犯罪嫌疑人、被告人的，看守所应当及时安排会见，至迟不得超过四十八小时。

危害国家安全犯罪、恐怖活动犯罪、特别重大贿赂犯罪案件，在侦查期间辩护律师会见在押的犯罪嫌疑人，应当经侦查机关许可。上述案件，侦查机关应当事先通知看守所。

辩护律师会见在押的犯罪嫌疑人、被告人，可以了解案件有关情况，提供法律咨询等；自案件移送审查起诉之日起，可以向犯罪嫌疑人、被告人核实有关证据。辩护律师会见犯罪嫌疑人、被告人时不被监听。

辩护律师同被监视居住的犯罪嫌疑人、被告人会见、通信，适用第一款、第三款、第四款的规定。

客户具有多套印章的合同签署

✍ **案例**

客户某某商贸有限责任公司贷款 20 万元，贷款协议和借据上的印章和银行登记备案的印章不一样，银行工作人员立即了解其相关情况，该商贸公司的法人代表认可其拥有多套印章，仅仅是为了方便。一套印章放在公司，一套印章放在身边。

📖 处理误区

不得贷款，要求企业销毁除了备案之外的其他印章。

♻ 分析

1. 在发达地方，印章刻制单位和公安局联网，每刻制一枚印章都会在公安局机关备案，所以很难多刻；刻章单位也不敢随意刻制；而在一些欠发达地方，公安系统对于刻印章的管理较弱，不少企业拥有多套印章，除了银行系统的备案鉴证印章可以辨别，其他印章难以辨别。

2. 国内对于印章的认可度较高，印章就代表公司，所以印章的管理至关重要。

📱 处理措施和规范建议

1. 让该企业签署协议，约定只要有法人代表签署的任何文件，无论印章是否一致，该企业都需要认可其权利和义务。

2. 尽可能让法人代表签名按手印，而不是仅仅加盖一个签名章。

🔍 参考法规

1. 《国务院关于国家行政机关和企业事业单位社会团体印章管理的规定》二十二、国家行政机关和企业事业单位、社会团体的其他专用印章（包括经济合同章、财务专用章等），在名称、式样上应与单位正式印章有所区别，经本单位领导批准后可以刻制。

二十三、印章制发机关应规范和加强印章制发的管理，严格办理程序和审批手续。国家行政机关和企业事业单位、社会团体刻制印章，应到当地公安机关指定的刻章单位刻制。

2. 《社会团体印章管理规定》四、印章的管理和缴销

（一）社会团体的印章经社团登记管理机关和有关业务主管部门备案后，方可启用。

（二）对社会团体非法刻制印章的，由公安机关视其情节轻重，对其直接责任者予以500元以下罚款或警告；造成严重后果的，对其主管负责人或直接责任人追究法律责任。

（三）社会团体应建立健全印章管理制度，印章应有专人保管，对于违反规定使用印章造成严重后果的追究保管人和责任人的行政或法律责任。

（四）社会团体变更需要更换印章时，应到社团登记管理机关交回原印章，重新提出申请，经核准后，刻制新的印章。

客户改姓名

✍ 案例

客户金某某是一个小老板，在银行贷款 20 万元，三年期循环使用。在使用的第二年，金某某找了一位风水大师改了姓名，还到派出所更换了身份证。现在他的贷款到期，想续贷。

📖 处理误区

按照新客户重新授信处理。

♻ 分析

1. 按照户口管理的相关规定，公民有修改姓名的自由，只要履行程序到派出所修改即可。

2. 虽然姓名修改了，但是身份证号码不变。身份证号码一般是终身不变的，保持一定的连续性，客户只要还是同一个人，身份证号码一般不会发生变化，所以不应当影响其继续贷款。

📝 处理措施和规范建议

将客户修改姓名的派出所相关手续作为证明连续性的材料，必须核对身份证号码，号码一致则说明为同一个人，就可以保持贷款的连续性。

🔍 参考法规

1. 《中华人民共和国居民身份证法》第三条　居民身份证登记的项目包括：姓名、性别、民族、出生日期、常住户口所在地住址、公民身份号码、本人相片、指纹信息、证件的有效期和签发机关。

公民身份号码是每个公民唯一的、终身不变的身份代码，由公安机关按照公民身份号码国家标准编制。

2. 《中华人民共和国户口登记条例》第十七条　户口登记的内容需要变更或者更正的时候，由户主或者本人向户口登记机关申报；户口登记机关审查属实后予以变更或者更正。

户口登记机关认为必要的时候，可以向申请人索取有关变更或者更正的证明。

第十八条　公民变更姓名，依照下列规定办理：

一、未满十八周岁的人需要变更姓名的时候，由本人或者父母、收养人向户口登记机关申请变更登记；

二、十八周岁以上的人需要变更姓名的时候，由本人向户口登记机关申请变更登记。

企业修改名称

案例

客户梁某某是一个个人独资企业的投资者，在银行贷款 10 万元。在贷款使用的第二年，梁某某决定修改企业名称。企业修改名称后，银行不知道是续贷还是重新按照新的名称授信。

处理误区

按照新客户重新授信处理。

分析

企业名称可以按照名称注册的程序修改，修改名称之后，按照程序将相关证件同时修改到位。只要企业的统一社会信用代码不变，单纯的名称修改不影响主体的连续性。其债权债务不需要清理，其责任能力也不受影响。所以其贷款也不受影响。但是要保留相关修改文件证明其主体的同一性。

处理措施和规范建议

将客户企业名称修改的工商局批准文件留存并进入信贷档案，要求客户将账户、印章等同步修改到位后办理续贷。

参考法规

1.《企业名称登记管理规定》第二十二条　企业名称经核准登记注册后，无特殊原因在 1 年内不得申请变更。

第三十条　在登记主管机关登记注册的事业单位及事业单位开办的经营单位的名称和个体工商户的名称登记管理，参照本规定执行。

2.《企业名称登记管理实施办法》第二十六条　企业变更名称，应当向其登记机关申请变更登记。

企业申请变更的名称，属登记机关管辖的，由登记机关直接办理变更登记。

企业申请变更的名称，不属登记机关管辖的，按本办法第二十七条规定办理。

企业名称变更登记核准之日起 30 日内，企业应当申请办理其分支机构名称的变更登记。

第二十七条　申请企业名称变更登记，企业登记和企业名称核准不在同一工商行政管理机关的，企业登记机关应当对企业拟变更的名称进行初审，并向有名称管辖权的工商行政管理机关报送企业名称变更核准意见书。

企业名称变更核准意见书上应当载明原企业名称、拟变更的企业名称（备选名称）、住所、注册资本、经营范围、投资人名称或者姓名、企业登记机关的审查意见，并加盖公章。有名称管辖权的工商行政管理机关收到企业名称变更核准意见书后，应在 5 日内作出核准或驳回的决定，核准的，发给《企业名称变更核准通知书》；驳回的，发给《企业名称驳回通知书》。

登记机关应当在核准企业名称变更登记之日起 30 日内，将有关登记情况送核准企业名称的工商行政管理机关备案。

第三十七条　企业的印章、银行账户、信笺所使用的企业名称，应当与其营业执照上的企业名称相同。

第三十八条　法律文书使用企业名称，应当与该企业营业执照上的企业名称相同。

3. 国家发展改革委、中央编办、民政部、财政部、人民银行、税务总局、工商总局、质检总局《法人和其他组织统一社会信用代码制度建设总体方案》二、统一代码设计方案（三）统一代码的主要特性。

1. 唯一性。统一代码及其 9 位主体标识码（组织机构代码）在全国范围内是唯一的。一个主体只能拥有一个统一代码，一个统一代码只能赋予一个主体。主体注销后，该代码将被留存，保留回溯查询功能。例如，一个主体由事业单位改制为企业，按照法定程序，需依法注销该事业单位，再设立新企业。新设立企业是一个新主体，需赋予新的统一代码。

2. 稳定性。统一代码一经赋予，在其主体存续期间，主体信息即使发生任何变化，统一代码均保持不变。例如，法人和其他组织迁徙或变更法定代表人、经营范围等，均不改变其统一代码。

……

4. 全覆盖。统一代码制实施后，对新设立的法人和其他组织，在注册登记时发放统一代码；对已设立的法人和其他组织，通过适当方式换发统一代码，实现对法人和其他组织全覆盖。

客户贷款期间被刑事拘留

✍ 案例

客户林某某贷款 30 万元经营花木生意，在贷款期间因为酒驾发生交通事故，导致多人伤亡，当时即被公安局刑事拘留，初步判断会承担刑事责任，且需要民事赔偿的数额较大，贷款形成不良的可能性很大。银行查询其账户后发现贷款到达其账户后基本未动。当天当地的公安局派人查询该客户的账户资金，但是未冻结，于是银行迅速行动，要求其家属签字同意扣划账户资金还款，在公安局采取措施之前扣划了账户资金。

📖 处理误区

1. 贷款未到期，无法扣划还款。

2. 借款人未签字同意，不符合要求。

3. 公安局已经查询过，采取扣划措施影响公安机关办案。

♻ 分析

1.《中华人民共和国合同法》有逾期违约的规定，即使贷款期限未到，但是借款人的行为已经明确表明其后续无法归还借款，则构成逾期违约。如果借款人认为自己不会导致违约，则可以要求借款人增加担保措施。同时双方协商后可以解除借款合同，合同中一般有约定，如果借款人受到刑事处罚，则贷款人可以提前解除合同，要求归还借款。

2. 夫妻关系存续期间的借款属于夫妻共同借款，并且在借款阶段共同借款人签署了承诺书，所以其家属可以代理其办理归还贷款的手续。同时该行为没有损害借款人的利益，经过协调，家属一般都会同意，因为这是从他们的角度出发来处理的。

3. 贷款的账户资金不属于涉案财产，不属于冻结的范围。公安局需要先立案才能进行冻结，而查询则要求不高，公安机关负责人签署查询即可。

处理措施和规范建议

让其家属签署提前归还贷款的承诺书，然后扣收账户中的资金。

参考法规

1.《中华人民共和国合同法》第九十三条 当事人协商一致，可以解除合同。

当事人可以约定一方解除合同的条件。解除合同的条件成就时，解除权人可以解除合同。

第九十四条 有下列情形之一的，当事人可以解除合同：

（一）因不可抗力致使不能实现合同目的；

（二）在履行期限届满之前，当事人一方明确表示或者以自己的行为表明不履行主要债务；

（三）当事人一方迟延履行主要债务，经催告后在合理期限内仍未履行；

（四）当事人一方迟延履行债务或者有其他违约行为致使不能实现合同目的；

（五）法律规定的其他情形。

第九十五条 法律规定或者当事人约定解除权行使期限，期限届满当事人不行使的，该权利消灭。

法律没有规定或者当事人没有约定解除权行使期限，经对方催告后在合理期限内不行使的，该权利消灭。

2.《中华人民共和国婚姻法》第四十一条 离婚时，原为夫妻共同生活所负的债务，应当共同偿还。共同财产不足清偿的，或财产归各自所有的，由双方协议清偿；协议不成时，由人民法院判决。

3.《最高人民法院关于适用〈中华人民共和国婚姻法〉若干问题的解释（二）》第二十四条 债权人就婚姻关系存续期间夫妻一方以个人名义所负债务主张权利的，应当按夫妻共同债务处理。但夫妻一方能够证明债权人与债务人明确约定为个人债务，或者能够证明属于婚姻法第十九条第三款规定情形的除外。

4.《公安机关办理刑事案件适用查封、冻结措施有关规定》第二条 根据侦查犯罪的需要，公安机关依法对涉案财物予以查封、冻结，有关部门、单位和个人应当协助和配合。

本规定所称涉案财物，是指公安机关在办理刑事案件过程中，依法以查封、冻结等方式固定的可用以证明犯罪嫌疑人有罪或者无罪的各种财产和物品，包括：

（一）犯罪所得及其孳息；

（二）用于实施犯罪行为的工具；

（三）其他可以证明犯罪行为是否发生以及犯罪情节轻重的财物。

第三条　查封、冻结以及保管、处置涉案财物，必须严格依照法定的适用条件和程序进行。与案件无关的财物不得查封、冻结。查封、冻结涉案财物，应当为犯罪嫌疑人及其所扶养的家属保留必要的生活费用和物品。

严禁在立案之前查封、冻结财物。对于境外司法、警察机关依据国际条约、协议或者互惠原则提出的查封、冻结请求，可以根据公安部的执行通知办理有关法律手续。

查封、冻结的涉案财物，除依法应当返还被害人或者经查明确实与案件无关的以外，不得在诉讼程序终结之前作出处理。法律和有关规定另有规定的除外。

第二十四条　在侦查工作中需要冻结财产的，应当经县级以上公安机关负责人批准，制作协助冻结财产通知书，明确冻结财产的账户名称、账户号码、冻结数额、冻结期限、冻结范围以及是否及于孳息等事项，送交银行业金融机构、特定非金融机构、邮政部门、证券公司、证券登记结算机构、证券投资基金管理公司、保险公司、信托公司、公司登记机关和银行间市场交易组织机构、银行间市场集中清算机构、银行间市场登记托管结算机构、经国务院批准或者同意设立的黄金交易组织机构和结算机构等单位协助办理，有关单位应当在相关通知书回执中注明办理情况。

第二十五条　有关单位接到公安机关协助冻结财产通知书后，应当立即对涉案财物予以冻结，办理相关手续，不得推诿拖延，不得泄露有关信息。有关单位办理完毕冻结手续后，在当事人查询时可以予以告知。

企业法人代表变更是否影响贷款

✍ 案例

客户某某园林绿化公司法定代表人发生变更，和原来贷款授信时不同，贷款一直正常使用，到期后能否续贷，因为签字的法人代表不同，是否有影响？

📖 **处理误区**

需要重新报授信资料，重新授信。

♻️ **分析**

1. 企业法定代表人的变更不涉及贷款主体，所以不影响企业的贷款，不需要重新授权。

2. 大部分人更看重法定代表人，他们控制了公司的账户、公章等，并控制了公司的经营。更换法定代表人，从经营的角度看就等于更换了实际控制人，所以要了解法定代表人的变更原因，可能是企业承包经营、股权等发生变化。

📞 **处理措施和规范建议**

1. 从正面、侧面了解法定代表人变更的原因，如果是经营方式发生变化，那就需要重新评估风险。

2. 如果经营方式没有实质性变化，则将公司法定代表人变更的登记材料补充到信贷资料中。

🔍 **参考法规**

1.《中华人民共和国公司法》第十三条　公司法定代表人依照公司章程的规定，由董事长、执行董事或者经理担任，并依法登记。公司法定代表人变更，应当办理变更登记。

2.《中华人民共和国公司登记管理条例》第三十条　公司变更法定代表人的，应当自变更决议或者决定作出之日起30日内申请变更登记。

第二节　对担保的管理

无股东会（董事会）决议对外担保的效力

✍ **案例**

客户某某实业公司的贷款，由某某木业有限公司提供担保，公司章程上规定"担保必须经过全体股东的同意",但是实际状况是没有获得全体股东的同意,公司仅仅出具了董事会决议,最后要求某某木业公司承担担保责任,某某木业公司以没有经过全体股东同意为由拒绝承担责任。

📖 处理误区

既然公司章程规定必须要全体股东同意,那么没有经过同意,应当认定担保无效。

♻ 分析

1. 《中华人民共和国公司法》已经删除了未经过董事会或者股东会决议的许可而导致担保无效的条款。

2. 公司的章程只约束公司以及公司股东、董事、高管等,可以视为他们之间的协议,《中华人民共和国公司法》未明确规定违反约定对外担保导致担保合同无效;同时这是公司内部的决议程序,不得约束第三人;依据该条款认定担保合同无效,不利于维护合同的稳定和交易的安全。

3. 对于违反公司章程对外担保的,公司可以启动内部赔偿等程序,对不遵守章程的高管进行处罚,要求其赔偿。只要公司履行了盖章或者签字的对外担保行为,没有违反法律的禁止性规定,就可认定该担保行为的效力。

📠 处理措施和规范建议

1. 担保合同有效,不影响担保合同的效力。

2. 为了减少争议,要全面审查公司的章程以及历次的修改内容,依据章程的约定进行操作,减少争议。

🔍 参考法规

1. 《中华人民共和国公司法》第十六条 公司向其他企业投资或者为他人提供担保,按照公司章程的规定由董事会或者股东会、股东大会决议;公司章程对投资或者担保的总额及单项投资或者担保的数额有限额规定的,不得超过规定的限额。公司为公司股东或者实际控制人提供担保的,必须经股东会或者股东大会决议。

前款规定的股东或者受前款规定的实际控制人支配的股东,不得参加前款规定事项的表决。该项表决由出席会议的其他股东所持表决权的过半数通过。

第一百零五条 本法和公司章程规定公司转让、受让重大资产或者对外提供担保等事项必须经股东大会作出决议的，董事会应当及时召集股东大会会议，由股东大会就上述事项进行表决。

第一百一十三条　董事会会议，应由董事本人出席；董事因故不能出席，可以书面委托其他董事代为出席，委托书中应载明授权范围。

董事会应当对会议所议事项的决定作成会议记录，出席会议的董事应当在会议记录上签名。董事应当对董事会的决议承担责任。董事会的决议违反法律、行政法规或者公司章程、股东大会决议，致使公司遭受严重损失的，参与决议的董事对公司负赔偿责任。但经证明在表决时曾表明异议并记载于会议记录的，该董事可以免除责任。

第一百四十九条　董事、高级管理人员不得有下列行为：

（三）违反公司章程的规定，未经股东会、股东大会或者董事会同意，将公司资金借贷给他人或者以公司财产为他人提供担保；

第一百五十条　董事、监事、高级管理人员执行公司职务时违反法律、行政法规或者公司章程的规定，给公司造成损失的，应当承担赔偿责任。

2.《中华人民共和国合同法》第五十二条　有下列情形之一的，合同无效：

（五）违反法律、行政法规的强制性规定。

3.《最高人民法院关于适用〈中华人民共和国合同法〉若干问题的解释（二）》第十四条　合同法第五十二条第（五）项规定的"强制性规定"，是指效力性强制性规定。

担保公司担保贷款将抵押物抵押给银行

✍ 案例

客户某某木业有限公司在银行贷款100万元，因为担保公司的保证金不足，该木业公司决定将抵押物直接抵押给银行，同时担保公司提供担保。该木业公司已经两期没有归还利息，现在银行要求担保公司代偿，但是担保公司要求先处分抵押物，对剩余部分代偿。

📖 处理误区

1. 要求担保公司全额代偿。

2. 按照担保公司的要求先处分抵押物。

♻ 分析

1. 如果担保公司先代偿全部债权，则抵押权消灭，无论银行还是担保公司都无法获得优先受偿权。

2. 《中华人民共和国民事诉讼法》确定了直接处分担保物权的特别程序，对于抵押物的方便快捷处分具有重要意义。同时，重复诉讼的规定可以将担保物权的处理和剩余数额的债权诉讼分开进行。

3. 银行债权足额转让，法律法规限制比较少，不存在低价处分国有资产的问题。

☎ 处理措施和规范建议

1. 可以和担保公司签署债权转让协议，并通知债务人，按照债权本金、利息、罚息、违约金等合同约定的数额进行转让，由担保公司代偿后对担保物和反担保人一并行使追偿权。

2. 银行先对担保物行使直接处分的特别程序，对剩余部分让担保公司代偿。

3. 在贷款业务办理中可以建议担保公司将担保物办理二次担保作为反担保的措施，这样担保公司全额代偿之后就可以拥有第一顺位的担保物权。

🔍 参考法规

1. 《中华人民共和国合同法》第七十九条　债权人可以将合同的权利全部或者部分转让给第三人，但有下列情形之一的除外：

（一）根据合同性质不得转让；

（二）按照当事人约定不得转让；

（三）依照法律规定不得转让。

第八十条　债权人转让权利的，应当通知债务人。未经通知，该转让对债务人不发生效力。

债权人转让权利的通知不得撤销，但经受让人同意的除外。

第八十一条　债权人转让权利的，受让人取得与债权有关的从权利，但该从权利专属于债权人自身的除外。

第八十二条　债务人接到债权转让通知后，债务人对让与人的抗辩，可以向受让人主张。

2. 《中华人民共和国物权法》第一百七十一条　第三人为债务人向债权人提供担保的，可以要求债务人提供反担保。反担保适用本法和其他法律的规定。

第一百七十六条 被担保的债权既有物的担保又有人的担保的，债务人不履行到期债务或者发生当事人约定的实现担保物权的情形，债权人应当按照约定实现债权；没有约定或者约定不明确，债务人自己提供物的担保的，债权人应当先就该物的担保实现债权；第三人提供物的担保的，债权人可以就物的担保实现债权，也可以要求保证人承担保证责任。提供担保的第三人承担担保责任后，有权向债务人追偿。

第一百七十七条 有下列情形之一的，担保物权消灭：

（一）主债权消灭。

3.《最高人民法院关于适用〈中华人民共和国民事诉讼法〉的解释》第二百四十七条 当事人就已经提起诉讼的事项在诉讼过程中或者裁判生效后再次起诉，同时符合下列条件的，构成重复起诉：

（一）后诉与前诉的当事人相同；

（二）后诉与前诉的诉讼标的相同；

（三）后诉与前诉的诉讼请求相同，或者后诉的诉讼请求实质上否定前诉裁判结果。

当事人重复起诉的，裁定不予受理；已经受理的，裁定驳回起诉，但法律、司法解释另有规定的除外。

抵押权存续时间

✍ 案例

客户王某贷款 30 万元，在三年期间循环使用，并以房产抵押。第三年到期之前，王某要求展期，于是银行帮其办理了展期一年的手续，因为房产被法院冻结，没有办理抵押登记的延期手续。银行是否还有优先受偿权？

📖 处理误区

银行没有优先受偿权，因为抵押期限已经到了。

♻ 分析

1.《中华人民共和国物权法》规定抵押期限和主债权的诉讼时效相同，抵押期限不作为抵押登记的事项。诉讼时效存在中止、中断、延长的规定，抵押期限也存在中止、中断、延长，所以可以通过催收、起诉、部分偿还等方式将抵押权期限不断继续下去。

2. 展期从法律上来说是双方约定延长贷款期限，不是续贷，贷款并没有偿还，所以抵押权没有消失，原有债权还是具有抵押优先权的债权。只是展期加重了原有担保人的负担，延长期限内的利息不在优先受偿权的范围内。

处理措施和规范建议

1. 在贷款到期之后的二年诉讼时效期间处分抵押物，在这个期间债权继续为抵押债权，抵押权继续有效。如果需要的时间较长，那么可以通过保持主债权的诉讼时效来保持抵押权时效。

2. 对于延长期限内产生的利息，担保人和借款人应当签署承诺书，担保人继续承担责任，纳入担保范围，但是没有优先受偿权，因为没有抵押登记。

参考法规

1.《中华人民共和国民法通则》第一百三十五条　向人民法院请求保护民事权利的诉讼时效期间为二年，法律另有规定的除外。

第一百三十七条　诉讼时效期间从知道或者应当知道权利被侵害时起计算。但是，从权利被侵害之日起超过二十年的，人民法院不予保护。有特殊情况的，人民法院可以延长诉讼时效期间。

第一百三十九条　在诉讼时效期间的最后六个月内，因不可抗力或者其他障碍不能行使请求权的，诉讼时效中止。从中止时效的原因消除之日起，诉讼时效期间继续计算。

第一百四十条　诉讼时效因提起诉讼、当事人一方提出要求或者同意履行义务而中断。从中断时起，诉讼时效期间重新计算。

2.《中华人民共和国物权法》第二百零二条　抵押权人应当在主债权诉讼时效期间行使抵押权；未行使的，人民法院不予保护。

3.《最高人民法院关于适用〈中华人民共和国担保法〉若干问题的解释》第三十条　保证期间，债权人与债务人对主合同数量、价款、币种、利率等内容作了变动，未经保证人同意的，如果减轻债务人的债务的，保证人仍应当对变更后的合同承担保证责任；如果加重债务人的债务的，保证人对加重的部分不承担保证责任。

一次抵押多次利用

✍ 案例

客户李某某购买房产在某某银行办理二手房按揭贷款，他搬进房子后又到这家银行办理了二次抵押装修贷款。过了几年，房贷和装修贷款都还清了，他又想以这个房子抵押贷款创业。他每一次贷款都需要办理借款抵押手续，需要多次办理抵押登记手续，他想如果我的房子可以抵押很多年，就省去多次抵押登记的麻烦。

📖 处理误区

按照传统模式，一次贷款办理一次抵押登记手续，缴纳抵押登记费用，甚至进行房屋价值评估。

♻ 分析

1. 最高额抵押借款是在一定期限内的最高额度以下循环使用资金的设置，满足同一个客户在一定期限内的循环融资需求。

2. 抵押权属于物权，没有时间的限制，所以抵押登记可以在房产价值内将授信额度长期化。

3. 原有的登记相关法规需要登记抵押期限，不少地方抵押登记部门对流动资金贷款只许可登记三年，除了按揭贷款，不许可登记时间长，银行和登记部门的人员有的还存在这样的惯性思维。

4. 现在抵押登记费用由金融机构承担，采取期限较长的抵押登记，减少登记次数，可以节省不少登记费用。

🖋 处理措施和规范建议

1. 在房产的总评估价值范围内签订最高额授信协议，将合同的期限延长到二十年以上都可以，按照最长的期限进行抵押登记，在最高额授信合同中约定，最高额仅仅是授信金额，每次放款按照当年度的风险水平和客户的用款需求以借据为依据。但是每一次放款时在面谈面签、借据等相关材料上明确利率、借款期限和需要进一步增加的担保措施，并按照客户的信用等级和风险水平不断进行调整，这样就避免了不断重复的登记，可以将抵押登记长期化。实际的借款数额控制在最高额内，期限控制在最高额期限范围内，这样就可以避免重复抵押以及减少登记费用，同时可以将客户长久锁定，将按揭之后以房产为中心的抵押贷款全部锁定，每一次用款就不需要办理抵押登记了。

2. 在购买房子第一次抵押登记时就将以后所有可能的借款都在抵押合同中进行阐述，并锁定客户。

3. 为了防止抵押物的价值后期升高，在抵押登记时可以适当提高抵押物的价值，但是对客户放款时要按照客户的风险水平以及当下的抵押物的价值调整抵押率。

4. 现在的抵押登记费用都由银行缴纳，延长抵押期限可以节约大量费用。

参考法规

1.《中华人民共和国物权法》第二百零三条 为担保债务的履行，债务人或者第三人对一定期间内将要连续发生的债权提供担保财产的，债务人不履行到期债务或者发生当事人约定的实现抵押权的情形，抵押权人有权在最高债权额限度内就该担保财产优先受偿。

最高额抵押权设立前已经存在的债权，经当事人同意，可以转入最高额抵押担保的债权范围。

2.《国家发展改革委、财政部关于规范房屋登记费计费方式和收费标准等有关问题的通知》 五、房屋登记费向申请人收取。但按规定需由当事人双方共同申请的，只能向登记为房屋权利人的一方收取。

抵押权人是支行还是总行

案例

客户某某木业有限公司贷款 100 万元，以乡镇的厂房抵押，合同签署的抵押权人为农村商业银行某某支行，而他项权证上写的却是农村商业银行。借款到期后形成逾期，银行向法院起诉，在法庭上对方律师提出合同上的借款主体和他项权证上的主体不一致，不应当享有优先受偿权。农村商业银行在各乡镇设立了支行，各支行属于总行的分支机构。有些抵押登记机构要求以总行的名义抵押登记，而农村商业银行为了管理乡镇支行的用章行为，防范法律风险，将支行的公章上收，支行无公章，只有业务章，如果需要盖章，则统一由总行加盖印章。

📖 处理误区

因为抵押合同和抵押登记的抵押权人不一致，所以借款银行不享有抵押权。

♻ 分析

1. 分支机构没有独立承担责任的能力，是在总行的授权范围内从事经营，其从事经营活动的后果由总行承担。

2. 尽管分支机构独立注册，但是其没有注册资本，分支机构从事的事务就代表了总行从事的业务，是在总行的授权范围内进行的。所以分支机构签署的合同所产生的权利和义务都属于总行。

📠 处理措施和规范建议

1. 为了管理的方便和登记机构的要求，保持抵押合同和抵押登记上的名称一致。

2. 统一使用总行的名称，可以由分支机构加盖业务章。

🔍 参考法规

1.《中华人民共和国公司法》第十四条　公司可以设立分公司。设立分公司，应当向公司登记机关申请登记，领取营业执照。分公司不具有法人资格，其民事责任由公司承担。

2.《中华人民共和国公司登记管理条例》第四十五条　分公司是指公司在其住所以外设立的从事经营活动的机构。分公司不具有企业法人资格。

第四十六条　分公司的登记事项包括：名称、营业场所、负责人、经营范围。

分公司的名称应当符合国家有关规定。

分公司的经营范围不得超出公司的经营范围。

第四十七条　公司设立分公司的，应当自决定作出之日起30日内向分公司所在地的公司登记机关申请登记；法律、行政法规或者国务院决定规定必须报经有关部门批准的，应当自批准之日起30日内向公司登记机关申请登记。

设立分公司，应当向公司登记机关提交下列文件：

（一）公司法定代表人签署的设立分公司的登记申请书；

（二）公司章程以及加盖公司印章的《企业法人营业执照》复印件；

（三）营业场所使用证明；

（四）分公司负责人任职文件和身份证明；

（五）国家工商行政管理总局规定要求提交的其他文件。

法律、行政法规或者国务院决定规定设立分公司必须报经批准，或者分公司经营范围中属于法律、行政法规或者国务院决定规定在登记前须经批准的项目的，还应当提交有关批准文件。

预抵押和预查封

✍ 案例

客户陈某某在房地产开发商处购买了一套房产，因为要办理按揭贷款，进行了预告抵押登记。在还没有办理房产证的情况下，陈某某因为外部欠款，其房产被法院预查封。现在银行担心自己的贷款受损，要求开发商承担担保责任。

📖 处理误区

法院已经预查封，无法办理正式房产抵押登记，银行丧失了优先受偿权。

♻ 分析

1. 预告抵押登记不是正式抵押登记，银行没有优先受偿权，房产证办理完毕可以办理抵押登记时也不能自动转化为正式登记，需要提出抵押登记申请。

2. 预查封是法院对还没有取得产权证的房产采取的司法执行措施，正式产权登记完成后将自动转化为正式查封。

3. 如果法院的预查封在后，银行的预告抵押登记在前，只要正式的房屋产权登记后，银行及时申请正式抵押登记，则银行具有抵押优先受偿权。

📟 处理措施和规范建议

1. 金融机构和开发商共同约定由登记机构在正式的产权登记完成后自动转为正式的抵押登记。

2. 如果没有约定，或者登记部门不同意自动转为正式抵押登记，则要求开发商在正式产权登记后第一时间通知金融机构一并申请办理正式抵押登记。

🔍 **参考法规**

1. 《中华人民共和国物权法》第二十条 当事人签订买卖房屋或者其他不动产物权的协议，为保障将来实现物权，按照约定可以向登记机构申请预告登记。预告登记后，未经预告登记的权利人同意，处分该不动产的，不发生物权效力。

预告登记后，债权消灭或者自能够进行不动产登记之日起三个月内未申请登记的，预告登记失效。

2. 《不动产登记暂行条例实施细则》第七十八条 申请预购商品房抵押登记，应当提交下列材料：

（一）抵押合同与主债权合同；

（二）预购商品房预告登记材料；

（三）其他必要材料。

预购商品房办理房屋所有权登记后，当事人应当申请将预购商品房抵押预告登记转为商品房抵押权首次登记。

第八十五条 有下列情形之一的，当事人可以按照约定申请不动产预告登记：

（一）商品房等不动产预售的；

（二）不动产买卖、抵押的；

（三）以预购商品房设定抵押权的；

（四）法律、行政法规规定的其他情形。

预告登记生效期间，未经预告登记的权利人书面同意，处分该不动产权利申请登记的，不动产登记机构应当不予办理。

预告登记后，债权未消灭且自能够进行相应的不动产登记之日起 3 个月内，当事人申请不动产登记的，不动产登记机构应当按照预告登记事项办理相应的登记。

3. 最高人民法院 国土资源部 建设部《关于依法规范人民法院执行和国土资源房地产管理部门协助执行若干问题的通知》

三、对人民法院查封或者预查封的土地使用权、房屋，国土资源、房地产管理部门应当及时办理查封或者预查封登记。

国土资源、房地产管理部门在协助人民法院执行土地使用权、房屋时，不对生效法律文书和协助执行通知书进行实体审查。国土资源、房地产管理部门认为人民法院查封、预查封或者处理的土地、房屋权属错误的，可以向人民法院提出审查建议，但不应当停止办理协助执行事项。

十三、被执行人全部缴纳土地使用权出让金但尚未办理土地使用权登记的，人民法院可以对该土地使用权进行预查封。

十四、被执行人部分缴纳土地使用权出让金但尚未办理土地使用权登记的，对可以分割的土地使用权，按已缴付的土地使用权出让金，由国土资源管理部门确认被执行人的土地使用权，人民法院可以对确认后的土地使用权裁定预查封。对不可以分割的土地使用权，可以全部进行预查封。

被执行人在规定的期限内仍未全部缴纳土地出让金的，在人民政府收回土地使用权的同时，应当将被执行人缴纳的按照有关规定应当退还的土地出让金交由人民法院处理，预查封自动解除。

十五、下列房屋虽未进行房屋所有权登记，人民法院也可以进行预查封：

（一）作为被执行人的房地产开发企业，已办理了商品房预售许可证且尚未出售的房屋；

（二）被执行人购买的已由房地产开发企业办理了房屋权属初始登记的房屋；

（三）被执行人购买的办理了商品房预售合同登记备案手续或者商品房预告登记的房屋。

十六、国土资源、房地产管理部门应当依据人民法院的协助执行通知书和所附的裁定书办理预查封登记。土地、房屋权属在预查封期间登记在被执行人名下的，预查封登记自动转为查封登记，预查封转为正式查封后，查封期限从预查封之日起开始计算。

十七、预查封的期限为二年。期限届满可以续封一次，续封时应当重新制作预查封裁定书和协助执行通知书，预查封的续封期限为一年。确有特殊情况需要再续封的，应当经过所属高级人民法院批准，且每次再续封的期限不得超过一年。

十八、预查封的效力等同于正式查封。预查封期限届满之日，人民法院未办理预查封续封手续的，预查封的效力消灭。

二十一、已被人民法院查封、预查封并在国土资源、房地产管理部门办理了查封、预查封登记手续的土地使用权、房屋，被执行人隐瞒真实情况，到国土资源、房地产管理部门办理抵押、转让等手续的，人民法院应当依法确认其行为无效，并可视情节轻重，依法追究有关人员的法律责任。国土资源、房地产管理部门应当按照人民法院的生效法律文书撤销不合法的抵押、转让等登记，并注销所颁发的证照。

二十二、国土资源、房地产管理部门对被人民法院依法查封、预查封的土地使用权、房屋，在查封、预查封期间不得办理抵押、转让等权属变更、转移登记手续。

国土资源、房地产管理部门明知土地使用权、房屋已被人民法院查封、预查封，仍然办理抵押、转让等权属变更、转移登记手续的，对有关的国土资源、房地产管理部门和直接责任人可以依照民事诉讼法第一百零二条的规定处理。

二十八、人民法院进行财产保全和先予执行时适用本通知。

公司的法定代表人和股东承担连带责任

✍ 案例

客户吴某贷款，某某园林绿化公司提供担保，到期后形成不良贷款，银行要求该园林绿化公司承担责任，这时银行发现园林绿化公司什么都没有，资金已经转移，且其资质为园林绿化三级，资质的含金量低，市场价值很小。而该园林绿化公司的法定代表人有别墅等资产。这类情况在国内小微企业中比较普遍。

📖 处理误区

因为企业资产和法人贷款或者实际控制人的资产混同，可以申请查封该法定代表人的别墅等资产。

♻ 分析

1. 有限责任公司在法律上承担有限责任，以股东的投资额为限，对超出公司资产之外的债务不承担偿还责任，所以一般情况下债权人无法向股东主张债务。

2. 国内中小企业股东容易转移资产。国内的大部分中小企业和股东的资产是混同的，股东在思想意识中也没有规范资产界限的意识，个人资产和公司资产混同在一起，资金相互转移。尽管法律上针对这样的情况可以视为个人和公司资产混同而不认可公司的有限责任，让股东承担无限责任，但需要增加法律上的诉讼程序让法院通过判决的方式进行，银行同时需要提交更详细的证据，法院需要进行更详细地调查，时间长，法官也承担更多的责任，如果涉及资金较小，则诉讼的成本较大。

💬 处理措施和规范建议

1. 针对所有有限公司、合伙企业甚至个人独资企业（个人独资企业需要先以企业资产清偿债务然后才是投资者的个人资产，有先后顺序，不利于快速处理不良资产）进行的借款和担保，法人代表和股东都需要签署担保协议，承担无限连带责任。

2. 个别运作规范且股东监管严格，公司资产无法和股东个人资产混同，企业现金流较为充足，抵押资产容易变现，且股东强烈拒绝签署无限连带责任的优质客户，可以除外。一般情况下需要签署实际控制人的连带责任协议，因为即使运作良好的企业，如果没有实际控制人的能力和努力，则企业很难发展，股权投资机构一般更看重企业的实际运作者，会绑定该控制人，所以银行也应当像股权投资机构那样将实际控制人或投资者的个人资产与企业的命运联系起来。对于拒绝签署连带责任的企业法人代表和实际投资者，则需要更严格的审核和更严格担保措施，否则拒绝这类企业的贷款要求。

🔍 参考法规

《中华人民共和国公司法》第三条　公司是企业法人，有独立的法人财产，享有法人财产权。公司以其全部财产对公司的债务承担责任。有限责任公司的股东以其认缴的出资额为限对公司承担责任；股份有限公司的股东以其认购的股份为限对公司承担责任。

第四条　公司股东依法享有资产收益、参与重大决策和选择管理者等权利。

第二十条　公司股东应当遵守法律、行政法规和公司章程，依法行使股东权利，不得滥用股东权利损害公司或者其他股东的利益；不得滥用公司法人独立地位和股东有限责任损害公司债权人的利益。

公司股东滥用股东权利给公司或者其他股东造成损失的，应当依法承担赔偿责任。

公司股东滥用公司法人独立地位和股东有限责任，逃避债务，严重损害公司债权人利益的，应当对公司债务承担连带责任。

第二十一条　公司的控股股东、实际控制人、董事、监事、高级管理人员不得利用其关联关系损害公司利益。违反前款规定，给公司造成损失的，应当承担赔偿责任。

第六十四条　一人有限责任公司的股东不能证明公司财产独立于股东自己财产的，应当对公司债务承担连带责任。

在股东会决议中承诺担保的效力

案例

某某实业有限公司贷款 300 万元，公司出具股东会决议同意本次贷款并愿意为本次贷款提供连带责任担保，各股东签署。现在该担保的效力如何？

处理误区

担保有效，因为股东已经作出承诺，且该股东会决议是给银行的。

分析

1. 按照法律规定，承担连带责任的形式主要有在借款合同上以担保人的名义签字；单独的担保合同；或者在借据上以担保人的名义签署。

2. 股东会决议属于公司内部的决策文件，即使对外也是证明该公司的内部程序已经走完，在内部也是合法认可该事项，但是对外要产生效力必须要在外部的相关书面材料上有承担连带责任的表示。仅有股东会或者董事会决议，完成了内部程序，还没有进行外部程序，则是无效的。

处理措施和规范建议

公司以董事会或者股东会决议同意担保，股东个人愿意担保，同时和愿意承担担保责任的主体签订担保合同。

参考法规

1.《中华人民共和国公司法》第三十七条　有限责任公司股东会由全体股东组成，股东会是公司的权力机构，依照本法行使职权。

第三十八条　股东会行使下列职权：

（一）决定公司的经营方针和投资计划；

（二）选举和更换非由职工代表担任的董事、监事，决定有关董事、监事的报酬事项；

（三）审议批准董事会的报告；

（四）审议批准监事会或者监事的报告；

（五）审议批准公司的年度财务预算方案、决算方案；

（六）审议批准公司的利润分配方案和弥补亏损方案；

（七）对公司增加或者减少注册资本作出决议；

（八）对发行公司债券作出决议；

（九）对公司合并、分立、变更公司形式、解散和清算等事项作出决议；

（十）修改公司章程；

（十一）公司章程规定的其他职权。对前款所列事项股东以书面形式一致表示同意的，可以不召开股东会会议，直接作出决定，并由全体股东在决定文件上签名、盖章。

第四十七条　董事会对股东会负责，行使下列职权：

（一）召集股东会会议，并向股东会报告工作；

（二）执行股东会的决议；

（三）决定公司的经营计划和投资方案；

（四）制订公司的年度财务预算方案、决算方案；

（五）制订公司的利润分配方案和弥补亏损方案；

（六）制订公司增加或者减少注册资本以及发行公司债券的方案；

（七）制订公司合并、分立、变更公司形式、解散的方案；

（八）决定公司内部管理机构的设置；

（九）决定聘任或者解聘公司经理及其报酬事项，并根据经理的提名决定聘任或者解聘公司副经理、财务负责人及其报酬事项；

（十）制定公司的基本管理制度；

（十一）公司章程规定的其他职权。

2.《中华人民共和国担保法》第十三条　保证人与债权人应当以书面形式订立保证合同。

第六十四条　出质人和质权人应当以书面形式订立质押合同。

第九十三条　本法所称保证合同、抵押合同、质押合同、定金合同可以是单独订立的书面合同，包括当事人之间的具有担保性质的信函、传真等，也可以是主合同中的担保条款。

3.《最高人民法院关于适用〈中华人民共和国担保法〉若干问题的解

释》第二十二条　第三人单方以书面形式向债权人出具担保书，债权人接受且未提出异议的，保证合同成立。

主合同中虽然没有保证条款，但是，保证人在主合同上以保证人的身份签字或者盖章的，保证合同成立。

中间更换担保人

案例

客户葛某某贷款 10 万元，在最高额范围内以三个担保人进行担保，期限三年，循环使用，用款一年后其中一个担保人凌某某和葛某某关系不和不愿再为他担保，向银行提出要求更换担保人。但是如果要所有担保人签字，银行担心有的担保人退出，不利于贷款的继续使用和风险控制。

处理误区

不行，因为中途更换担保人可能是贷款有风险的表现，减弱了担保能力，必须要所有的担保人重新签字。

分析

在农村，不少人外出工作，有时很难找到所有担保人同时签字。如果要解除其中一个连带担保人的担保责任，就需要债权人和担保人签署不再要求其承担担保责任的协议，如果单纯是不再愿意承担担保责任，那么就需要等到借款协议所约定的债权归还，否则并没有解除其担保责任。所以要针对不同的担保借款协议内容进行，如果担保人是针对三年期限内的循环借款提供担保，则只要没有签署免除担保责任的协议，即使签署了新担保人的协议，原担保人责任也没有免除；如果是针对某一次的借款提供担保，则借款到期归还后原有的担保人就不再承担担保责任。

处理措施和规范建议

1. 循环借款协议到期之前，可以让增加进入的担保人签署担保协议，对原有的债务承担担保责任；如果是循环借款协议到期后，则让所有的担保人重新签署担保协议，包括新增加的担保人。这属于正常的操作流程，无任何风险。

2. 让后来的担保人参加进来承担连带责任，需要对后来的担保人的担保能力进行严格审查，要和后来的担保人签署连带担保协议，约定对所有的贷款承担责任，这样从总体上看没有减少担保人的担保责任。其他担保人抗辩的事实就不存在。

3. 如果更换的担保人是几个担保人中的担保能力最强的，则不许可更换，否则不利于债务承担。

📖 参考法规

1.《中华人民共和国民法通则》第八十五条　合同是当事人之间设立、变更、终止民事关系的协议。依法成立的合同，受法律保护。

第九十一条　合同一方将合同的权利、义务全部或者部分转让给第三人的，应当取得合同另一方的同意，并不得牟利。依照法律规定应当由国家批准的合同，需经原批准机关批准。但是，法律另有规定或者原合同另有约定的除外。

2.《最高人民法院关于适用〈中华人民共和国担保法〉若干问题的解释》第二十三条　最高额保证合同的不特定债权确定后，保证人应当对在最高债权额限度内就一定期间连续发生的债权余额承担保证责任。

担保人代偿借款后信用是否受到影响

✍ 案例

客户汪某某为李某某的 20 万元贷款提供担保，该 20 万元贷款已经逾期 6 个月，现在汪某某的征信报告中已经出现担保不良信息，这已经影响了汪某某贷款。现在汪某某和银行协商希望只代偿本金，并希望能够不影响其信用和在他行的贷款使用。

📖 处理误区

因为仅仅代偿本金，该不良担保记录无法消除。

♻ 分析

1. 担保人自己不是借款人，在征信系统中对担保的记录是一种状态，有担保则有记录，没有担保则没有记录。所以只要担保的状态消失了，则征信系统中就没有担保的状态。而借款人则不同，借款人曾经的违约行为都记录在内，即使已经归还，在一定期限内也不能消除。

2. 还本挂息后，贷款本金已经归还，相应地，担保信息也已经消失。按照担保的范围其责任没有完全消除，但是相关的系统暂时仅仅显示借款的本金，相关的利息、罚息、违约金等并没有相应地采集到人民银行的金融基础信用数据库中。所以在目前的情况下，只要归还了本金，其相关的信用记录也就相应消除了。

📠 处理措施和规范建议

和担保人沟通，只要其代偿，则可以消除担保不良的记录，并积极协助担保人进行追偿。

🔍 参考法规

1.《中华人民共和国担保法》第二十一条　保证担保的范围包括主债权及利息、违约金、损害赔偿金和实现债权的费用。保证合同另有约定的，按照约定。

当事人对保证担保的范围没有约定或者约定不明确的，保证人应当对全部债务承担责任。

2.《个人信用信息基础数据库管理暂行办法》第四条　本办法所称个人信用信息包括个人基本信息、个人信贷交易信息以及反映个人信用状况的其他信息。前款所称个人基本信息是指自然人身份识别信息、职业和居住地址等信息；个人信贷交易信息是指商业银行提供的自然人在个人贷款、贷记卡、准贷记卡、担保等信用活动中形成的交易记录；反映个人信用状况的其他信息是指除信贷交易信息之外的反映个人信用状况的相关信息。

3.《征信业管理条例》第十六条　征信机构对个人不良信息的保存期限，自不良行为或者事件终止之日起为 5 年；超过 5 年的，应当予以删除。

如何确保第一顺位抵押权

✍ 案例

某某木业有限公司在银行抵押贷款 200 万元，抵押物为价值 1000 万元的厂房，该公司同时在他行贷款 100 万元，也以该房产进行抵押，为第二顺位的抵押权。现在第一顺位的 200 万元贷款先到期，准备续贷，如果先偿还了该贷款则第二顺位抵押权上升为第一顺位，所以处于第一顺位的银行要求抵押人和借款人必须确保第一顺位，否则不再续贷。如何继续确保自己的抵押权继续为第一顺位？

📖 处理误区

第二顺位抵押权需要第一顺位的同意才能办理。

♻️ 分析

1. 以前在抵押登记实践中第二顺位抵押需要第一顺位抵押权人的同意，现在不需要。所以第一顺位贷款归还，第二顺位自动替补为第一顺位，这样不利于第一顺位债权人保障自己的权益。

2. 抵押权顺位可以约定，虽然时间在后，但是可以约定为第一顺位，即使登记为第二顺位，如果各方同意，可以变更登记为第一顺位。

📇 处理措施和规范建议

确保第一顺位的抵押权，他行的抵押权继续为第二顺位；借款人和抵押权人以及第二顺位的抵押权人共同约定即可，并向抵押登记部门提交。

🔍 参考法规

1. 《中华人民共和国物权法》第一百九十四条　抵押权人可以放弃抵押权或者抵押权的顺位。抵押权人与抵押人可以协议变更抵押权顺位以及被担保的债权数额等内容，但抵押权的变更，未经其他抵押权人书面同意，不得对其他抵押权人产生不利影响。

债务人以自己的财产设定抵押，抵押权人放弃该抵押权、抵押权顺位或者变更抵押权的，其他担保人在抵押权人丧失优先受偿权益的范围内免除担保责任，但其他担保人承诺仍然提供担保的除外。

第一百九十九条　同一财产向两个以上债权人抵押的，拍卖、变卖抵押财产所得的价款依照下列规定清偿：

（一）抵押权已登记的，按照登记的先后顺序清偿；顺序相同的，按照债权比例清偿；

（二）抵押权已登记的先于未登记的受偿；

（三）抵押权未登记的，按照债权比例清偿。

2. 《不动产登记暂行条例实施细则》第六十七条　同一不动产上设立多个抵押权的，不动产登记机构应当按照受理时间的先后顺序依次办理登记，并记载于不动产登记簿。当事人对抵押权顺位另有约定的，从其规定办理登记。

第六十八条　有下列情形之一的，当事人应当持不动产权属证书、不动产登记证明、抵押权变更等必要材料，申请抵押权变更登记：

（一）抵押人、抵押权人的姓名或者名称变更的；

（二）被担保的主债权数额变更的；

（三）债务履行期限变更的；

（四）抵押权顺位变更的；

（五）法律、行政法规规定的其他情形。

因被担保债权主债权的种类及数额、担保范围、债务履行期限、抵押权顺位发生变更申请抵押权变更登记时，如果该抵押权的变更将对其他抵押权人产生不利影响的，还应当提交其他抵押权人书面同意的材料与身份证或者户口簿等材料。

第七十二条　有下列情形之一的，当事人应当持不动产登记证明、最高额抵押权发生变更的材料等必要材料，申请最高额抵押权变更登记：

（一）抵押人、抵押权人的姓名或者名称变更的；

（二）债权范围变更的；

（三）最高债权额变更的；

（四）债权确定的期间变更的；

（五）抵押权顺位变更的；

（六）法律、行政法规规定的其他情形。

因最高债权额、债权范围、债务履行期限、债权确定的期间发生变更申请最高额抵押权变更登记时，如果该变更将对其他抵押权人产生不利影响的，当事人还应当提交其他抵押权人的书面同意文件与身份证或者户口簿等。

抵押登记的债权数额

✎ 案例

客户某某木业制品厂抵押贷款 100 万元，到房管局办理抵押登记，他项权证登记的债权数额为 100 万元。到期后，某某木业制品厂无法归还，其抵押的房产也已经被其他债权人申请法院查封。经过法院的判决，最终仅支持 100 万元，对利息、罚息、违约金等大约 10 万元不予支持。后银行上诉，经过二审法院判决，仍然维持一审法院的判决。

处理误区

抵押登记时因为没有抵押范围的登记事项，所以仅登记本金，抵押范围按照合同约定进行。

分析

1. 我国实行抵押登记制度，抵押登记的内容具有公示对抗第三人的效力。按照《物权法》等相关法律法规和抵押合同的约定，抵押的范围包括本金、违约金、利息、罚息和实现债权的费用等，但是抵押登记的他项权证表述却是债权数额。债权数额，从字面理解就是所有的债权总额，既包含本金，也包括利息、罚息等。

2. 抵押登记的相关法规，如《房屋登记管理办法》《土地登记管理办法》都没有将抵押的范围作为登记的事项，甚至《不动产登记暂行条例实施细则》对此也没有明确。

3. 因为抵押登记的相关法律法规对抵押的范围没有规定，所以是按照合同约定进行，还是按照登记证书上债权数额的字面理解进行，不同的法院也存在分歧。上海的法院认可债权数额为本金，其他未登记的部分按照合同约定。而江苏的法院和最高人民法院的判决案例认为债权数额按照字面意思就包含了全部的债权数额。上海市高级人民法院的相关判决则认可登记证书或者登记簿上的记载属于债权的本金，而未登记的罚息、违约金、实现债权的费用等属于担保范围的内容以合同约定为准。上海的判例更具有科学性，也符合当事人双方的约定。

处理措施和规范建议

将抵押登记的数额在本金的基础上适当提高，让抵押登记的数额在逾期形成不良贷款时能够覆盖一部分利息、罚息、违约金和实现债权的费用等。一般按照评估价值填写，而放款则根据风险情况自行安排。现在有些地方的抵押登记部门已经按照这种方式进行登记。

参考法规

1.《中华人民共和国物权法》第一百七十三条 担保物权的担保范围包括主债权及其利息、违约金、损害赔偿金、保管担保财产和实现担保物权的费用。当事人另有约定的，按照约定。

2.《房屋登记办法》第四十四条 对符合规定条件的抵押权设立登记，

房屋登记机构应当将下列事项记载于房屋登记簿：（一）抵押当事人、债务人的姓名或者名称；（二）被担保债权的数额；（三）登记时间。

3.《动产抵押登记办法》第五条 《动产抵押登记书》应当载明下列内容：（一）抵押人及抵押权人名称（姓名）、住所地；（二）抵押财产的名称、数量、质量、状况、所在地、所有权归属或者使用权归属；（三）被担保债权的种类和数额；（四）抵押担保的范围；（五）债务人履行债务的期限；（六）抵押合同双方指定代表或者共同委托代理人的姓名、联系方式等；（七）抵押人、抵押权人签字或者盖章；（八）抵押人、抵押权人认为其他应当登记的抵押权信息。

最高额抵押登记期间抵押物被查封

案例

客户孙某的住房抵押给银行借款，借款期限三年，在三年内循环使用，每年归还然后续贷。在第一年中，因为孙某对外担保导致该房产被外地法院查封，孙某表示，我的借款合同是三年，为什么不能续贷了，如果不能续贷，我暂时可能就无法归还。

处理误区

1. 既然借款合同期限三年，那么在三年内即使抵押物被法院查封也应当可以续贷，同时银行是抵押权人，也没有撤销抵押，银行仍然拥有优先权，那么可以继续放贷。

2. 这对于银行是一个难题，抵押物数量众多，分布广泛，无法及时掌握客户已经抵押的房产是否被查封。法院查封之前一般会先通知抵押权人，所以不用担心，如果没有法院的通知，就可以直接放款。

分析

1.《中华人民共和国物权法》对于最高额抵押的债权确定有明确的规定，抵押物被采取查封、冻结等措施之后债权就已经确定，不能再循环使用，那么借款归还之后债权消失，抵押权也消失了，如果再续贷，属于新的信用贷款。

2. 按照执行的相关规定，法院在查封最高额抵押物时应当通知抵押权人，没有通知的，对抵押权人不生效，但是抵押权人知道或者应当知道该查封时仍然继续放款的，则对抵押权人有效。在实践中，对于知道和应当知道的判断较难，具有较大的裁量空间；同时，对企业法人来说，由于人员众多，一个部门知晓的事情不一定会及时传达到相关的主办部门，但是有可能会被法院认定为已经知晓该查封行为，所以金融机构需要从风险控制的角度加强制度建设，防范风险的发生。

处理措施和规范建议

1. 抵押时，价值可以稍微高一些，在法院查封时，可以协调债务人寻找一个第三人以债务和抵押权一并转让的形式归还贷款同时保留抵押权，这样不影响借款人的信用，同时也不会丧失抵押物的优先受偿权。

2. 被查封后，如果借款人经营正常，给予其一定时间全部归还贷款或者设法与对方和解解除查封，那么可以采取展期的方式让债权和抵押权继续存在。

3. 在抵押贷款循环使用期间，每一次归还再用款之前要多一个程序，即了解借款人涉及诉讼的信息以及抵押房产是否被查封。

4. 建立押品的共享系统，特别是农村商业银行体系，抵押一般都在县城一个抵押登记部门办理，每天都有银行的人员去领取相关他项权证，可以及时了解查封情况。如果有多个抵押登记区域，则难以采取这样的方式。

5. 能够协调好房产管理部门，对查封的信息（仅仅针对本地银行的抵押物涉及的部分，可以让客户许可房产管理部门向银行发布相关信息）进行共享，则是最好的措施。

类推使用

涉及最高额限度内的循环借款都可以运用。

参考法规

1. 《中华人民共和国物权法》第二百零六条　有下列情形之一的，抵押权人的债权确定：

（一）约定的债权确定期间届满；

（二）没有约定债权确定期间或者约定不明确，抵押权人或者抵押人自最高额抵押权设立之日起满二年后请求确定债权；

（三）新的债权不可能发生；

（四）抵押财产被查封、扣押；

（五）债务人、抵押人被宣告破产或者被撤销；

（六）法律规定债权确定的其他情形。

2.《最高人民法院关于人民法院民事执行中查封、扣押、冻结财产的规定》第二十七条 人民法院查封、扣押被执行人设定最高额抵押权的抵押物的，应当通知抵押权人。抵押权人受抵押担保的债权数额自收到人民法院通知时起不再增加。

人民法院虽然没有通知抵押权人，但有证据证明抵押权人知道查封、扣押事实的，受抵押担保的债权数额从其知道该事实时起不再增加。

公司对外担保应出具董事会决议
还是股东会决议

✍ 案例

客户某某公司到农村商业银行贷款，需要以公司的资产进行抵押。现在公司的法人代表向银行提交了董事会决议，银行要求提供股东会决议。

📖 处理误区

无论是股东会决议还是董事会决议都不准确。

♻ 分析

1. 以公司资产提供抵押、质押，出具的是董事会决议还是股东会决议，首先要根据公司的章程进行，如果章程没有特别约定，则出具董事会决议即可。

2. 无论章程如何规定，以股东会决议的形式进行最为稳妥，且以全部股东表决权为准，因为对外担保不是公司的日常事务，如果借款人不按时偿还借款，还涉及处分公司的资产，那样会涉及全部股东的利益。如果那时有小股东提出异议，会引起不稳定因素。所以全部股东进行表决最保险。

📓 处理措施和规范建议

1. 审查章程，以章程的要求出具董事会决议或者股东会决议。
2. 不审查章程，以全部股东表决权通过的股东会决议为准。

🔍 参考法规

《中华人民共和国公司法》第三十七条 有限责任公司股东会由全体股东组成，股东会是公司的权力机构，依照本法行使职权。

第三十八条　股东会行使下列职权：

（一）决定公司的经营方针和投资计划；

（二）选举和更换非由职工代表担任的董事、监事，决定有关董事、监事的报酬事项；

（三）审议批准董事会的报告；

（四）审议批准监事会或者监事的报告；

（五）审议批准公司的年度财务预算方案、决算方案；

（六）审议批准公司的利润分配方案和弥补亏损方案；

（七）对公司增加或者减少注册资本作出决议；

（八）对发行公司债券作出决议；

（九）对公司合并、分立、变更公司形式、解散和清算等事项作出决议；

（十）修改公司章程；

（十一）公司章程规定的其他职权。对前款所列事项股东以书面形式一致表示同意的，可以不召开股东会会议，直接作出决定，并由全体股东在决定文件上签名、盖章。

第四十七条　董事会对股东会负责，行使下列职权：

（一）召集股东会会议，并向股东会报告工作；

（二）执行股东会的决议；

（三）决定公司的经营计划和投资方案；

（四）制订公司的年度财务预算方案、决算方案；

（五）制订公司的利润分配方案和弥补亏损方案；

（六）制订公司增加或者减少注册资本以及发行公司债券的方案；

（七）制订公司合并、分立、变更公司形式、解散的方案；

（八）决定公司内部管理机构的设置；

（九）决定聘任或者解聘公司经理及其报酬事项，并根据经理的提名决定聘任或者解聘公司副经理、财务负责人及其报酬事项；

（十）制定公司的基本管理制度；

（十一）公司章程规定的其他职权。

第三节　对客户其他行为的管理

保函的格式

📝 案例

某某园林绿化工程公司在外地投标，对方要求开具银行保函，该公司向银行申请开具保函。某某农村商业银行之前没有做过这项业务，现在如何防范保函的风险及采用何种格式？

📖 处理误区

国际上的保函格式修改一下即可。

♻ 分析

1. 保函的格式有两种：一种为独立保函，国际项目用的基本上是独立保函，和项目不挂钩，只要出现保函所约定的内容和形式要件就需要出具保函的单位承担责任，项目合同本身的不合法等不影响保函的效力；另一种是非独立保函，国内一般认可非独立保函，必须要符合《中华人民共和国物权法》的要求，需要对违约的条件和提交的资料进行审查，项目本身影响保函的效力，就是一个对外担保的协议。独立保函之所以能够成为国际担保方式中的主流和趋势，是因为担保人不愿介入基础交易，而受益人又想得到更为妥善的担保。相比之下，从属性保函一旦发生赔付，担保银行会因基础合同关系而卷入诉讼，使其利益和信誉受到负面影响。

2. 独立保函，又称为独立保证、独立担保。国际上一般都是独立保函。依据国际商会《见索即付独立保函统一规则》（URDG458）、《联合国独立担保与备用信用证公约》（我国尚未批准）以及国际商会《国际备用信用证惯例》的规定，独立保函是指由银行、保险公司或其他组织、个人以书面形式出具的，表示只要凭索款声明或符合保函文件规定，即可从担保提供者处获得付款的保证、担保或其他付款承诺。独立性保函虽是依据基础合同开立，但一经开出，便具有独立的效力，保函项下的赔付只取决于保函本身，而与保函之外的基础合同无关，保证人收到受益人的索赔要求后应立即赔付保函项下金额。

3. 考虑到独立担保责任的异常严厉性，以及适用该制度可能产生欺诈和滥用权利的弊端，尤其是为了避免严重影响或动摇我国担保法律制度体系的基础，目前独立担保只能在国际商事交易中使用，国内不认可独立保函。在国内开具独立保函应当属于无效，已经有最高人民法院的案例确认。

4. 保函是以银行的信誉进行对外担保，也是一种对外负债的形式，需要授信审批。重点是审查相关的项目风险和反担保措施，这和正常的企业贷款类似。

📟 处理措施和规范建议

开具非独立保函，以项目合法有效和违约为前提。

🔍 参考法规

《中华人民共和国物权法》第一百七十二条　设立担保物权，应当依照本法和其他法律的规定订立担保合同。担保合同是主债权债务合同的从合同。主债权债务合同无效，担保合同无效，但法律另有规定的除外。

房产抵押之前已经转让

✍ 案例

客户周某某以个人的房产办理抵押贷款，经过现场调查未发现其房屋已经为他人占有使用，现在周某某的贷款已经逾期，银行准备诉讼拍卖该房产。

📖 处理误区

不能查封，因为购房者已经支付了全部款项且已经占有使用。

♻ 分析

1. 按照《中华人民共和国物权法》出台之前关于查封的司法解释，如果购房者已经支付全部款项，实际占有使用并无过错的不得查封、拍卖，如果购房者有过错，延期、拖延办理房屋过户，则存在过错，可以进行查封、拍卖。房产没有过户，占有使用，即使无过错，但是需要提供证据证明进入居住的时间，所以有很多的证据需要提供，如果证据有不足之处，则难以阻止查封。这类交易状况很容易被抵押人故意操作。

2.《中华人民共和国物权法》出台之后，不动产以登记为核心，未经登记不发生效力。对抗登记的必须是法律另有规定，所以即使在抵押之前产生的房屋产权交易，也不能阻止查封，不能影响抵押权的实现。

处理措施和规范建议

可以申请法院查封。如果明确属于未进行登记，则仅是物权合同约定的转让，不影响抵押权。有的法官可能会让购房者作为案外第三人提出执行异议，在执行异议的听证会上告知申请者。

参考法规

1.《中华人民共和国物权法》第九条　不动产物权的设立、变更、转让和消灭，经依法登记，发生效力；未经登记，不发生效力，但法律另有规定的除外。

第十四条　不动产物权的设立、变更、转让和消灭，依照法律规定应当登记的，自记载于不动产登记簿时发生效力。

第十五条　当事人之间订立有关设立、变更、转让和消灭不动产物权的合同，除法律另有规定或者合同另有约定外，自合同成立时生效；未办理物权登记的，不影响合同效力。

第十六条　不动产登记簿是物权归属和内容的根据。不动产登记簿由登记机构管理。

第十七条　不动产权属证书是权利人享有该不动产物权的证明。不动产权属证书记载的事项，应当与不动产登记簿一致；记载不一致的，除有证据证明不动产登记簿确有错误外，以不动产登记簿为准。

2.《最高人民法院关于人民法院民事执行中查封、扣押、冻结财产的规定》第十七条　被执行人将其所有的需要办理过户登记的财产出卖给第三人，第三人已经支付部分或者全部价款并实际占有该财产，但尚未办理产权过户登记手续的，人民法院可以查封、扣押、冻结；第三人已经支付全部价款并实际占有，但未办理过户登记手续的，如果第三人对此没有过错，人民法院不得查封、扣押、冻结。

第十八条　被执行人购买第三人的财产，已经支付部分价款并实际占有该财产，但第三人依合同约定保留所有权，申请执行人已向第三人支付剩余价款或者第三人书面同意剩余价款从该财产变价款中优先支付的，人民法院可以查封、扣押、冻结。

第三人依法解除合同的，人民法院应当准许，已经采取的查封、扣押、冻结措施应当解除，但人民法院可以依据申请执行人的申请，执行被执行人因支付价款而形成的对该第三人的债权。

婚姻状况不明能否贷款

✍ 案例

客户魏某某来银行申请贷款，审查人员要求其出具结婚证，魏某某出具了离婚证，但是调查人员了解到其和一位女子长期生活在一起，还有一个小孩。这类现象在农村和县城时有存在。银行要求与魏某某共同生活的女子来签字，魏某某认为不合理予以拒绝。

📖 处理误区

1. 因为魏某某拒绝让共同生活的人在银行相关材料上签字，所以银行拒绝办理贷款。

2. 现在有些银行让客户出具婚姻状况的承诺书。

♻ 分析

1. 婚姻状态在借贷中具有重要意义，婚姻期间的借贷一般属于共同借贷，需要以家庭的资产作为还款的保证。如果借款人没有结婚，以往都是由当地民政部门出具单身证明，现在为了删减政府部门不必要的程序，民政部门不再开具单身证明。为了防止产生夫妻一方借贷未用于家庭共同生活或者经营的可能性，需要以家庭借款来办理相关手续；如果是单身状态，则为个人借款，个人承担责任，仅需个人办理手续即可。

2. 因为民政部门的婚姻信息没有全国联网，所以即使客户开具了单身证明也无法确定其真实的婚姻状态。不再出具单身证明让金融机构进一步加强了贷款的调查和担保措施的设置。借款人和担保人的不动产一般比较明确，但很难了解清楚动产的权属状况，谁持有就推定为权利人，无法作为有效偿债资产，所以重点是将不动产确定下来，不能产生争议。

📋 处理措施和规范建议

以结婚证为依据，没有结婚证的视为个人借款，以可以明确的资产作为还款保证；如果共同生活的人有稳定的收入来源，则可以作为连带担保人，避免了拉郎配式寻找共同借款人导致的麻烦，如果对方不愿签署共同借款材料，则进一步增加担保人。

单位不开具收入证明能否贷款

✍ 案例

客户凌某某在政府部门工作，想贷款购买商铺，但是其单位不出具收入证明，银行应当怎么应对？

♻ 分析

最初提供收入证明是银行偷懒的表现，将单位出具的收入证明作为判断客户主要收入的依据。各单位开具的收入证明，有的比实际收入高，有的比实际收入低，只有一部分是真实的。而且，即使单位开具虚增收入证明，它们也不需要承担法律上的责任。

📠 处理措施和规范建议

废除开具收入证明材料，减少客户手续，审查人员依据对行业的判断和发工资的流水来确定借款人的收入。

本行员工贷款如何优惠

✍ 案例

某某商业银行的员工钟某认为自己在银行工作，收入稳定，对银行来说风险小，某某商业银行在贷款方面对本行员工应当比对其他客户更优惠，毕竟本行那么多员工，也可以增加不少贷款收入。但是《贷款通则》和《中华人民共和国商业银行法》等相关规定不许可员工获得信用贷款和同等条件下的优惠贷款。那么银行自身的员工如何才能获得优惠利率且符合监管部门的要求呢？

📖 处理误区

直接给员工信用贷款，给予优惠利率。

♻ 分析

1. 相关法规明确了员工不能获得同等条件下的优惠贷款，何为同等条件，没有明确的规定；优惠的含义和范围包含哪些内容，也没有明确。相关法律规定的本意是防止银行徇私舞弊，侵犯国有资产和股东利益。

2. 这样的规定一定程度上是计划经济时代的产物，随着银行企业化、市场化的推行，银行管理风险的能力大大增强，员工数量众多，员工可以成为本单位重要的优质客户资源。如果本单位规定较为严格的条件，则这些客户就可能会成为其他金融机构的优质客户。

3. 针对风险低的客户，银行本身有一定的议价权，可以降低利率、简化手续等。

处理措施和规范建议

1. 比照保证担保贷款和担保物权贷款给予不同的优惠幅度，因为是优质客户，且风险可以控制，所以不属于《商业银行法》规定的同等条件下的优惠贷款。

2. 如果能够制定详细的客户分类办法，则可以比照客户的管理办法进行优惠。

参考法规

《中华人民共和国商业银行法》第四十条　商业银行不得向关系人发放信用贷款；向关系人发放担保贷款的条件不得优于其他借款人同类贷款的条件。

前款所称关系人是指：

（一）商业银行的董事、监事、管理人员、信贷业务人员及其近亲属；

（二）前项所列人员投资或者担任高级管理职务的公司、企业和其他经济组织。

法人代表的个人授权还是公司授权

案例

客户为某某商贸公司，需要贷款，但是其法人代表没有到场，在法人代表签字处由授权代表签字，但是基层操作人员搞不清楚这究竟是公司授权还是法人代表个人授权。

处理误区

是法人代表个人授权，授权他人代表自己签署文件。

分析

1. 贷款是公司行为，有公司的授权即可。当然公司的法人代表也代表公司。对于公司的业务，公司盖章授权公司员工办理即可，有些业务甚至可以授权外部人员办理。

2. 但是对于一些特殊业务，例如开户等，因为涉及反洗钱规定，需要进一步核实公司法人代表的真实意愿，防止公司的个别员工利用公司的漏洞从事违法犯罪活动，需要法人代表亲自所为的行为，可以进行个人授权。所以除非法律法规有明确规定，一般法定代表人就代表公司，如果有公司盖章的授权，那么就不需要法定代表人的个人授权了。其实即使是个人授权，只要处理的是公司相关事务，就视为公司的事务。因此法定代表人个人授权或者公司授权，只要是公司相关事务，有一方即可。

处理措施和规范建议

1. 公司进行授权即可进行贷款签字。
2. 电话核实法定代表人真实授权意愿。

参考法规

1.《中华人民共和国民法通则》第三十八条　依照法律或者法人组织章程规定，代表法人行使职权的负责人，是法人的法定代表人。

2.《中华人民共和国公司法》第十三条　公司法定代表人依照公司章程的规定，由董事长、执行董事或者经理担任，并依法登记。公司法定代表人变更，应当办理变更登记。

第二十五条　有限责任公司章程应当载明下列事项：

（一）公司名称和住所；

（二）公司经营范围；

（三）公司注册资本；

（四）股东的姓名或者名称；

（五）股东的出资方式、出资额和出资时间；

（六）公司的机构及其产生办法、职权、议事规则；

（七）公司法定代表人；

（八）股东会会议认为需要规定的其他事项。股东应当在公司章程上签名、盖章。

升值多的商业房产抵押贷款税收风险

✍ 案例

客户王某在外地承包工程，户籍在本地，准备以本地的 100 平方米的商业房产办理抵押贷款，该商业房产购买较早，当初购买价为 3000 元/平方米，现在已经升值到 8000 元/平方米。王某以该房产抵押贷款 500 万元。由于王某工程建设的应收账款较多，其资金链断裂，无法按期归还贷款，形成不良。经过法院判决后，对抵押物进行拍卖，但缴纳了相关税款之后所得不能弥补贷款的全部。

📖 处理误区

该房产升值较大，是很好的抵押物，抵押率也不高，完全可以覆盖风险。

♻ 分析

1. 商业房产转让出售人需要缴纳契税、增值税、所得税、土地增值税。

2. 如果房产增值额较大，那么需要缴纳的税额较多，在拍卖中，出售的相关税款只能从拍卖价款中先行扣除。

3. 以增值的商业房产办理抵押贷款涉及的税收风险目前被忽视。

📠 处理措施和规范建议

1. 降低抵押率，将未来可能涉及处分抵押物需要缴纳的税款考虑在内。

2. 增加担保人，将房产的剩余价值按照顺位抵押作为反担保物反抵押给担保人，由担保人来最终处理抵押物，因为担保人具有更大的灵活性，其可以采取一直占有的形式来规避产权转让，甚至转让时在总价款上作出较大退让。

3. 可以采取债权转让的形式，将债权和抵押权一并转让给想要购买的人，由其持有或处分。

4. 可以在该房产抵押的同时，委托经营管理机构签订长期的租赁协议，并附条件，只要贷款逾期达到一定时间，就由银行来处分该租赁权，并拍卖租赁权来偿还借款。也可由法院以租赁的形式执行。

🔍 参考法规

1.《中华人民共和国契税暂行条例》第一条　在中华人民共和国境内转

移土地、房屋权属，承受的单位和个人为契税的纳税人，应当依照本条例的规定缴纳契税。

第三条 契税税率为 3% ~ 5% 。

2.《中华人民共和国契税暂行条例细则》第八条 土地、房屋权属以下列方式转移的，视同土地使用权转让、房屋买卖或者房屋赠与征税：（一）以土地、房屋权属作价投资、入股；（二）以土地、房屋权属抵债；（三）以获奖方式承受土地、房屋权属；（四）以预购方式或者预付集资建房款方式承受土地、房屋权属。

3.《营业税改征增值税试点实施办法》第一章 纳税人和扣缴义务人

第一条 在中华人民共和国境内（以下简称境内）销售服务、无形资产或者不动产（以下称应税行为）的单位和个人，为增值税纳税人，应当按照本办法缴纳增值税，不缴纳营业税。

单位，是指企业、行政单位、事业单位、军事单位、社会团体及其他单位。

个人，是指个体工商户和其他个人。

4.《营业税改征增值税试点过渡政策的规定》

五、个人将购买不足 2 年的住房对外销售的，按照 5% 的征收率全额缴纳增值税；个人将购买 2 年以上（含 2 年）的住房对外销售的，免征增值税。上述政策适用于北京市、上海市、广州市和深圳市之外的地区。

个人将购买不足 2 年的住房对外销售的，按照 5% 的征收率全额缴纳增值税；个人将购买 2 年以上（含 2 年）的非普通住房对外销售的，以销售收入减去购买住房价款后的差额按照 5% 的征收率缴纳增值税；个人将购买 2 年以上（含 2 年）的普通住房对外销售的，免征增值税。上述政策仅适用于北京市、上海市、广州市和深圳市。

5.《中华人民共和国土地增值税暂行条例》第二条 转让国有土地使用权、地上的建筑物及其附着物（以下简称转让房地产）并取得收入的单位和个人，为土地增值税的纳税义务人（以下简称纳税人），应当依照本条例缴纳土地增值税。

第四条 纳税人转让房地产所取得的收入减除本条例第六条规定扣除项目金额后的余额，为增值额。

第六条 计算增值额的扣除项目：

（一）取得土地使用权所支付的金额；

（二）开发土地的成本、费用；

（三）新建房及配套设施的成本、费用，或者旧房及建筑物的评估价格；

（四）与转让房地产有关的税金；

（五）财政部规定的其他扣除项目。

第七条　土地增值税实行四级超率累进税率：

增值额未超过扣除项目金额50%的部分，税率为30%。

增值额超过扣除项目金额50%、未超过扣除项目金额100%的部分，税率为40%。

增值额超过扣除项目金额100%、未超过扣除项目金额200%的部分，税率为50%。

增值额超过扣除项目金额200%的部分，税率为60%。

第十条　纳税人应当自转让房地产合同签订之日起7日内向房地产所在地主管税务机关办理纳税申报，并在税务机关核定的期限内缴纳土地增值税。

第十一条　土地增值税由税务机关征收。土地管理部门、房产管理部门应当向税务机关提供有关资料，并协助税务机关依法征收土地增值税。

第十二条　纳税人未按照本条例缴纳土地增值税的，土地管理部门、房产管理部门不得办理有关的权属变更手续。

6.《中华人民共和国个人所得税法》第二条　下列各项个人所得，应纳个人所得税：

九、财产转让所得；

第三条　个人所得税的税率：

五、特许权使用费所得，利息、股息、红利所得，财产租赁所得，财产转让所得，偶然所得和其他所得，适用比例税率，税率为百分之二十。

7.《中华人民共和国物权法》第一百七十一条　债权人在借贷、买卖等民事活动中，为保障实现其债权，需要担保的，可以依照本法和其他法律的规定设立担保物权。

第三人为债务人向债权人提供担保的，可以要求债务人提供反担保。反担保适用本法和其他法律的规定。

8.《最高人民法院关于适用〈中华人民共和国民事诉讼法〉的解释》第四百九十二条　被执行人的财产无法拍卖或者变卖的，经申请执行人同意，且不损害其他债权人合法权益和社会公共利益的，人民法院可以将该项财产作价后交付申请执行人抵偿债务，或者交付申请执行人管理；申请执行人拒绝接收或者管理的，退回被执行人。

占比90%以上的股东单独出具的股东会决议

✍ 案例

客户某某实业公司贷款，因为小股东很少参与公司经营，人也在外地，平时都是由大股东（持股90%）出具股东会决议。没有其他股东，仅仅一个股东签名是否有效？

📖 处理误区

股东会决议必须要全部股东签署。仅仅一个股东容易控制权力，产生纠纷，所以要所有股东全部签署股东会决议。

♻ 分析

1. 按照《中华人民共和国公司法》的规定，股东会决议是按照股权数额所代表的表决权进行表决的，而董事会是按照人数的比例进行表决的。

2. 占有绝对比例的股东出具的股东会决议有效，除非公司章程中作出了特别的约定，如要求相关的事项必须100%表决权通过。

📟 处理措施和规范建议

查阅公司章程，看相关的贷款等事项是否需要特别的程序要求，如必须超过50%比例的表决权，否则作为一般事项达到50%的比例即可。

🔍 参考法规

《中华人民共和国公司法》第二十五条　有限责任公司章程应当载明下列事项：

（一）公司名称和住所；

（二）公司经营范围；

（三）公司注册资本；

（四）股东的姓名或者名称；

（五）股东的出资方式、出资额和出资时间；

（六）公司的机构及其产生办法、职权、议事规则；

（七）公司法定代表人；

（八）股东会会议认为需要规定的其他事项。

股东应当在公司章程上签名、盖章。

第四十三条　股东会会议由股东按照出资比例行使表决权；但是，公司章程另有规定的除外。

第四十四条　股东会的议事方式和表决程序，除本法有规定的外，由公司章程规定。

股东会会议作出修改公司章程、增加或者减少注册资本的决议，以及公司合并、分立、解散或者变更公司形式的决议，必须经代表三分之二以上表决权的股东通过。

第四十九条　董事会的议事方式和表决程序，除本法有规定的外，由公司章程规定。

董事会应当对所议事项的决定作成会议记录，出席会议的董事应当在会议记录上签名。

董事会决议的表决，实行一人一票。

贷款展期

✍ 案例

客户金某某贷款 50 万元，以房产进行抵押以及公务员担保，银行在贷款到期之前发现他的木材生意越来越差，预计到期无法偿还，他主动提出给他一段时间催要应收账款来偿还贷款。他提出申请后，银行为金某某办理了展期半年的手续。

📖 处理误区

1. 房产抵押登记无法延期，所以不好展期。

2. 保证借款如果不能获得担保人的同意展期，则展期无效。

♻ 分析

1. 展期是延长原来的借款协议，通过双方的约定延长借款期限，所以还属于在借款期限内，不属于逾期。

2. 抵押权的期限为主合同到期后二年，所以展期必须要在抵押权的有效期内进行，在延长的贷款期限内，借款具有优先受偿权，如果延迟的贷款期限超过抵押期限，则借款就失去了优先权的保护。

3. 担保人对未经过其同意的合同变更，如果增加他们的担保责任，则对增加的部分不承担责任，所以对于展期期间的利息和违约金等，担保人不承担责任，不在抵押登记的范围内，无优先受偿权。

处理措施和规范建议

1. 签署展期协议，让担保人同意为展期的借款提供担保。

2. 如果涉及金额大，展期期间的利息较多，则需要签署补充的抵押协议，并到抵押登记部门将原来的贷款期限进行变更。

参考法规

1.《贷款通则》第十二条　贷款展期：

不能按期归还贷款的，借款人应当在贷款到期日之前，向贷款人申请贷款展期。是否展期由贷款人决定。申请保证贷款、抵押贷款、质押贷款展期的，还应当由保证人、抵押人、出质人出具同意的书面证明。已有约定的，按照约定执行。

短期贷款展期期限累计不得超过原贷款期限；中期贷款展期期限累计不得超过原贷款期限的一半；长期贷款展期期限累计不得超过 3 年。国家另有规定者除外。借款人未申请展期或申请展期未得到批准，其贷款从到期日次日起，转入逾期贷款账户。

2.《最高人民法院关于适用〈中华人民共和国担保法〉若干问题的解释》第三十条　保证期间，债权人与债务人对主合同数量、价款、币种、利率等内容作了变动，未经保证人同意的，如果减轻债务人的债务的，保证人仍应当对变更后的合同承担保证责任；如果加重债务人的债务的，保证人对加重的部分不承担保证责任。

债权人与债务人对主合同履行期限作了变动，未经保证人书面同意的，保证期间为原合同约定的或者法律规定的期间。

债权人与债务人协议变动主合同内容，但并未实际履行的，保证人仍应当承担保证责任。

3.《中华人民共和国合同法》第七十七条　当事人协商一致，可以变更合同。

4.《中华人民共和国物权法》第二百零二条　抵押权人应当在主债权诉讼时效期间行使抵押权；未行使的，人民法院不予保护。

第三章

不良资产处理

不良资产处理中法律的运用更多，在农村金融中涉及不良资产催收、诉讼、执行等环节，利用法律手段有利于不良资产的处理。

第一节 有抵押权的不良资产处理

物保和人保并存时的处理策略（一）

✍ 案例

客户赵某以一套别墅到农村商业银行办理抵押贷款，一般为别墅价值的七折，针对客户要求增加贷款额度，银行要求增加担保人。同时借款合同约定：担保人不得要求先处分抵押物，可以要求担保人先承担连带担保责任。贷款逾期形成不良贷款，农村商业银行起诉到法院要求担保人先承担责任。

📖 处理误区

1. 《中华人民共和国物权法》改变了《担保法》必须先处分借款人担保物的规定，无论是第三人提供的担保物还是借款人自己的担保物都可以约定处分担保物的程序，所以应当支持银行的要求。

2. 担保人代偿能力较强，可以要求担保人先承担担保责任。

♻ 分析

1. 《中华人民共和国物权法》规定当事人可以按照约定先要求担保人先承担担保责任，但是银行和消费者之间的合同是格式合同，这个约定排除了当事人即担保人的主要权利，所以还要遵从格式条款的规定，即没有进行提示、解释，该条款不生效，对此江苏省高级人民法院的判决已经确定。

2. 如果担保人先承担担保责任，债权消灭，担保人的追偿权为一般债权，在其他债权人存在的情况下，担保人很难取得别墅出售的全部份额。

📟 处理措施和规范建议

1. 对上述要求担保人先代偿的约定以黑体字凸显，可以让担保人抄写一遍并提示其注意，现在贷款还有"双录"，可以对这样的条款进行解释，让该条款生效。

2. 可以建议担保人和借款人签署反抵押协议，在银行抵押权之后办理第二顺位的抵押权，这样担保人承担担保责任后就拥有了处分抵押物的优先权，担保人代偿的积极性大为提升。

参考法规

1. 《中华人民共和国担保法》第二十八条　同一债权既有保证又有物的担保的，保证人对物的担保以外的债权承担保证责任。

债权人放弃物的担保的，保证人在债权人放弃权利的范围内免除保证责任。

2. 《最高人民法院关于适用〈中华人民共和国担保法〉若干问题的解释》第三十八条　同一债权既有保证又有第三人提供物的担保的，债权人可以请求保证人或者物的担保人承担担保责任。当事人对保证担保的范围或者物的担保的范围没有约定或者约定不明的，承担了担保责任的担保人，可以向债务人追偿，也可以要求其他担保人清偿其应当分担的份额。

同一债权既有保证又有物的担保的，物的担保合同被确认无效或者被撤销，或者担保物因不可抗力的原因灭失而没有代位物的，保证人仍应当按合同的约定或者法律的规定承担保证责任。

债权人在主合同履行期届满后怠于行使担保物权，致使担保物的价值减少或者毁损、灭失的，视为债权人放弃部分或者全部物的担保。保证人在债权人放弃权利的范围内减轻或者免除保证责任。

3. 《中华人民共和国物权法》第一百七十六条　被担保的债权既有物的担保又有人的担保的，债务人不履行到期债务或者发生当事人约定的实现担保物权的情形，债权人应当按照约定实现债权；没有约定或者约定不明确，债务人自己提供物的担保的，债权人应当先就该物的担保实现债权；第三人提供物的担保的，债权人可以就物的担保实现债权，也可以要求保证人承担保证责任。提供担保的第三人承担担保责任后，有权向债务人追偿。

第一百七十八条　担保法与本法的规定不一致的，适用本法。

4. 《中华人民共和国合同法》第三十九条　采用格式条款订立合同的，提供格式条款的一方应当遵循公平原则确定当事人之间的权利和义务，并采取合理的方式提请对方注意免除或者限制其责任的条款，按照对方的要求，对该条款予以说明。

格式条款是当事人为了重复使用而预先拟定，并在订立合同时未与对方协商的条款。

第四十条　格式条款具有本法第五十二条和第五十三条规定情形的，或者提供格式条款一方免除其责任、加重对方责任、排除对方主要权利的，该条款无效。

第四十一条　对格式条款的理解发生争议的，应当按照通常理解予以解释。对格式条款有两种以上解释的，应当作出不利于提供格式条款一方的解释。格式条款和非格式条款不一致的，应当采用非格式条款。

物保和人保并存时的处理策略（二）

案例

客户刘某以一套别墅到农村商业银行办理抵押贷款，一般抵押贷款都是抵押物价值的七折，对于一些优质客户，可以提升抵押率增加贷款额度，同时银行要求增加担保人，并按照两笔业务设置，一笔为抵押，另一笔为保证人担保。借款合同无特别的约定。后来贷款逾期形成不良贷款，农村商业银行起诉到法院要求担保人先承担担保责任。

处理误区

银行将客户贷款分为两笔，一笔以担保物抵押担保，另一笔以担保人进行保证担保，这样就避开了先处分抵押物导致不良贷款处分期限较长的弊端。

分析

1. 法律规定借款人以自有的抵押物抵押贷款和第三人保证并存时要先处分抵押物。

2. 借款分为两笔尽管回避了法律要求先处分抵押物再要求担保人承担担保责任的规定，但是担保人在借款人出现风险时代偿的困难很大。如果抽走运营的资金可能导致破产，如果处分担保人资产，因为其价值大的主要为不动产，同样处分的期限较长。实践中迫于无奈的担保人希望代偿后取得借款人的资产，能够获得资产的可能性越大，代偿的积极性越高。

3. 要求担保人承担担保责任，因为有抵押物的存在，担保人先代偿的积极性不高，尽可能希望银行先处分抵押物。

处理措施和规范建议

1. 可以建议担保人和借款人签署反抵押协议，在银行之后办理第二顺位的抵押权，这样担保人承担担保责任后就拥有了处分抵押物的优先权，担保人代偿的积极性大为提升。

2. 不要将抵押物担保贷款和保证担保贷款分开，而应作为一笔贷款，逾期后可以先以直接处分担保物的特别程序处分抵押物，剩余债权再向担保人和借款人追索。

物保和人保并存时的处理策略（三）

✍ 案例

客户仲某某贷款，以其弟弟的一套别墅到农村商业银行办理抵押，针对客户增加贷款额度，银行要求增加担保人。借款合同无特别的约定。后来贷款逾期形成不良贷款。农村商业银行起诉到法院要求担保人先承担责任。

📖 处理误区

银行将客户的贷款分为两笔，一笔抵押贷款，另一笔保证贷款。

♻ 分析

1. 《中华人民共和国物权法》规定第三人提供物的担保和人的担保并存时，先处分抵押物还是先要求担保人代偿，债权人有选择权。

2. 实践中，担保人代偿的积极性很低，希望能够尽快、尽早地处分抵押物，以减少自己的代偿数额。

📠 处理措施和规范建议

1. 可以建议担保人和借款人签署反抵押协议，在银行之后办理第二顺位的抵押权，这样即使担保人承担担保责任了，但是拥有了处分抵押物的优先权。采取这样的措施，有利于保证人积极参与抵押物的处分，实践中不少担保人愿意以购买抵押物的形式偿还整个债务。

2. 如果将第三人的担保物和人的担保分开作为两个担保债权，不利于保护债权以及担保人的代偿，因为担保物的价值和担保人就没有关联。

3. 以第三人的担保物和担保人共同担保一个债权，不要将抵押物担保贷款和保证担保贷款分开，逾期后可以先以直接处分担保物的特别程序先处分抵押物，剩余债权再向担保人和借款人追索。

直接处分抵押物的不足（一）

✍ 案例

客户袁某某以房产加上担保在银行抵押贷款 50 万元，房产评估值为 30 万元。因袁某某生意失败，无法归还到期贷款。现在不良贷款数量在上升，银行希望能够快速地处理抵押物，归还贷款。

📖 处理误区

以处分抵押物的特别程序向法院申请裁定。

♻ 分析

申请直接处分抵押物，确实较为快速，但也有不足之处。如果抵押物不能覆盖债权数额，那么对于剩余的部分还需要起诉。未偿还的部分因为没有诉讼，所以也不能列入法院的失信人名单，对于担保人也还需要重新进行诉讼，这样就成为两个程序，总的时间比传统的一个程序的时间还要长。

📻 处理措施和规范建议

对于抵押物价值超过债权数额的，则不申请直接处分抵押物的特别程序，以传统的诉讼方式进行。

🔍 参考法规

1.《中华人民共和国民事诉讼法》

第一百九十六条　申请实现担保物权，由担保物权人以及其他有权请求实现担保物权的人依照物权法等法律，向担保财产所在地或者担保物权登记地基层人民法院提出。

第一百九十七条　人民法院受理申请后，经审查，符合法律规定的，裁定拍卖、变卖担保财产，当事人依据该裁定可以向人民法院申请执行；不符合法律规定的，裁定驳回申请，当事人可以向人民法院提起诉讼。

2.《最高人民法院关于适用〈中华人民共和国民事诉讼法〉的解释》第三百六十一条　民事诉讼法第一百九十六条规定的担保物权人，包括抵押权人、质权人、留置权人；其他有权请求实现担保物权的人，包括抵押人、出质人、财产被留置的债务人或者所有权人等。

第三百六十二条　实现票据、仓单、提单等有权利凭证的权利质权案件，可以由权利凭证持有人住所地人民法院管辖；无权利凭证的权利质权，由出质登记地人民法院管辖。

第三百六十四条 同一债权的担保物有多个且所在地不同，申请人分别向有管辖权的人民法院申请实现担保物权的，人民法院应当依法受理。

第三百六十五条 依照物权法第一百七十六条的规定，被担保的债权既有物的担保又有人的担保，当事人对实现担保物权的顺序有约定，实现担保物权的申请违反该约定的，人民法院裁定不予受理；没有约定或者约定不明的，人民法院应当受理。

第三百六十六条 同一财产上设立多个担保物权，登记在先的担保物权尚未实现的，不影响后顺位的担保物权人向人民法院申请实现担保物权。

第三百六十七条 申请实现担保物权，应当提交下列材料：

（一）申请书。申请书应当记明申请人、被申请人的姓名或者名称、联系方式等基本信息，具体的请求和事实、理由；

（二）证明担保物权存在的材料，包括主合同、担保合同、抵押登记证明或者他项权利证书，权利质权的权利凭证或者质权出质登记证明等；

（三）证明实现担保物权条件成就的材料；

（四）担保财产现状的说明；

（五）人民法院认为需要提交的其他材料。

第三百六十八条 人民法院受理申请后，应当在五日内向被申请人送达申请书副本、异议权利告知书等文书。

被申请人有异议的，应当在收到人民法院通知后的五日内向人民法院提出，同时说明理由并提供相应的证据材料。

第三百六十九条 实现担保物权案件可以由审判员一人独任审查。担保财产标的额超过基层人民法院管辖范围的，应当组成合议庭进行审查。

第三百七十条 人民法院审查实现担保物权案件，可以询问申请人、被申请人、利害关系人，必要时可以依职权调查相关事实。

第三百七十一条 人民法院应当就主合同的效力、期限、履行情况，担保物权是否有效设立、担保财产的范围、被担保的债权范围、被担保的债权是否已届清偿期等担保物权实现的条件，以及是否损害他人合法权益等内容进行审查。

被申请人或者利害关系人提出异议的，人民法院应当一并审查。

第三百七十二条 人民法院审查后，按下列情形分别处理：

（一）当事人对实现担保物权无实质性争议且实现担保物权条件成就的，裁定准许拍卖、变卖担保财产；

（二）当事人对实现担保物权有部分实质性争议的，可以就无争议部分裁定准许拍卖、变卖担保财产；

（三）当事人对实现担保物权有实质性争议的，裁定驳回申请，并告知申请人向人民法院提起诉讼。

第三百七十三条　人民法院受理申请后，申请人对担保财产提出保全申请的，可以按照民事诉讼法关于诉讼保全的规定办理。

第三百七十四条　适用特别程序作出的判决、裁定，当事人、利害关系人认为有错误的，可以向作出该判决、裁定的人民法院提出异议。人民法院经审查，异议成立或者部分成立的，作出新的判决、裁定撤销或者改变原判决、裁定；异议不成立的，裁定驳回。

对人民法院作出的确认调解协议、准许实现担保物权的裁定，当事人有异议的，应当自收到裁定之日起十五日内提出；利害关系人有异议的，自知道或者应当知道其民事权益受到侵害之日起六个月内提出。

直接处分抵押物的不足（二）

✍ 案例

客户贾某某以房产在银行抵押贷款 20 万元，房产评估值为 30 万元。因贾某某生意失败，无法归还到期贷款，人也下落不明。现在不良贷款数量在上升，快速处理抵押物归还借款是比较好的方式，银行准备向法院申请以特别程序处分抵押物。

📖 处理误区

以处分抵押物的特别程序向法院申请裁定。

♻ 分析

直接处分抵押物的一个程序是确定债权数额，各地法院对如何确定债权数额有不同的方式方法，不能满足条件就不采取这样的程序，按照传统程序进行；如果债权人下落不明，处于被监禁状态，则无法确认债权数额；如果债权到期之前债权人已经不能归还借款，那么有些法院也不受理特别程序处分抵押物。

📠 处理措施和规范建议

掌握本地法院对无法确定债权数额的判断，不符合这些要求的就按照传统程序进行。

协商一致处分抵押物

✍ 案例

蒋某某开一个小饭店，以房产抵押贷款 20 万元，可是一场大火把饭店烧毁了，蒋某某是一个诚信的人，主动找到银行，请银行不要诉讼，他同意处分抵押物来还债。蒋某某找到了合适的买主，房子作价 30 万元，归还借款本息后还有 8 万元正好可以作为本钱继续做生意。

♻ 分析

1. 《中华人民共和国物权法》规定抵押权人和抵押人可以协商处分抵押物，这样更快捷，不需要经过诉讼。

2. 对需要抵押登记，且不容易移动的不动产来说，抵押权人许可抵押人先转让抵押物，以所得资金归还债权来解除抵押物，然后履行过户手续，不会对抵押权人的权益造成伤害。购买者也要求必须将抵押解除才能进行过户。

📠 处理措施和规范建议

与抵押人协商处分抵押物，让抵押人明白拖延的时间越长，产生的利息越多；对担保人和借款人来说，应尽可能在到期之前协商好，因为这样借款人和担保人不会留下不良记录，有利于借款人的后续贷款等。同时经过协商，让抵押人自行寻找购买者，有利于卖出一个好价钱。

🔍 参考法规

《中华人民共和国物权法》第一百九十五条 债务人不履行到期债务或者发生当事人约定的实现抵押权的情形，抵押权人可以与抵押人协议以抵押财产折价或者以拍卖、变卖该抵押财产所得的价款优先受偿。协议损害其他债权人利益的，其他债权人可以在知道或者应当知道撤销事由之日起一年内请求人民法院撤销该协议。

抵押权人与抵押人未就抵押权实现方式达成协议的，抵押权人可以请求人民法院拍卖、变卖抵押财产。

抵押财产折价或者变卖的，应当参照市场价格。

银行竞拍自身为抵押权人的抵押物

✍ 案例

周某某在银行贷款 50 万元，以城区中心地段的房产抵押，到期后周某某生意失败无法偿还贷款，人也不知踪影。经法院判决后拍卖，第一轮无人竞拍，第二轮总价下降 20%，这次是物有所值，银行担心卖不出好价钱而影响债权偿还，同时认为那个地方适合开一个银行网点，类似社区银行。银行自身能否参与竞拍？

📖 处理误区

不能，因为银行属于最终的受益人。

♻ 分析

1. 按照《拍卖法》的相关规定，委托人不得参与竞拍。在法院执行中，法院是委托拍卖的委托人，而申请执行的申请人不属于委托人，所以不受委托人不得参与竞拍的限制。

2. 而最后的受益人，也是以债权为限，尽管抵押权人希望拍出高价格，但是法律没有禁止其参与竞拍。法院委托拍卖就是为了公开公平处理，现在主要是在网上竞拍，更是没有机会操纵，新的有关网络司法竞拍的规定明确申请执行人可以竞拍。

📠 处理措施和规范建议

可以参与竞拍，竞拍成功可以取得所有权。

🔍 参考法规

1. 《中华人民共和国拍卖法》第三十条　委托人不得参与竞买，也不得委托他人代为竞买。

2. 《最高人民法院关于人民法院网络司法拍卖若干问题的规定》第十七条　保证金数额由人民法院在起拍价的百分之五至百分之二十范围内确定。

竞买人应当在参加拍卖前以实名交纳保证金，未交纳的，不得参加竞买。申请执行人参加竞买的，可以不交保证金；但债权数额小于保证金数额的按差额部分交纳。

担保人对抗担保代偿

✍ 案例

客户董某某贷款 20 万元，并为金某某贷款 10 万元和凌某某贷款 8 万元提供担保。金某某贷款到期后无法偿还，银行要求董某某代偿，董某某声称自己无能力代偿，自己仅仅能够维持自己贷款的利息支付，如果让其代偿，自己的贷款也无法偿还，必然形成不良贷款。

📖 处理误区

银行面临较为严格的不良率考核，不敢采取措施，担心形成连锁反应导致不良率上升。

♻ 分析

现在银行的考核严格，特别是经济进入新常态，各大银行的不良贷款都在不断上升，所以对客户经理和支行来说都不希望不良贷款增加。有的担保人就是抓住了客户经理的心理和支行谈条件，但是实际中也确实存在担保人本身的经营举步维艰，而又要承担担保责任，这会带来更大的影响。

📟 处理措施和规范建议

调查了解担保人的情况，如果确实经营一般，仅能够解决自己的事情，在利息之外很难拿出多余的资金代偿，则可以要求担保人每年偿还部分资金，即使数量不多也要给予其一定压力。如果担保人条件还不错，故意表示自己无力代偿进行要挟，则可以立即压缩贷款，甚至起诉。

债权对外转让

✍ 案例

客户徐某某贷款 30 万元，以其拥有的厂房继续抵押。徐某某贷款到期后无法偿还，形成了不良贷款，现在银行准备起诉处分抵押物。厂房处在乡镇，难以处分，但是在厂房周围的几个企业有购买打算，它们希望手续不要太烦琐。现在它们听说银行要起诉，担心法院处分时间太长，于是来找银行，希望银行协调处理给它们。

📖 处理误区

银行除了到法院进行诉讼，通过拍卖的方式处分抵押物，其他方式难以进行。

♻ 分析

1. 处分抵押债务涉及的抵押物，除了资产拍卖外，还有协商处分抵押物。如果走资产拍卖的程序，时间长，银行的债权数额不断增加，同时处分债权的费用也不断增加。

2. 四大银行有大量的不良资产转给四大资产管理公司，但相关法规规定个人债权不得转让。农村商业银行的个人债权占据绝大份额，且单笔数额小，所以农村商业银行难以通过债权转让的方式降低不良资产的占比。

3. 债权附带抵押权转让是良好的处分不良资产的方式，收购债权的人在处分抵押物的时候具有较大的灵活性，对农村商业银行来说也是较快处分不良资产的方式方法。

📠 处理措施和规范建议

1. 协调购买者和抵押人商谈抵押物价格，尽快达成处分协议，银行应从中积极斡旋。

2. 协调好之后，银行先向当地银监局汇报转让情况，价格以债权总额为准。获得银监局的许可后即可以和购买人签署债权转让协议，并书面通知债务人和担保人债权转让，让他们签署接收通知。

3. 让购买人和债务人签署以物抵债协议并办理过户手续。

🔍 参考法规

1. 《中华人民共和国担保法》第五十条　抵押权不得与债权分离而单独转让或者作为其他债权的担保。

2. 《中华人民共和国合同法》第八十条　债权人转让权利的，应当通知债务人。未经通知，该转让对债务人不发生效力。

3. 《中国银行业监督管理委员会关于商业银行向社会投资者转让贷款债权法律效力有关问题的批复》银监办发〔2009〕24号。

广东银监局：

你局《关于商业银行将债权转让给个人有关问题的请示》（粤银监报

〔2009〕5 号）收悉。经研究，现就有关问题批复如下：

一、对商业银行向社会投资者转让贷款债权没有禁止性规定，转让合同具有合同法上的效力。

社会投资者是指金融机构以外的自然人、法人或者其他组织。

二、转让具体的贷款债权，属于债权人将合同的权利转让给第三人，并非向社会不特定对象发放贷款的经营性活动，不涉及从事贷款业务的资格问题，受让主体无须具备从事贷款业务的资格。

三、商业银行向社会投资者转让贷款债权，应当建立风险管理制度、内部控制制度等相应的制度和内部批准程序。

四、商业银行向社会投资者转让贷款债权，应当采取拍卖等公开形式，以形成公允价格，接受社会监督。

五、商业银行向社会投资者转让贷款债权，应当向银监会或其派出机构报告，接受监管部门的监督检查。

4.《最高人民法院关于适用〈中华人民共和国民事诉讼法〉的解释》第二百一十四条　原告撤诉或者人民法院按撤诉处理后，原告以同一诉讼请求再次起诉的，人民法院应予受理。

5.《不良金融资产处置尽职指引》

第二十八条　对不良金融资产进行转让的，包括拍卖、竞标、竞价转让和协议转让等方式。

（四）当采用拍卖、竞标、竞价等公开处置方式在经济上不可行，或不具备采用拍卖、竞标、竞价等公开处置方式的条件时，可采用协议转让方式处置，同时应坚持谨慎原则，透明操作，其实记录，切实防范风险。

（五）采用拍卖、竞标、竞价和协议等方式转让不良金融资产的，应按照有关规定披露与转让资产相关的信息，最大限度地提高转让过程的透明度。

（六）转让资产时，原则上要求一次性付款。确需采取分期付款方式的，应将付款期限、次数等条件作为确定转让对象和价格的因素，在落实有效履约保障措施后，方可向受让人移交部分或全部资产权证。

第六十三条　具有以下情节的，将依法、依规追究其责任。

（二）资产剥离（转让）后回购剥离（转让）资产，国家另有规定的除外。

（四）泄露金融机构商业秘密，获取非法利益。

（五）利用虚假拍卖、竞标、竞价和协议转让等掩盖非法处置不良金融资产行为。

（七）超越权限和违反规定程序擅自处置资产，以及未经规定程序审批同意擅自更改处置方案。

（八）未经规定程序审批同意，放弃不良金融资产合法权益。

（十）未按照本指引规定要求尽职操作，致使不良金融资产的转让价格明显低于市场价值。

第二节　涉及担保人的不良资产

放弃对担保人的部分债权

案例

客户彭某某向银行贷款 30 万元，由三个保证人吴某、董某某、袁某某担保，到期后彭某某生意失败，下落不明。现在银行决定起诉两个保证人吴某、董某某，因为袁某某遭遇天灾人祸，无偿还能力，银行要求其承担 5 万元，其他部分不再要求其偿还。在法院吴某、董某某认为他们只对 20 万元承担连带责任，因为银行放弃了对袁某某的权利。

处理误区

保证人承担连带责任，债权人可以要求每一个人全部代偿，所以应当对 25 万元本金承担连带代偿责任。

分析

连带保证责任是主债务人与保证人之间的权利和义务关系。在外部关系上，债权人可向债务人之一人或数人甚至全部，请求全部或一部分偿还债务，各债务人不得以超过自己应负担之份额为由，提出抗辩。对内效力，即各债务人相互之间的权利义务关系有两项，一是对于连带债务人之一人因清偿、提存、抵销、混同、免除以及诉讼时效完成等而使债务部分或全部终止的，对全体债务人发生效力，其他债务人得免除向债权人履行债务；二是按《中华人民共和国民法通则》的规定，在连带债务人内部，仍是按份债务，即连带债务人之一因清偿或其他行为使他债务人免除履行义务的，就他债务人各自承担的份额，有请求偿还的权利。

处理措施和规范建议

三个保证人对主债务人负有共同的连带保证责任，在三个保证人内部之间存在按份责任关系，因未约定按份比例，应按各三分之一原则担责，鉴于债权人放弃了对其中一个保证人的部分债权，故仅剩余的两个保证人只对20万元部分承担责任。

银行如果放弃对个别担保人的债权，则需要确定几项内容：首先是几个担保人经济能力差不多，如果有的担保人明显实力较强，可以代偿所有债权，则不能对个别担保人放弃；其次是如果按照债权总额由担保人平均分摊，对其中一个担保人所承担的份额之上的数额予以放弃，其他担保人继续承担剩余部分；最重要的是，监管部门对没有按照程序处分不良资产的行为处罚严格，所以相关的金融机构需要建立健全相关的制度、流程，按照程序履行相关的一级一级的审批程序，甚至到董事会、股东大会。

参考法规

1.《中华人民共和国担保法》第十二条 同一债务有两个以上保证人的，保证人应当按照保证合同约定的保证份额，承担保证责任。没有约定保证份额的，保证人承担连带责任，债权人可以要求任何一个保证人承担全部保证责任，保证人都负有担保全部债权实现的义务。已经承担保证责任的保证人，有权向债务人追偿，或者要求承担连带责任的其他保证人清偿其应当承担的份额。

第十八条 当事人在保证合同中约定保证人与债务人对债务承担连带责任的，为连带责任保证。

连带责任保证的债务人在主合同规定的债务履行期届满没有履行债务的，债权人可以要求债务人履行债务，也可以要求保证人在其保证范围内承担保证责任。

第二十条 一般保证和连带责任保证的保证人享有债务人的抗辩权。债务人放弃对债务的抗辩权的，保证人仍有权抗辩。

抗辩权是指债权人行使债权时，债务人根据法定事由，对抗债权人行使请求权的权利。

第三十一条 保证人承担保证责任后，有权向债务人追偿。

2.《最高人民法院关于适用〈中华人民共和国担保法〉若干问题的解释》第十九条 两个以上保证人对同一债务同时或者分别提供保证时，各保证人与债权人没有约定保证份额的，应当认定为连带共同保证。

连带共同保证的保证人以其相互之间约定各自承担的份额对抗债权人的，人民法院不予支持。

第二十条 连带共同保证的债务人在主合同规定的债务履行期届满没有履行债务的，债权人可以要求债务人履行债务，也可以要求任何一个保证人承担全部保证责任。

连带共同保证的保证人承担保证责任后，向债务人不能追偿的部分，由各连带保证人按其内部约定的比例分担。没有约定的，平均分担。

3.《不良金融资产处置尽职指引》第四十一条 银行业金融机构和金融资产管理公司处置不良金融资产应规定操作和审批程序，不得违反程序或减少程序进行处置。

第四十六条 银行业金融机构和金融资产管理公司应建立资产处置审核程序，严格按程序进行审批。

（一）应建立和完善授权审核、审批制度，明确各级机构的审核和审批权限。

（二）应建立不良金融资产处置与审核分离机制，由专门机构和专职人员在授权范围内对处置方案进行全面、独立的审核。

（三）资产处置审核人员应具备从业所需的专业素质和经验，诚实守信、勤勉尽职，独立发表意见。

（四）资产处置审核人员应对处置方案的合法性、合规性、合理性和可行性进行审核。审核机构和审核人员对审核意见负责。对资产处置审核情况和审核过程中各种意见应如实记录，并形成会议纪要。

第四十七条 除接受人民法院和仲裁机构有终局性法律效力的判决、裁定、裁决的资产处置项目及按国家政策实施政策性破产、重组外，不良金融资产处置方案须由资产处置审核机构审核通过，经有权审批人批准后方可实施。

第六十三条 具有以下情节的，将依法、依规追究其责任。

（七）超越权限和违反规定程序擅自处置资产，以及未经规定程序审批同意擅自更改处置方案。

（八）未经规定程序审批同意，放弃不良金融资产合法权益。

（十一）其他违反本指引规定要求的行为。

连带责任转化为按份责任

✍ 案例

客户薛某某向银行贷款 15 万元，由三个保证人耿某某、孙某某、周某某担保，到期后薛某某生意失败，下落不明。经过不断催收，时间越来越久远，该贷款已经核销。现在银行还在不断催收。三个担保人中有一个长期在外地，一个有重病，还有一个周某某在家务农。现在周某某提出自己仅能归还 5 万元及部分利息，请求银行同意并不再催收他，他已经尽最大能力偿还了，也是为了减少被不断催收的烦恼。

📖 处理误区

1. 保证人承担连带责任，债权人可以要求每一个人全部代偿，所以他应当对 15 万元本金及利息承担连带代偿责任。

2. 农村商业银行无权放弃债权。

♻ 分析

1. 连带责任有利于保障债权人的利益，但是不利之处在于各保证人的责任未分开，相互观望，期待其他保证人代偿所有债务。

2. 现在农村商业银行都是经过股份制改造的，其资产和负债都属于股东。银监局等监管部门从合法合规的角度监管农村商业银行的经营行为。

3. 连带责任转化为按份担保责任只要按照内部的规章制度实施，就合法合规，必要时以董事会决议或者股东大会决议的形式实施。

📠 处理措施和规范建议

1. 对时间久远的贷款进行定期清理，担保人如果经济实力差不多，各方因为观望而形成不良贷款，则可以让愿意按照份额分担的客户先代偿，并解除其担保责任。

2. 在保证人中如果有某一方或者多个保证人经济实力较强，则不适宜分开担保责任。

3. 如果在诉讼时效、担保时效等方面存在不足，则建议分开担保责任。

4. 将涉及担保人分开责任的贷款数额和预计可以收回金额的方案提交董事会，由董事会出具认可的决议。因为这能实实在在地增加股东价值，获得通过的可能性大。

参考法规

《最高人民法院关于适用〈中华人民共和国担保法〉若干问题的解释》第二十一条　按份共同保证的保证人按照保证合同约定的保证份额承担保证责任后，在其履行保证责任的范围内对债务人行使追偿权。

多个担保人分开化解

案例

客户龚某某贷款 18 万元，王某某、孙某某和林某某提供担保，到期后龚某某贷款形成逾期并下落不明，现在担保人王某某向银行提出希望归还 6 万元贷款并免除他的担保责任，银行同时以同样的方案和孙某某及林某某协商，孙某某拒绝代偿，而林某某犹豫不决。

处理误区

不同意王某某的 6 万元先行代偿，因为是连带责任，必须全部代偿。

分析

1. 承担连带责任的任何一方都有义务偿还全部贷款，而按份责任是以自己的份额承担责任。现在金融机构和担保人签署的都是连带担保责任的合同。但是在实践中，因为是连带责任，各个担保人之间相互观望牵制，任何一方都不愿意先代偿全部贷款。按照公平的观念，以自己的份额承担责任更容易获得认可。

2. 诉讼并申请执行是一件耗时的事情，特别是在法院积压了大量执行案件的情况下，让法院挤出执行资源需要做大量的工作。如果能够减少向法院申请执行案件的数量，可以减少对外协调工作量。

3.《中华人民共和国民事诉讼法》的司法解释对一事不再诉原则做了明确的规定，只有诉讼当事人、标的和诉讼请求都相同才属于重复诉讼，受到该原则的限制，否则不属于重复诉讼。

📞 处理措施和规范建议

1. 可以先和愿意先代偿的担保人签署代偿协议，约定其对经过诉讼并第一次执行其他当事人后的剩余贷款余额承担连带责任，这样就可以不断减少债权数额，同时减少了向法院申请强制执行案件数量和数额。因为这是一个新的担保合同，数额、时间、条件都发生了变化，如果先行代偿的担保人后期不愿意承担责任，可以单独诉讼，不属于重复诉讼。

2. 对剩余的担保人和借款人起诉，这样会给一部分担保人压力，如果在这个阶段有担保人愿意代偿平均分配的份额，则可签署同样内容的代偿协议。

3. 对有经济能力且愿意承担责任的担保人先化解，至于剩余的部分，如果最后的担保人确实无执行能力，则可以进一步分摊，这样担保人的经济压力比全部代偿逾期贷款要小。

🔍 参考法规

1. 《中华人民共和国民事诉讼法》第二百四十七条　当事人就已经提起诉讼的事项在诉讼过程中或者裁判生效后再次起诉，同时符合下列条件的，构成重复起诉：

（一）后诉与前诉的当事人相同；

（二）后诉与前诉的诉讼标的相同；

（三）后诉与前诉的诉讼请求相同，或者后诉的诉讼请求实质上否定前诉裁判结果。

2. 《不良金融资产处置尽职指引》第四十一条　银行业金融机构和金融资产管理公司处置不良金融资产应规定操作和审批程序，不得违反程序或减少程序进行处置。

第四十六条　银行业金融机构和金融资产管理公司应建立资产处置审核程序，严格按程序进行审批。

（一）应建立和完善授权审核、审批制度，明确各级机构的审核和审批权限。

（二）应建立不良金融资产处置与审核分离机制，由专门机构和专职人员在授权范围内对处置方案进行全面、独立的审核。

（三）资产处置审核人员应具备从业所需的专业素质和经验，诚实守信、勤勉尽职，独立发表意见。

（四）资产处置审核人员应对处置方案的合法性、合规性、合理性和可行性进行审核。审核机构和审核人员对审核意见负责。对资产处置审核情况和审核过程中各种意见应如实记录，并形成会议纪要。

第四十七条　除接受人民法院和仲裁机构有终局性法律效力的判决、裁定、裁决的资产处置项目及按国家政策实施政策性破产、重组外，不良金融资产处置方案须由资产处置审核机构审核通过，经有权审批人批准后方可实施。

第六十三条　具有以下情节的，将依法、依规追究其责任。

（七）超越权限和违反规定程序擅自处置资产，以及未经规定程序审批同意擅自更改处置方案。

（八）未经规定程序审批同意，放弃不良金融资产合法权益。

（十一）其他违反本指引规定要求的行为。

按揭贷款保证金

✍ 案例

客户贾某以按揭贷款的方式购买一套房产，因为和房地产公司产生纠纷，要求将所购买的房产退还开发商，开发商退还购房款。法院判决支持贾某的诉讼请求，但是开发商账户上没有资金，贾某只好申请执行该开发商在银行的按揭贷款保证金。

📖 处理误区

该房地产公司的保证金处于浮动状态，没有固定，所以不构成质押，可以执行。

♻ 分析

1. 按照《中华人民共和国担保法》的司法解释，资金必须以特户、封金、保证金等形式特定化后，且移交债权人占有才能作为债权的担保。保证金处于专户之中，属于特定化了，在作为债权人的金融机构掌控之下，所以属于质押，应当享有优先权。

2. 只要双方有达成保证金质押的约定，以特定化的形式并移交债权人占有，即构成现金质押，具有优先权。至于约定的形式可以多样。

📟 处理措施和规范建议

1. 保证金账户开立为专户，如果能够按照金融机构内部账户的形式保存更好。同时保持账户中的资金处于封闭状态，即只有结息和履行担保措施以

155

及办理完成抵押担保措施后释放才进行资金的变动。

2. 如果能够签署质押协议或者在合作协议中约定完整的保证金的质押性质和运用流程，那样更有利于说明双方对于保证金的合意。

3. 如果法院查封保证金，需要及时提出执行异议，因为《民事诉讼法》是采取听证程序处理查封，同时法院有权查封，但是无权扣划。

类推使用

担保公司的贷款保证金。

参考法规

1. 《中华人民共和国物权法》第二百零八条　为担保债务的履行，债务人或者第三人将其动产出质给债权人占有的，债务人不履行到期债务或者发生当事人约定的实现质权的情形，债权人有权就该动产优先受偿。

前款规定的债务人或者第三人为出质人，债权人为质权人，交付的动产为质押财产。

第二百一十二条　质权自出质人交付质押财产时设立。

第二百一十三条　质权人有权收取质押财产的孳息，但合同另有约定的除外。

2. 《最高人民法院关于适用〈中华人民共和国担保法〉若干问题的解释》第八十五条　债务人或者第三人将其金钱以特户、封金、保证金等形式特定化后，移交债权人占有作为债权的担保，债务人不履行债务时，债权人可以以该金钱优先受偿。

3. 《人民币银行结算账户管理办法》第十三条　专用存款账户是存款人按照法律、行政法规和规章，对其特定用途资金进行专项管理和使用而开立的银行结算账户。对下列资金的管理与使用，存款人可以申请开立专用存款账户：

（一）基本建设资金。

（二）更新改造资金。

（三）财政预算外资金。

（四）粮、棉、油收购资金。

（五）证券交易结算资金。

（六）期货交易保证金。

（七）信托基金。

（八）金融机构存放同业资金。

（九）政策性房地产开发资金。

（十）单位银行卡备用金。

（十一）住房基金。

（十二）社会保障基金。

（十三）收入汇缴资金和业务支出资金。

（十四）党、团、工会设在单位的组织机构经费。

（十五）其他需要专项管理和使用的资金。

第三十五条　专用存款账户用于办理各项专用资金的收付。

担保人要求先续贷然后代偿

✍ 案例

客户曹某某在银行贷款 20 万元，由担保人刘某某和徐某某提供担保，到期之后曹某某无法归还且下落不明。担保人刘某某和徐某某在银行都有贷款，为了继续使用贷款，两个担保人和银行协商希望能够继续使用贷款，他们也愿意以分期还款的方式进行代偿。他们担心代偿后银行不继续贷款给他们，所以要求银行先对他们的贷款续贷，然后逐步代偿。

📖 处理误区

担保人以贷款和银行谈条件，会助长客户的坏习惯，导致不良贷款上升，不应当同意担保人的要求。

♻ 分析

1. 随着经济的下行，实践中出现银行欺骗客户还款后不续贷的事例，导致小微企业胆战心惊，对银行的诚信产生怀疑，所以担保人对代偿有顾虑属于正常心理。

2. 对于在乡镇和县城经营的金融机构，与小微客户建立紧密关系至关重要，良好的服务也能换来小微客户的积极支持，所以在农村金融中，对于贷款的代偿需要担保人分期分批进行，如果一下子代偿，不仅无法代偿，同时其经营也会终止，所以要给予担保人一定的时间。

3. 在银行有贷款的担保人，代偿的意愿和履行的积极性都高于没有贷款的客户，因为无法一下子归还贷款，如果要扩大生产还需要贷款，银行的利率比民间借贷和小额贷款公司低很多，只要所担保的贷款数额不是很大，一般都愿意代偿。他们表面上先要求贷款，其实是害怕银行抽贷，所以银行对他们具有较强的控制力和影响力。

📠 处理措施和规范建议

签署分期还款协议，然后在先代偿一小部分的基础上同意他们续贷。

担保人希望银行先起诉然后代偿

✍ 案例

客户程某某在银行贷款 20 万元，担保人为贾某某和周某某。到期后程某某无法归还，银行决定起诉。贾某某向银行提出来不要将他列为被告，希望银行起诉程某某和周某某，如果起诉后他们仍然无能力执行，他愿意履行担保责任，代偿全部债务。

📖 处理误区

如果贾某某不履行代偿责任，后期还需要诉讼，增加了程序。

♻ 分析

1. 按照《中华人民共和国民事诉讼法》的司法解释，标的额、当事人和诉讼请求都相同的才是重复诉讼。为了更好地化解不良资产，尽可能让担保人代偿，可以先起诉借款人和部分担保人，愿意代偿的担保人后期不履行承诺的，还可以继续起诉。

2. 在乡镇的小额信贷中，能够为其他贷款提供担保的，往往是在银行有授信的老客户，经营情况一般都不错，愿意主动还款的客户更是信誉良好，他们要求不要起诉的理由一般也符合农村的实际情况，如果坚持起诉，除了会失去客户，后期的执行也会有很多周折。

3. 针对个别担保人的要求可以再签署一个协议，要求其缴纳保证金，在借款人和部分担保人不履行法院判决的情况下直接扣划保证金。

📠 处理措施和规范建议

将借款人和部分担保人列为被告；要求愿意承担代偿责任的担保人缴纳保证金，在起诉后的一段时间内借款人和部分担保人没有履行责任的，将缴纳的保证金直接扣划代偿，或者要求其对剩余所有的部分承担连带责任。

催收通知书内容设计

✍ 案例

客户林某某贷款 5 万元，到期无法归还贷款，形成逾期贷款。银行不断催收以防止担保期限过期以及丧失诉讼时效。现在借款人和担保人看到催收通知书的内容就感觉犯怵，不愿签字，特别反感"不及时归还欠款将严格追究法律责任"。催收通知书内容如何设计？

📖 处理误区

有催收的内容和签名即可。

♻ 分析

1. 催收是很好地保持诉讼时效的方法，对于陈年贷款，农村中有的人故意不还，但是大部分的人还是认可借款的事实，也愿意签字。

2. 法律规定，催收、诉讼、认可欠款、愿意偿还都是保留时效的方法。特别是认可欠款的事实可以不受二年诉讼时效的限制，即使超过二年诉讼时效，如果认可欠款也可以重新计算诉讼时效。

📝 处理措施和规范建议

进行隐含性设计，客户向银行承诺将归还欠款，例如，本人欠银行 5 万元，本人承诺近期将尽一切可能归还，在某年某月某日之前愿意归还多少元。金额由客户自己承诺，如果无法归还就写零元。然后由借款人和担保人签名。

🔍 参考法规

《最高人民法院关于审理民事案件适用诉讼时效制度若干问题的规定》第十六条　义务人作出分期履行、部分履行、提供担保、请求延期履行、制定清偿债务计划等承诺或者行为的，应当认定为民法通则第一百四十条规定的当事人一方"同意履行义务"。

担保客户代偿之后的追偿

✍ 案例

某某木业有限公司在银行抵押贷款 300 万元，担保人为一名公务员和一家企业，到期后该木业公司无法还款，现在担保企业提出代偿并希望不要影响自己的生意，同时要求该公务员分担一部分。

📖 处理误区

代偿的担保人只能向借款人进行追偿。

♻ 分析

连带担保人不分份额承担连带责任，但是在多个担保人之间最终要确定份额，承担责任多的担保人可以向借款人追偿，以及要求其他担保人承担其应承担的份额。所以可以让有代偿意愿的客户先全额代偿，并出具证明让代偿的客户向借款人和担保人进行追偿。

📠 处理措施和规范建议

与个别担保人沟通，了解个别担保人的特殊要求，特别是那些有贷款的企业，希望他们在自己的能力范围内尽可能先处理完毕。对代偿的客户，协助他们向有能力的借款人和其他担保人追偿。

🔍 参考法规

《最高人民法院关于适用〈中华人民共和国担保法〉若干问题的解释》第二十条　连带共同保证的债务人在主合同规定的债务履行期届满没有履行债务的，债权人可以要求债务人履行债务，也可以要求任何一个保证人承担全部保证责任。

连带共同保证的保证人承担保证责任后，向债务人不能追偿的部分，由各连带保证人按其内部约定的比例分担。没有约定的，平均分担。

第三十八条　同一债权既有保证又有第三人提供物的担保的，债权人可以请求保证人或者物的担保人承担担保责任。当事人对保证担保的范围或者物的担保的范围没有约定或者约定不明的，承担了担保责任的担保人，可以向债务人追偿，也可以要求其他担保人清偿其应当分担的份额。

第七十五条　同一债权有两个以上抵押人的，债权人放弃债务人提供的抵押担保的，其他抵押人可以请求人民法院减轻或者免除其应当承担的担保责任。

同一债权有两个以上抵押人的，当事人对其提供的抵押财产所担保的债权份额或者顺序没有约定或者约定不明的，抵押权人可以就其中任一或者各个财产行使抵押权。

抵押人承担担保责任后，可以向债务人追偿，也可以要求其他抵押人清偿其应当承担的份额。

担保公司代偿能力不足时

✍ 案例

担保公司以保证金的放大倍数作为担保的数额，但是以保证金放大倍数进行担保，风险敞口很大，所以需要加强对担保公司反担保措施的管理。

♻ 分析

1. 大部分金融机构在对担保公司担保的客户的风险管理比较弱，认为有担保公司担保就忽视对客户的管理。担保公司担保仅是担保措施之一，如果保证金不足，可以要求借款人增加担保措施。同时，因为担保公司一般都是以政府为主导成立的，其不能及时补偿保证金进行代偿，金融机构寻找不到有效办法。在县域，政府在农村合作金融中的话语权更大。

2. 抵押、质押、担保等权利可以随债权一并转移，只要通知债务人即发生转移的效力，所以银行要熟悉客户的反担保措施以及客户经营中的风险。

📋 处理措施和规范建议

1. 对担保公司的客户逐一分析，对于还款能力很弱的客户，要求借款人增加担保措施。对于将贷款资金转借到担保公司使用的，将这些客户涉及的借款先扣划保证金。

2. 对于担保公司担保客户反担保的措施比较充足且属于自己用款的，则可以协调担保公司进行债权和反担保权一并转让，以转让的形式由借款人直接处分反担保措施。转让的价格可以先不支付，以后续收回的债权数额为准。在转让协议中约定对剩余债务承担担保责任。

🔍 参考法规

《融资性担保公司管理暂行办法》第二条　本办法所称融资性担保是指担保人与银行业金融机构等债权人约定，当被担保人不履行对债权人负有的融资性债务时，由担保人依法承担合同约定的担保责任的行为。

本办法所称融资性担保公司是指依法设立，经营融资性担保业务的有限责任公司和股份有限公司。

连带担保人提供借款人财产消息

✍ 案例

客户某某木材制品有限公司贷款 200 万元，由蒋某某和孙某某提供担保。到期之前，孙某某到银行报告该公司转移资产，有偷逃债务的嫌疑，合同上也约定要求担保人及时汇报借款人情况，现在要求银行立即采取措施，如果银行不积极采取相应措施，他们就不再承担担保责任。

📖 处理误区

银行应当积极采取措施阻止借款人转移资产，否则是没有履行自己的义务，担保人可以免责。

♻ 分析

1. 担保分为一般担保和连带责任担保，一般担保是指担保人在债权人对债务人采取诉讼措施并执行其一切财产后仍有不足部分才承担责任；在一般担保中，担保人提供了债务人的财产线索，如果债权人不积极采取措施，担保人可以在提供的财产线索范围内免责。不少基层客户经理会混淆一般担保和连带担保，将一般担保的要求混入连带担保中。

2. 对借款人是否采取措施以及采取什么措施，这是债权人的权利而不是义务，除非合同约定债权人的行为和担保人的责任构成因果联系，如果债权人不采取该行为将直接导致担保人拒绝承担责任，这就会成为债权人的义务。

📱 处理措施和规范建议

1. 接到担保人的报告后及时调查借款人情况，必要时尽快采取措施，减轻担保人的责任，如申请诉前保全等。

2. 同时告知担保人也应当采取积极的措施阻止借款人的行为，因为银行作为单位，其行为的合法性要求更高，而担保人则可以采取合理合法的措施阻止借款人的行为。

3. 担保人后期的担保代偿责任尽管不受借款人现在行为的影响，但是担保人的行为还是应当表扬，特别要对担保人解释清楚他还继续要承担担保人责任的原因和依据。

参考法规

1. 《中华人民共和国担保法》第十六条 保证的方式有:

（一）一般保证;

（二）连带责任保证。

第十七条 当事人在保证合同中约定,债务人不能履行债务时,由保证人承担保证责任的,为一般保证。

一般保证的保证人在主合同纠纷未经审判或者仲裁,并就债务人财产依法强制执行仍不能履行债务前,对债权人可以拒绝承担保证责任。

2. 《最高人民法院关于适用〈中华人民共和国担保法〉若干问题的解释》第二十四条 一般保证的保证人在主债权履行期间届满后,向债权人提供了债务人可供执行财产的真实情况的,债权人放弃或者怠于行使权利致使该财产不能被执行,保证人可以请求人民法院在其提供可供执行财产的实际价值范围内免除保证责任。

对担保人的催收

案例

客户赵某某在银行贷款 20 万元,由刘某某、仲某某、史某某提供担保,到期之后赵某某无法归还借款,且下落不明。现在担保人中有两人为了躲避代偿,目前也是下落不明,无法联系。于是银行只能催收刘某某一个人。几年之后,借款人和担保人都已经回到家里,银行决定对所有人起诉,但是他们提出来已经超过了诉讼时效。

处理误区

银行仅对一个担保人进行催收,其他担保人的担保时效已过,不承担担保责任,而且针对借款人的诉讼时效也过了。

分析

1. 担保人的担保时效为不变期间,如果在此期间没有要求担保人承担担保责任,则担保时效已过后,担保人免除担保责任。所以在担保时效内对担保人的催要至关重要。

2. 按照诉讼时效的司法解释,对于连带债务,向其中一个债务人主张视为对所有人的主张。所以对于其中一个担保人的催收可以在所有担保人和借

163

款人中产生时效中断的效果。

处理措施和规范建议

尽可能向借款人和所有担保人催收，如果催收通知无法送达所有担保人，则对可以通知到的担保人或者借款人进行催收，以保持诉讼时效。

参考法规

1.《最高人民法院关于适用〈中华人民共和国担保法〉若干问题的解释》第三十四条 一般保证的债权人在保证期间届满前对债务人提起诉讼或者申请仲裁的，从判决或者仲裁裁决生效之日起，开始计算保证合同的诉讼时效。

连带责任保证的债权人在保证期间届满前要求保证人承担保证责任的，从债权人要求保证人承担保证责任之日起，开始计算保证合同的诉讼时效。

第三十六条 一般保证中，主债务诉讼时效中断，保证债务诉讼时效中断；连带责任保证中，主债务诉讼时效中断，保证债务诉讼时效不中断。

一般保证和连带责任保证中，主债务诉讼时效中止的，保证债务的诉讼时效同时中止。

2.《最高人民法院关于审理民事案件适用诉讼时效制度若干问题的规定》第十七条 对于连带债权人中的一人发生诉讼时效中断效力的事由，应当认定对其他连带债权人也发生诉讼时效中断的效力。

对于连带债务人中的一人发生诉讼时效中断效力的事由，应当认定对其他连带债务人也发生诉讼时效中断的效力。

通过第三人保持催收诉讼时效

案例

客户王某某在银行贷款 10 万元，由张某某、林某某、贾某某三个人担保，到期后王某某贷款逾期后下落不明，而三个担保人都在外地打工，常年不回家。银行催收人员只好每年让村里的会计签名以证明催收。在一年春节期间，林某某回家过春节，银行立即上门催收，可是林某某拒绝签字，银行催收人员只好在催收通知书上注明并让村委会会计签名证明。

处理误区

让村委会的会计签名以证明催收，诉讼时效中断。

♻ **分析**

1. 在农村里找不到人是正常状况，所以银行需要创新催收方式。同时，现在人的法律意识逐步增强，拒绝签字的借款人和担保人越来越多。

2. 对多个担保人中一个人的催收视为对整体的债务催收，整个债务的诉讼时效中断。针对借款人和担保人拒绝签字，或者都不在家的情况，要寻找新的催收方法。

📟 **处理措施和规范建议**

1. 对于难以找到借款人和担保人的催收，按照每年统计的人数统一在当地省级报纸上进行公告催收。

2. 如果当事人在场拒绝签收，则催收人员可以用录音录像，以及在催收回执上标注当时情况并让第三人签字的方式来证明。

3. 如果当事人不在家，仅仅向第三人进行催收，或者仅仅寄送催收通知书，则难以证明催收到位。

🔍 **参考法规**

《最高人民法院关于审理民事案件适用诉讼时效制度若干问题的规定》第十条　具有下列情形之一的，应当认定为民法通则第一百四十条规定的"当事人一方提出要求"，产生诉讼时效中断的效力：

（一）当事人一方直接向对方当事人送交主张权利文书，对方当事人在文书上签字、盖章或者虽未签字、盖章但能够以其他方式证明该文书到达对方当事人的；

（二）当事人一方以发送信件或者数据电文方式主张权利，信件或者数据电文到达或者应当到达对方当事人的；

（三）当事人一方为金融机构，依照法律规定或者当事人约定从对方当事人账户中扣收欠款本息的；

（四）当事人一方下落不明，对方当事人在国家级或者下落不明的当事人一方住所地的省级有影响的媒体上刊登具有主张权利内容的公告的，但法律和司法解释另有特别规定的，适用其规定。

前款第（一）项情形中，对方当事人为法人或者其他组织的，签收人可以是其法定代表人、主要负责人、负责收发信件的部门或者被授权主体；对方当事人为自然人的，签收人可以是自然人本人、同住的具有完全行为能力的亲属或者被授权主体。

第十七条　对于连带债权人中的一人发生诉讼时效中断效力的事由，应当认定对其他连带债权人也发生诉讼时效中断的效力。

对于连带债务人中的一人发生诉讼时效中断效力的事由，应当认定对其他连带债务人也发生诉讼时效中断的效力。

第三节　不良资产的诉讼和执行

债务人在看守所和牢房等被监禁状态的诉讼案件

✍ 案例

客户刘某某贷款 20 万元，其经营教学用品，主要就是向各地的学校供应教学设备、图书等。在本省某市的教育系统推销时，因为贿赂教育局的局长被抓，暂时被看押在看守所中，现在他的贷款到期，家人不愿偿还，银行准备起诉。

📖 处理误区

因为债务人处于被关押状态且在外地，无法进行审批，所以无法诉讼。

♻ 分析

按照《民事诉讼法》的司法解释，如果被告被监禁或者被采取强制性教育措施一年以上的，由被告被监禁地或者被采取强制性教育措施地人民法院管辖。所以监禁状态不会阻碍诉讼的进行。但是时间上必须在一年内进行诉讼，越早越好，这样可以在贷款人的本地进行诉讼，否则要到被监禁所在地进行诉讼。至于债务人涉及的案件本身，只要和贷款本身不是同一个法律关系，一般不受影响。

🗒 处理措施和规范建议

如果债务人被外地司法机关羁押，则尽快进行诉讼，让本地的法院进行受理。

参考法规

1.《中华人民共和国民事诉讼法》第二十二条 下列民事诉讼，由原告住所地人民法院管辖；原告住所地与经常居住地不一致的，由原告经常居住地人民法院管辖：

（一）对不在中华人民共和国领域内居住的人提起的有关身份关系的诉讼；

（二）对下落不明或者宣告失踪的人提起的有关身份关系的诉讼；

（三）对被劳动教养的人提起的诉讼；

（四）对被监禁的人提起的诉讼。

2.《最高人民法院关于适用〈中华人民共和国民事诉讼法〉的解释》第八条 双方当事人都被监禁或者被采取强制性教育措施的，由被告原住所地人民法院管辖。被告被监禁或者被采取强制性教育措施一年以上的，由被告被监禁地或者被采取强制性教育措施地人民法院管辖。

代为诉讼和代为执行第三人债权

案例

客户胡某某贷款 30 万元，到期无能力偿还，现有的资产中主要是应收账款，其生意也是被外部的欠账拖垮。现在银行向其催收，银行人员对其账款进行分析，发现最近两年内的账款占据 85%，现在胡某某已经无力收款，诉讼还要缴纳诉讼费用，目前他个人的主要工作就是去催讨债务。

处理误区

催款是借款人自己的事情，银行不便介入。

分析

1. 在执行程序中申请执行第三人的债权时，如果第三人债权涉及的内容复杂，或者第三人不配合，提出抗辩事由，则难以执行。

2. 进行第三人债权的代位诉讼，在诉讼程序中调查第三人债权的相关情况，这样对第三人造成的压力会更大，有利于督促第三人还款。

3. 可以督促借款人进行诉讼，包括但不限于调查借款人的债务人的资产和经营情况，协助寻找律师等。

处理措施和规范建议

1. 协助借款人分析外部账款，明确哪些账款能够归还。

2. 对于偿还可能性很大的账款，要求借款人积极催收，协调律师减少律师费，或者建议客户采取风险代理的形式委托律师收取账款。

参考法规

1. 《中华人民共和国合同法》第七十三条　因债务人怠于行使其到期债权，对债权人造成损害的，债权人可以向人民法院请求以自己的名义代位行使债务人的债权，但该债权专属于债务人自身的除外。

代位权的行使范围以债权人的债权为限。债权人行使代位权的必要费用，由债务人负担。

2. 《最高人民法院关于人民法院执行工作若干问题的规定（试行)》七、被执行人到期债权的执行

61. 被执行人不能清偿债务，但对本案以外的第三人享有到期债权的，人民法院可以依申请执行人或被执行人的申请，向第三人发出履行到期债务的通知（以下简称履行通知）。履行通知必须直接送达第三人。履行通知应当包含下列内容：

（1）第三人直接向申请执行人履行其对被执行人所负的债务，不得向被执行人清偿；

（2）第三人应当在收到履行通知后的十五日内向申请执行人履行债务；

（3）第三人对履行到期债权有异议的，应当在收到履行通知后的十五日内向执行法院提出；

（4）第三人违背上述义务的法律后果。

62. 第三人对履行通知的异议一般应当以书面形式提出，口头提出的，执行人员应记入笔录，并由第三人签字或盖章。

63. 第三人在履行通知指定的期间内提出异议的，人民法院不得对第三人强制执行，对提出的异议不进行审查。

64. 第三人提出自己无履行能力或其与申请执行人无直接法律关系，不属于本规定所指的异议。

第三人对债务部分承认、部分有异议的，可以对其承认的部分强制执行。

65. 第三人在履行通知指定的期限内没有提出异议，而又不履行的，执

行法院有权裁定对其强制执行。此裁定同时送达第三人和被执行人。

66. 被执行人收到人民法院履行通知后，放弃其对第三人的债权或延缓第三人履行期限的行为无效，人民法院仍可在第三人无异议又不履行的情况下予以强制执行。

67. 第三人收到人民法院要求其履行到期债务的通知后，擅自向被执行人履行，造成已向被执行人履行的财产不能追回的，除在已履行的财产范围内与被执行人承担连带清偿责任外，可以追究其妨害执行的责任。

68. 在对第三人作出强制执行裁定后，第三人确无财产可供执行的，不得就第三人对他人享有的到期债权强制执行。

69. 第三人按照人民法院履行通知向申请执行人履行了债务或已被强制执行后，人民法院应当出具有关证明。

3.《最高人民法院关于适用〈中华人民共和国合同法〉若干问题的解释（一）》第十一条　债权人依照合同法第七十三条的规定提起代位权诉讼，应当符合下列条件：

（一）债权人对债务人的债权合法；

（二）债务人怠于行使其到期债权，对债权人造成损害；

（三）债务人的债权已到期；

（四）债务人的债权不是专属于债务人自身的债权。

第十二条　合同法第七十三条第一款规定的专属于债务人自身的债权，是指基于扶养关系、抚养关系、赡养关系、继承关系产生的给付请求权和劳动报酬、退休金、养老金、抚恤金、安置费、人寿保险、人身伤害赔偿请求权等权利。

第十三条　合同法第七十三条规定的"债务人怠于行使其到期债权，对债权人造成损害的"，是指债务人不履行其对债权人的到期债务，又不以诉讼方式或者仲裁方式向其债务人主张其享有的具有金钱给付内容的到期债权，致使债权人的到期债权未能实现。

次债务人（即债务人的债务人）不认为债务人有怠于行使其到期债权情况的，应当承担举证责任。

第十四条　债权人依照合同法第七十三条的规定提起代位权诉讼的，由被告住所地人民法院管辖。

第十五条　债权人向人民法院起诉债务人以后，又向同一人民法院对次债务人提起代位权诉讼，符合本解释第十三条的规定和《中华人民共和国民事诉讼法》第一百零八条规定的起诉条件的，应当立案受理；不符合本解释第十三条规定的，告知债权人向次债务人住所地人民法院另行起诉。

受理代位权诉讼的人民法院在债权人起诉债务人的诉讼裁决发生法律效力以前，应当依照《中华人民共和国民事诉讼法》第一百三十六条第（五）项的规定中止代位权诉讼。

第十六条　债权人以次债务人为被告向人民法院提起代位权诉讼，未将债务人列为第三人的，人民法院可以追加债务人为第三人。

两个或者两个以上债权人以同一次债务人为被告提起代位权诉讼的，人民法院可以合并审理。

第十七条　在代位权诉讼中，债权人请求人民法院对次债务人的财产采取保全措施的，应当提供相应的财产担保。

第十八条　在代位权诉讼中，次债务人对债务人的抗辩，可以向债权人主张。

债务人在代位权诉讼中对债权人的债权提出异议，经审查异议成立的，人民法院应当裁定驳回债权人的起诉。

第十九条　在代位权诉讼中，债权人胜诉的，诉讼费由次债务人负担，从实现的债权中优先支付。

第二十条　债权人向次债务人提起的代位权诉讼经人民法院审理后认定代位权成立的，由次债务人向债权人履行清偿义务，债权人与债务人、债务人与次债务人之间相应的债权债务关系即予消灭。

第二十一条　在代位权诉讼中，债权人行使代位权的请求数额超过债务人所负债额或者超过次债务人对债务人所负债务额的，对超出部分人民法院不予支持。

第二十二条　债务人在代位权诉讼中，对超过债权人代位请求数额的债权部分起诉次债务人的，人民法院应当告知其向有管辖权的人民法院另行起诉。

债务人的起诉符合法定条件的，人民法院应当受理；受理债务人起诉的人民法院在代位权诉讼裁决发生法律效力以前，应当依法中止。

客户贷款资金到账即被冻结

✍ 案例

客户金某在银行贷款 10 万元，可是贷款转到其银行卡上就被外地法院冻结。原来金某在外地为别人担保民间借款引起诉讼。出现这样的情况，银行应该怎么办？

📖 处理误区

银行直接起诉金某。

♻ 分析

1. 借款人涉及诉讼，有逾期的可能，属于预期违约的范畴，银行可以要求借款人提供担保。

2. 银行作为借款人参与分配该借款可以在一定程度上减少损失。

📇 处理措施和规范建议

1. 首先对借款人的情况做一个判断，如果借款人经济实力较强，收入来源持续稳定，其有能力解决该担保诉讼以及后续的还款问题，则可以督促并监控借款人尽早解决问题。

2. 如果借款人的经济实力一般，无力采取有效措施解决冻结事项，则可以要求借款人提供有效的担保方式，否则银行应当立即启动诉讼程序，并保全该账户中的资金，以便后期参与分配。

🔍 参考法规

1.《中华人民共和国合同法》第九十四条　有下列情形之一的，当事人可以解除合同：

（一）因不可抗力致使不能实现合同目的；

（二）在履行期限届满之前，当事人一方明确表示或者以自己的行为表明不履行主要债务；

（三）当事人一方迟延履行主要债务，经催告后在合理期限内仍未履行；

（四）当事人一方迟延履行债务或者有其他违约行为致使不能实现合同目的；

（五）法律规定的其他情形。

2.《最高人民法院关于适用〈中华人民共和国民事诉讼法〉的解释》第五百零八条　被执行人为公民或者其他组织，在执行程序开始后，被执行人的其他已经取得执行依据的债权人发现被执行人的财产不能清偿所有债权的，可以向人民法院申请参与分配。

对人民法院查封、扣押、冻结的财产有优先权、担保物权的债权人，可以直接申请参与分配，主张优先受偿权。

第五百零九条　申请参与分配，申请人应当提交申请书。申请书应当写明参与分配和被执行人不能清偿所有债权的事实、理由，并附有执行依据。

参与分配申请应当在执行程序开始后，被执行人的财产执行终结前提出。

第五百一十条　参与分配执行中，执行所得价款扣除执行费用，并清偿应当优先受偿的债权后，对于普通债权，原则上按照其占全部申请参与分配债权数额的比例受偿。清偿后的剩余债务，被执行人应当继续清偿。债权人发现被执行人有其他财产的，可以随时请求人民法院执行。

第五百一十一条　多个债权人对执行财产申请参与分配的，执行法院应当制作财产分配方案，并送达各债权人和被执行人。债权人或者被执行人对分配方案有异议的，应当自收到分配方案之日起十五日内向执行法院提出书面异议。

第五百一十二条　债权人或者被执行人对分配方案提出书面异议的，执行法院应当通知未提出异议的债权人、被执行人。

未提出异议的债权人、被执行人自收到通知之日起十五日内未提出反对意见的，执行法院依异议人的意见对分配方案审查修正后进行分配；提出反对意见的，应当通知异议人。异议人可以自收到通知之日起十五日内，以提出反对意见的债权人、被执行人为被告，向执行法院提起诉讼；异议人逾期未提起诉讼的，执行法院按照原分配方案进行分配。

诉讼期间进行分配的，执行法院应当提存与争议债权数额相应的款项。

诉讼中特别授权清收人的风险

✍ 案例

银行的专职催收人员贾某某在催收不良贷款过程中经常遇到客户各种各样的协商请求，如分期还款、减免利息、变更担保类型等。大多数情况下贾某某都是在分期还款上自己做主。有一次贾某某同意了其中一个担保人承担部分责任，而其他担保人承担剩余的责任，将连带责任转化成按份责任。

📖 处理误区

银行对催收人进行一般授权，遇到调解、放弃权益等则进行专门的授权。

♻ 分析

1. 银行在催收过程中需要针对不同的客户确定不同的授权方式，这是很个性化的，很难预先确定；委托外部律师也面临这样的问题。

2. 对所有的贷款催收，特别是在诉讼阶段不得进行以减少债权为目的的和解，如果需要，则可以放在执行阶段，针对客户的态度和偿还能力作出一定程度的妥协。

📱 处理措施和规范建议

对授权体系进行规范，明确一般授权和特别授权的程序，在诉讼阶段出具一般授权书，如果需要协商退让，则放在执行阶段并签署和解协议。对于不能执行到位的，可以恢复执行原判决书内容。

🔍 参考法规

1.《中华人民共和国民事诉讼法》第五十九条　委托他人代为诉讼，必须向人民法院提交由委托人签名或者盖章的授权委托书。

授权委托书必须记明委托事项和权限。诉讼代理人代为承认、放弃、变更诉讼请求，进行和解，提起反诉或者上诉，必须有委托人的特别授权。

2.《最高人民法院关于适用〈中华人民共和国民事诉讼法〉的解释》第四百六十六条　申请执行人与被执行人达成和解协议后请求中止执行或者撤回执行申请的，人民法院可以裁定中止执行或者终结执行。

第四百六十七条　一方当事人不履行或者不完全履行在执行中双方自愿达成的和解协议，对方当事人申请执行原生效法律文书的，人民法院应当恢复执行，但和解协议已履行的部分应当扣除。和解协议已经履行完毕的，人民法院不予恢复执行。

第四百六十八条　申请恢复执行原生效法律文书，适用民事诉讼法第二百三十九条申请执行期间的规定。申请执行期间因达成执行中的和解协议而中断，其期间自和解协议约定履行期限的最后一日起重新计算。

客户有两笔贷款逾期能否合并起诉

✍ 案例

郭某某在银行有两笔贷款，一笔10万元于2016年10月到期，另一笔8

万元于 2016 年 12 月到期。到 12 月，郭某某两笔贷款都没有归还，银行准备起诉，两笔贷款是否需要分开诉讼？

处理误区

分开诉讼，因为两笔贷款的到期日不同。

分析

被告为同一个人，两笔贷款都符合起诉条件，且诉讼请求的性质相同，尽管到期时间不同，但是都到期，那么仅仅是计算利息的数额不同，所以可以合并起诉。

处理措施和规范建议

可以等待都符合起诉条件后一并进行起诉。

参考法规

1. 《最高人民法院关于适用〈中华人民共和国民事诉讼法〉的解释》第五十二条　当事人一方或者双方为二人以上，其诉讼标的是共同的，或者诉讼标的是同一种类、人民法院认为可以合并审理并经当事人同意的，为共同诉讼。

第一百三十二条　必须共同进行诉讼的当事人没有参加诉讼的，人民法院应当通知其参加诉讼。

共同诉讼的一方当事人对诉讼标的有共同权利义务的，其中一人的诉讼行为经其他共同诉讼人承认，对其他共同诉讼人发生效力；对诉讼标的没有共同权利义务的，其中一人的诉讼行为对其他共同诉讼人不发生效力。

2. 《最高人民法院关于适用〈中华人民共和国民事诉讼法〉的解释》

第七十三条　必须共同进行诉讼的当事人没有参加诉讼的，人民法院应当依照民事诉讼法第一百三十二条的规定，通知其参加；当事人也可以向人民法院申请追加。人民法院对当事人提出的申请，应当进行审查，申请理由不成立的，裁定驳回；申请理由成立的，书面通知被追加的当事人参加诉讼。

借款人和担保人的送达

案例

客户金某某贷款 10 万元，由孙某某、鲍某某提供担保，到期后贷款逾期形成不良，银行进行催收，借款人和担保人都拒绝签收，过了一段时间，各方都音信全无。银行直接向法院起诉，但是因为下落不明无法送达法律文书，需要至少 3 个月公告。

处理误区

直接进行公告送达。

分析

1. 送达关系到相关的文书是否能够被有效接收，除了本人之外，也可以由同住的成年直系亲属签收，如果他的同住成年家属拒绝接收，送达人应当邀请有关基层组织或者所在单位的代表到场，说明情况，在送达回证上记明拒收事由和日期，由送达人、见证人签名或者盖章，把诉讼文书留在受送达人的住所，即视为送达，这是留置送达。现在法院很少采取这种送达方式，如果无法联系，一般采取公告送达，这样导致时间较长。

2.《中华人民共和国民事诉讼法》规定，对法律文书的送达方式、地址等可以由双方约定，可以以现代化的方式送达，如电子邮件、短信等，对送达的地方也可以约定。这样方便诉讼文书的送达，有利于减少诉讼的时间。

如果当事人能在合同订立阶段就约定诉讼文书的送达地址，法院认可向该地址邮寄送达的法律效力，将从根本上解决无法送达的难题，也有助于引导和约束企业诚信交易。

当事人在纠纷发生之前约定送达地址的，人民法院可以将该地址作为送达诉讼文书的确认地址。当事人起诉或者答辩时应当依照规定填写送达地址确认书。积极运用电子方式送达，当事人同意电子送达的，应当提供并确认传真号、电子信箱、微信号等电子送达地址。

处理措施和规范建议

1. 协调法院采取留置送达。

2. 修改借款合同、担保合同文本，将法律文书的送达地址和送达方式条款写入，明确约定可以以电子邮件、短信和电话等方式送达，并填写各类送达方式的地址，从而为以后可能发生的诉讼减少送达时间，避免公告送达。

参考法规

1.《中华人民共和国民事诉讼法》第八十五条　送达诉讼文书，应当直接送交受送达人。受送达人是公民的，本人不在交他的同住成年家属签收；

受送达人是法人或者其他组织的，应当由法人的法定代表人、其他组织的主要负责人或者该法人、组织负责收件的人签收；受送达人有诉讼代理人的，可以送交其代理人签收；受送达人已向人民法院指定代收人的，送交代收人签收。

受送达人的同住成年家属，法人或者其他组织的负责收件的人，诉讼代理人或者代收人在送达回证上签收的日期为送达日期。

第八十六条　受送达人或者他的同住成年家属拒绝接收诉讼文书的，送达人可以邀请有关基层组织或者所在单位的代表到场，说明情况，在送达回证上记明拒收事由和日期，由送达人、见证人签名或者盖章，把诉讼文书留在受送达人的住所；也可以把诉讼文书留在受送达人的住所，并采用拍照、录像等方式记录送达过程，即视为送达。

第八十七条　经受送达人同意，人民法院可以采用传真、电子邮件等能够确认其收悉的方式送达诉讼文书，但判决书、裁定书、调解书除外。

采用前款方式送达的，以传真、电子邮件等到达受送达人特定系统的日期为送达日期。

2.《最高人民法院关于进一步推进案件繁简分流优化司法资源配置的若干意见》

完善送达程序与送达方式。当事人在纠纷发生之前约定送达地址的，人民法院可以将该地址作为送达诉讼文书的确认地址。当事人起诉或者答辩时应当依照规定填写送达地址确认书。积极运用电子方式送达；当事人同意电子送达的，应当提供并确认传真号、电子信箱、微信号等电子送达地址。充分利用中国审判流程信息公开网，建立全国法院统一的电子送达平台。完善国家邮政机构以法院专递方式进行送达。

银行内部人员赔偿责任贷款后能否起诉

✍ 案例

客户李某某的贷款逾期形成不良，相关客户经理和信贷审批人员在审查上有未尽责之处，按照银行的尽责免责办法，相关人员要对该笔贷款损失进行赔偿。相关人员赔偿后可以进行催收，催收归还的部分退还相关人员。但是银行的损失已经弥补，银行追讨的主动性和积极性大为减弱，一切都是未尽责人员自己的事情，那么他们自己能否进行起诉呢？贷款的担保人是否需要继续承担担保责任？

处理误区

不能以自己的名义起诉，必须以银行的名义进行。

分析

1. 银行对于员工的处罚，无论金额大小在性质上是处罚，是对员工违反规章制度的处罚，是对内的效力，金额可能比造成的损失大，也可能小，主要依据该行为的性质对单位本身造成的影响，判断的依据不是以损失金额的大小为标准。所以该笔贷款的债权债务关系没有消失，银行作为债权人可以起诉。但实际状况是银行挽回损失后积极性减弱。

2. 对银行债务进行等价转让，因为没有降低金额转让，所以手续较为简单，不需要进行招标。以银行未尽责员工自己的名义进行诉讼具有更大的灵活性。

3. 内部员工的处罚不是民事法律行为，没有代债务人归还借款的意思表示。

处理措施和规范建议

1. 银行出台办法，针对这类不良贷款，继续与其他类型的不良贷款同样起诉催收。

2. 债权等价转让给未尽责员工，收回的贷款资金抵充自身被处罚的金额。

参考法规

1.《中华人民共和国民法通则》第五十五条　民事法律行为应当具备下列条件：

（一）行为人具有相应的民事行为能力；

（二）意思表示真实；

（三）不违反法律或者社会公共利益。

2.《中华人民共和国合同法》第一百零七条　当事人一方不履行合同义务或者履行合同义务不符合约定的，应当承担继续履行、采取补救措施或者赔偿损失等违约责任。

第二百零五条　借款人应当按照约定的期限支付利息。对支付利息的期限没有约定或者约定不明确，依照本法第六十一条的规定仍不能确定，借款期间不满一年的，应当在返还借款时一并支付；借款期间一年以上的，应当在每届满一年时支付，剩余期间不满一年的，应当在返还借款时一并支付。

第二百零六条 借款人应当按照约定的期限返还借款。对借款期限没有约定或者约定不明确，依照本法第六十一条的规定仍不能确定的，借款人可以随时返还；贷款人可以催告借款人在合理期限内返还。

第二百零七条 借款人未按照约定的期限返还借款的，应当按照约定或者国家有关规定支付逾期利息。

贷款未到期但是客户已经跑路如何起诉

✍ 案例

客户林某某贷款 28 万元，每年 8 月到期然后续贷，2015 年 5 月担保人向银行反映林某某全家下落不明，无法联系，现在能否起诉，还是要等到期再起诉？

📖 处理误区

借款合同上找不到相关的条款约定在到期之前进行诉讼，因为还没有形成逾期贷款，所以难以起诉，需要等到期后形成无法归还的状况再进行诉讼。

♻ 分析

1. 在贷款实践中常常出现借款人下落不明、转移资产、停止经营、死亡、无法联系等状况，这些状况出现后即表明借款人无法按期履行合同，可以要求解除合同并承担违约责任。

2. 商业银行的普遍做法是先发出书面通知，宣布贷款提前到期，然后启动诉讼程序。其实《中华人民共和国合同法》有明确的规定，可以不必经过书面通知贷款提前到期的程序。这个阶段，银行无法获得个人借款人书面通知的签收，而且耗时耗力。大型企业的贷款较为复杂，需要公司的股东和管理层进行判断并和金融机构协商；而个人贷款数额小而分散，也比较容易判断是否具有归还贷款的能力，所以直接诉讼比较快捷。

📒 处理措施和规范建议

1. 在借款和担保合同中约定出现如上情形，可以采取解除合同、要求归还借款、履行担保责任、诉讼等各类措施。

2. 林某某全家无法联系，可以进一步了解无法联系的原因，如果确实是生产停止，外出躲债，甚至已经转移资产，那么立即向法院起诉，查封资产。

🔍 参考法规

《中华人民共和国合同法》第四十五条　当事人对合同的效力可以约定附条件。附生效条件的合同，自条件成就时生效。附解除条件的合同，自条件成就时失效。

当事人为自己的利益不正当地阻止条件成就的，视为条件已成就；不正当地促成条件成就的，视为条件不成就。

判决书确定后双方确定还款计划

✍ 案例

客户孙某某向银行借款，但是到期后无法偿还，经过法院的判决后主动到银行要求签订还款计划，在三年内还清，银行考虑到他的还款能力，同意三年还清，暂时不申请执行。可是两年后，孙某某无法偿还剩余贷款，这时银行怎么办？是申请恢复执行还是按照新的协议进行起诉？

📖 处理误区

签署三年的分期还款协议。

♻ 分析

1. 法律有二年内要申请执行的执行时效规定，所以诉讼后的执行阶段签署分期还款协议，以二年期限为履行期，二年内不履行该协议，可以申请强制执行。过了二年执行时效，如果不申请法院执行，就不能获得法院执行的协助。

2. 执行阶段的和解可以是法院执行和解，这需要法院参与其中，如果不执行该协议，可以申请恢复执行原判决；如果没有法院的参与，可以视为新的协议，如果对方不履行，可以向法院起诉，以新的法律关系为基础进行诉讼。

✉ 处理措施和规范建议

1. 银行可以和孙某某签订分期还款协议，尽可能控制在执行时效的范围内，如果孙某某不执行，则可以申请强制执行，不需要继续进行诉讼。

2. 如果其需要在三年内还款，则可以签署三年期的还款协议，但是一定要监督其严格执行协议内容，有一到二期不执行协议内容即申请恢复执行。

3. 先申请执行，在法院的执行阶段形成执行和解协议，如果中间或者到期后其不履行，则可以进一步申请法院执行。

参考法规

《中华人民共和国民事诉讼法》第二百三十九条　申请执行的期间为二年。申请执行时效的中止、中断，适用法律有关诉讼时效中止、中断的规定。

前款规定的期间，从法律文书规定履行期间的最后一日起计算；法律文书规定分期履行的，从规定的每次履行期间的最后一日起计算；法律文书未规定履行期间的，从法律文书生效之日起计算。

拍摄执行不良贷款的视频能否对外播放

案例

客户金某某的不良贷款已经起诉并经法院判决，在申请执行之前不断催收，但是效果较差，现准备申请法院强制执行。法院执行人员将其拘留，农村商业银行随行执行人员同时拍摄了相关的视频，为了震慑其他不良贷款的借款人和担保人，敦促他们及时履行还款协议或者法院的判决，农村商业银行准备将该视频对外播放，进一步扩大影响。

处理误区

在全县的媒体上播放。

分析

新闻传播需要专门许可审批才能进行，否则属于违法行为。

处理措施和规范建议

1. 在银行内部的电视中可以播放，可以在办理信贷业务较多的地方安装电视进行播放，这属于内部宣传，不属于对外宣传。

2. 可以协调在县、市等电视台作为法律相关栏目的新闻来报道，以扩大影响面。

参考法规

《广播电视管理条例》第二条 本条例适用于在中华人民共和国境内设立广播电台、电视台和采编、制作、播放、传输广播电视节目等活动。

第十条 广播电台、电视台由县、不设区的市以上人民政府广播电视行政部门设立，其中教育电视台可以由设区的市、自治州以上人民政府教育行政部门设立。其他任何单位和个人不得设立广播电台、电视台。国家禁止设立外资经营、中外合资经营和中外合作经营的广播电台、电视台。

第十一条 中央的广播电台、电视台由国务院广播电视行政部门设立。地方设立广播电台、电视台的，由县、不设区的市以上地方人民政府广播电视行政部门提出申请，本级人民政府审查同意后，逐级上报，经国务院广播电视行政部门审查批准后，方可筹建。

中央的教育电视台由国务院教育行政部门设立，报国务院广播电视行政部门审查批准。地方设立教育电视台的，由设区的市、自治州以上地方人民政府教育行政部门提出申请，征得同级广播电视行政部门同意并经本级人民政府审查同意后，逐级上级，经国务院教育行政部门审核，由国务院广播电视行政部门审查批准后，方可筹建。

第三十一条 广播电视节目由广播电台、电视台和省级以上人民政府广播电视行政部门批准设立的广播电视节目制作经营单位制作。广播电台、电视台不得播放未取得广播电视节目制作经营许可的单位制作的广播电视节目。

能否四处张贴失信人名单

案例

客户林某某、邱某某、曾某某等多人贷款逾期，现在被农村商业银行起诉到法院，由于没有及时履行判决被当地法院确定为失信人，并在当地的媒体等公众场合公布。现在农村商业银行想进一步扩大影响，让更多的人知晓失信是不良行为，应当及时履行判决。现在银行能否将这些失信人的名单扩大范围张贴？

处理误区

这样的行为侵犯了失信人的权益，属于侵权行为。

♻ 分析

法院确定的失信人，在特定的网站上都可以查询到，且电视上也在播放这些信息，属于在公开的范围内可以获得的信息，不属于隐秘信息，所以适当公布这些来自于法院的公开信息，不属于侵犯隐私权。

✍ 处理措施和规范建议

1. 在农村商业银行的厅堂和相关的村公告栏中张贴，让更多的客户知晓应当积极履行还款义务，不还款会被列入失信名单，在注重脸面的乡村社会中，这是一项重要措施。

2. 对于家庭确实遇到大的事故导致生意停止等的，尽可能不张贴，在农村金融的经营中，人情关怀具有重要的作用。张贴主要针对那些故意躲避、隐藏资产、下落不明的人员。

🔍 参考法规

《最高人民法院关于公布失信被执行人名单信息的若干规定》第一条　被执行人具有履行能力而不履行生效法律文书确定的义务，并具有下列情形之一的，人民法院应当将其纳入失信被执行人名单，依法对其进行信用惩戒：

（一）以伪造证据、暴力、威胁等方法妨碍、抗拒执行的；

（二）以虚假诉讼、虚假仲裁或者以隐匿、转移财产等方法规避执行的；

（三）违反财产报告制度的；

（四）违反限制高消费令的；

（五）被执行人无正当理由拒不履行执行和解协议的；

（六）其他有履行能力而拒不履行生效法律文书确定义务的。

第四条　记载和公布的失信被执行人名单信息应当包括：

（一）作为被执行人的法人或者其他组织的名称、组织机构代码、法定代表人或者负责人姓名；

（二）作为被执行人的自然人的姓名、性别、年龄、身份证号码；

（三）生效法律文书确定的义务和被执行人的履行情况；

（四）被执行人失信行为的具体情形；

（五）执行依据的制作单位和文号、执行案号、立案时间、执行法院；

（六）人民法院认为应当记载和公布的不涉及国家秘密、商业秘密、个人隐私的其他事项。

第五条　各级人民法院应当将失信被执行人名单信息录入最高人民法院

失信被执行人名单库，并通过该名单库统一向社会公布。

各级人民法院可以根据各地实际情况，将失信被执行人名单通过报纸、广播、电视、网络、法院公告栏等其他方式予以公布，并可以采取新闻发布会或者其他方式对本院及辖区法院实施失信被执行人名单制度的情况定期向社会公布。

对于个人独资企业的起诉

✍ 案例

客户靳某某成立了个人独资企业，以企业名义贷款 100 万元，到期后无法偿还，银行发现他把资产都转移到妻子的名下了。银行准备起诉，以谁为被告？

📖 处理误区

以其夫妻作为共同被告，因为他们承担无限责任。

♻ 分析

个人独资企业无注册资本，股东承担的是无限责任，但是独资企业毕竟属于一个法律上的主体，有自己的字号，所以在诉讼中需要列入独资企业的字号，并先以独资企业的资产承担责任，不够部分才由投资者承担。

✎ 处理措施和规范建议

将独资企业列为被告，并注明不够部分由靳某某夫妻二人承担。

🔍 参考法规

《中华人民共和国个人独资企业法》第二条　本法所称个人独资企业，是指依照本法在中国境内设立，由一个自然人投资，财产为投资人个人所有，投资人以其个人财产对企业债务承担无限责任的经营实体。

第三十一条　个人独资企业财产不足以清偿债务的，投资人应当以其个人的其他财产予以清偿。

执行利息数额的计算

✍ 案例

客户林某某在银行贷款 10 万元，到期后无法归还形成不良，银行起诉到法院，经过法院的判决，执行了林某某的房产。林某某自己主动将房产出售还款，他将欠款交到了法院的账户上。可是一段时间后，他查询征信系统发现账款还没有结清，经过了解知晓，他将资金交到法院，法院几天后才会交到银行，如果遇到节假日，则时间会更长，但是银行的系统每天都在计算利息和罚息。

📖 处理误区

银行的系统计算准确，客户没有将债务归还完毕，所以必须要归还完毕才算真正结清贷款。

♻ 分析

目前对于利息计算到什么时候，是以法院收到之日为准还是以债权人收到之日为准，在学术界有争议，现在普遍以交到法院为准，对于裁定拍卖的房产的资产，以裁定成交之日为准。因为法院的判决起到定分止争的作用，是社会各界都应当遵守的依据，银行应当按照法院的判决执行，从而维护客户的利益。

📠 处理措施和规范建议

银行以判决书的要求为贷款结算的依据。

🔍 参考法规

1. 《中国人民银行关于人民币贷款利率有关问题的通知》对逾期或未按合同约定用途使用借款的贷款，从逾期或未按合同约定用途使用贷款之日起，按罚息利率计收利息，直至清偿本息为止。对不能按时支付的利息，按罚息利率计收复利。

2. 《最高人民法院关于执行程序中计算迟延履行期间的债务利息适用法律若干问题的解释》第三条　加倍部分债务利息计算至被执行人履行完毕之日；被执行人分次履行的，相应部分的加倍部分债务利息计算至每次履行完毕之日。

人民法院划拨、提取被执行人的存款、收入、股息、红利等财产的，相应部分的加倍部分债务利息计算至划拨、提取之日；人民法院对被执行人财产拍卖、变卖或者以物抵债的，计算至成交裁定或者抵债裁定生效之日；人民法院对被执行人财产通过其他方式变价的，计算至财产变价完成之日。

续扣押、冻结期限

案例

客户严某某在银行贷款 50 万元，由三个担保人提供担保，现在严某某贷款到期无法偿还，由于严某某外部欠账较多，当地银行以诉前保全的方式查封了严某某在各银行的账户。案件中间波折较多，经过多次开庭审理，目前该账户的查封期限要到期。银行决定继续申请冻结严某某的账户。

处理误区

可以申请续冻结账户一年，在一年之内没有处理完毕就不能再进行冻结。

分析

财产的查封、冻结每一次具有期限限制，到期之前可以申请续查封、冻结，如果再要到期，那么到期之前可以继续申请，次数没有限制。对于诉讼时间较长的案件需要利用好续查封、冻结，如果超过了查封、冻结的期限就不能续。

在一审、二审和再审程序中，可以重新办理保全程序，不受原来保全措施的期限限制。

处理措施和规范建议

根据财产的状况申请查封、冻结最长期限，在到期之前向法院申请续查封、冻结，直到申请执行扣划、拍卖、变卖。

参考法规

1.《最高人民法院关于适用〈中华人民共和国民事诉讼法〉的解释》

申请执行人申请延长期限的，人民法院应当在查封、扣押、冻结期限届满前办理续行查封、扣押、冻结手续，续行期限不得超过前款规定的期限。

人民法院也可以依职权办理续行查封、扣押、冻结手续。

第一百六十二条　第二审人民法院裁定对第一审人民法院采取的保全措施予以续保或者采取新的保全措施的，可以自行实施，也可以委托第一审人民法院实施。

再审人民法院裁定对原保全措施予以续保或者采取新的保全措施的，可以自行实施，也可以委托原审人民法院或者执行法院实施。

第一百六十八条　保全裁定未经人民法院依法撤销或者解除，进入执行程序后，自动转为执行中的查封、扣押、冻结措施，期限连续计算，执行法院无需重新制作裁定书，但查封、扣押、冻结期限届满的除外。

第四百八十七条　人民法院冻结被执行人的银行存款的期限不得超过一年，查封、扣押动产的期限不得超过两年，查封不动产、冻结其他财产权的期限不得超过三年。

2.《最高人民法院关于人民法院民事执行中查封、扣押、冻结财产的规定》第三十条　查封、扣押、冻结期限届满，人民法院未办理延期手续的，查封、扣押、冻结的效力消灭。

查封、扣押、冻结的财产已经被执行拍卖、变卖或者抵债的，查封、扣押、冻结的效力消灭。

第四章

柜面运营

柜面细节是关键，客户服务是基础。柜面服务是引起投诉、导致声誉风险的主要源头。农村金融机构人员的流动性低，较为珍惜岗位，但是法律意识较弱，所以要从法律的角度提升对操作风险的理解，预防柜面业务操作风险，提升柜面服务的规范化水平。

第一节　柜面操作

开户的审查

✍ 案例

客户某某有限责任公司申请开户，该公司一直由外部的会计师事务所的会计代理办理相关财务事务。现在该公司准备将在其他银行的基本户转移到另一家银行，法人代表吴某某在外地出差，该公司出具了授权书和吴某某的身份证。银行能否办理开户？

📖 处理误区

办理开户的法律手续齐全，不需要进一步核实。

♻ 分析

1. 开户是公司的事情，所以需要公司的授权书，一般情况下有公司的授权就可以办理。但是账户是公司一切资金行走的渠道，所以账户开户必须要法人代表亲自办理。有公司的授权书和法人代表的身份证就视为公司和法人代表的授权，所以一般就可以开户。

2. 法律对银行的开户进行严格审查，不只是形式上的审查，而是实质性审查，要对其真实性和合法性进行审查。会计掌握了公司的大部分资料，特别是小微企业管理不规范，对财务风险的防范不足，所以要进一步核实其真实性，防范会计私自开户的可能。

📠 处理措施和规范建议

通过远程视频或者电话核实法人代表开户的真实性和授权的合法性。

🔍 参考法规

1.《人民币银行结算账户管理办法》第二十八条　银行应对存款人的开户申请书填写的事项和证明文件的真实性、完整性、合规性进行认真审查。

2. 《人民币银行结算账户管理办法实施细则》第九条 存款人应以实名开立银行结算账户，并对其出具的开户申请资料实质内容的真实性负责，法律、行政法规另有规定的除外。银行应负责对存款人开户申请资料的真实性、完整性和合规性进行审查。中国人民银行应负责对银行报送的核准类银行结算账户的开户资料的合规性以及存款人开立基本存款账户的唯一性进行审核。

3. 《中国银监会办公厅关于加强银行业金融机构内控管理有效防范柜面业务操作风险的通知》 四、加强开户管理。银行业金融机构应坚持"了解你的客户"原则，加强开户真实性审核，包括开户文件和印鉴的真实性、开户申请人意愿的真实性和开户办理人身份的真实性等；对客户实行分类管理，对于重点关注客户和异地客户开户应坚持上门核实。在本行已开立基本账户的企业申请开立一般账户，应与开立基本账户时留存的开户文件、印鉴进行核对，如核对不一致应与客户进行核实确认。

账户的变更

✍ 案例

客户某某有限公司，法人代表孙某某负责企业的运营，账户也由孙某某开立、操作，但是其经常需要外出，同时家在外地，不能经常在公司所在地，这导致公司无法办理很多手续，于是孙某某决定让其在公司所在地的母亲做法人代表。现在孙某某拿着企业的授权书要求银行变更账户信息，并出示了企业变更法人代表的通知书。银行以法人代表年龄较大，存在借用账户的可能而拒绝办理。

📖 处理误区

法人代表年龄较大，且不持有股份，公司的实际控制人明显是为了逃避责任，不应当为其办理账户变更。

♻ 分析

1. 一般情况下，公司的实际控制人是法人代表，但是法律对公司的法人代表没有股份要求，所以有些公司实际控制人利用这项法律规定，借用他人作为法人代表来规避一些法律上对于法人代表的责任。

2. 但是从法律的角度来说，公司办理账户变更的手续合法，银行如果没有适合的理由不得拒绝办理。

🔖 处理措施和规范建议

审核公司账户变更的一切手续，只要变更的手续符合要求，则进行变更。

🔍 参考法规

1. 《中华人民共和国公司法》第十三条　公司法定代表人依照公司章程的规定，由董事长、执行董事或者经理担任，并依法登记。公司法定代表人变更，应当办理变更登记。

2. 《人民币银行结算账户管理办法》第四十七条　单位的法定代表人或主要负责人、住址以及其他开户资料发生变更时，应于 5 个工作日内书面通知开户银行并提供有关证明。

3. 《人民币银行结算账户管理办法实施细则》第三十一条　《办法》第四十六条所称"提出银行结算账户的变更申请"是指，存款人申请办理银行结算账户信息变更时，应填写"变更银行结算账户申请书"（附式7）。属于申请变更单位银行结算账户的，应加盖单位公章；属于申请变更个人银行结算账户的，应加其个人签章。

第三十二条　存款人申请变更核准类银行结算账户的存款人名称、法定代表人或单位负责人的，银行应在接到变更申请后的 2 个工作日内，将存款人的"变更银行结算账户申请书"、开户许可证以及有关证明文件报送中国人民银行当地分支行。

符合变更条件的，中国人民银行当地分支行核准其变更申请，收回原开户许可证，颁发新的开户许可证。不符合变更条件的，中国人民银行当地分支行不核准其变更申请。

第四十四条　单位存款人申请更换预留公章或财务专用章，应向开户银行出具书面申请、原预留公章或财务专用章等相关证明材料。

单位存款人申请更换预留公章或财务专用章但无法提供原预留公章或财务专用章的，应向开户银行出具原印签卡片、开户许可证、营业执照正本、司法部门的证明等相关证明文件。

单位存款人申请变更预留公章或财务专用章，可由法定代表人或单位负责人直接办理，也可授权他人办理。由法定代表人或单位负责人直接办理的，除出具相应的证明文件外，还应出具法定代表人或单位负责人的身份证件；授权他人办理的，除出具相应的证明文件外，还应出具法定代表人或单位负责人的身份证件及其出具的授权书，以及被授权人的身份证件。

第四十五条　单位存款人申请更换预留个人签章，可由法定代表人或单位负责人直接办理，也可授权他人办理。

由法定代表人或单位负责人直接办理的，应出具加盖该单位公章的书面申请以及法定代表人或单位负责人的身份证件。

授权他人办理的，应出具加盖该单位公章的书面申请、法定代表人或单位负责人的身份证件及其出具的授权书、被授权人的身份证件。无法出具法定代表人或单位负责人的身份证件的，应出具加盖该单位公章的书面申请、该单位出具的授权书以及被授权人的身份证件。

代理开户

案例

客户丁某某带着父亲的身份证到银行为其父亲开户，但是银行认为其间关系难以核实，是否经过合法的授权更是难以核实，所以拒绝开户。丁某某强烈要求开户，并要求银行给予说法，否则进行投诉。

处理误区

人民银行有通知，原则上不得代理开户，所以可以拒绝开户。

分析

按照相关的法律规定，一般的行为都可以委托他人代理，除非法律明确规定不得代理。所以只要法律没有明确规定禁止代理的行为，都是可以代理的。账户开立的相关规定中没有规定不得代理，银行为了控制账户的风险和履行反洗钱的责任，在代理开户的环节需要谨慎行事，但是不能一概禁止。银行可以制定较为详细的代理开户的规定。

处理措施和规范建议

银行需要制定各类代理开户的情形和审核要求，特别是在核实代理权的真实性方面需要提出详细而严格的要求。对于符合要求的代理开户者，应当为其开户。

参考法规

1.《中华人民共和国民法通则》第六十三条　公民、法人可以通过代理人实施民事法律行为。

代理人在代理权限内，以被代理人的名义实施民事法律行为。被代理人对代理人的代理行为，承担民事责任。

依照法律规定或者按照双方当事人约定，应当由本人实施的民事法律行为，不得代理。

2.《中华人民共和国合同法》第九条 当事人订立合同，应当具有相应的民事权利能力和民事行为能力。

当事人依法可以委托代理人订立合同。

3.《中国人民银行关于改进个人银行账户服务 加强账户管理的通知》

三、规范个人银行账户代理事宜

开户申请人开立个人银行账户或者办理其他个人银行账户业务，原则上应当由开户申请人本人亲自办理；符合条件的，可以由他人代理办理。银行可根据自身风险管理水平、存款人身份信息核验方式及风险等级，审慎确定代理开立的个人银行账户功能。

（一）身份信息核验。他人代理开立个人银行账户的，银行应要求代理人出具代理人、被代理人的有效身份证件以及合法的委托书等。银行认为有必要的，应要求代理人出具证明代理关系的公证书。

银行应严格审核代理人、被代理人的身份证件以及委托书等，对代理人身份信息的核验应比照本人申请开立银行账户进行，并联系被代理人进行核实。无法确认代理关系的，银行不得办理该代理业务。

（二）代理开户业务管理。如开户申请人确因行动不便等原因不能前往银行网点，银行可以采取上门办理等方式办理开户。银行应合理控制个人以委托代理方式代理他人或者被他人代理开立的个人银行账户数量。

（三）身份信息留存。他人代理开立个人银行账户的，银行应当登记代理人和被代理人的身份信息，留存代理人和被代理人有效身份证件的复印件或者影印件、以电子方式存储的身份信息以及委托书原件等，有条件的可留存开户过程的音频或视频等。

（四）特殊情形的处理。

1. 存款人开立代发工资、教育、社会保障（如社保、医保、军保）、公共管理（如公共事业、拆迁、捐助、助农扶农）等特殊用途个人银行账户时，可由所在单位代理办理。单位代理个人开立银行账户的，应提供单位证明材料、被代理人有效身份证件的复印件或影印件。

单位代理开立的个人银行账户，在被代理人持本人有效身份证件到开户银行办理身份确认、密码设（重）置等激活手续前，该银行账户只收不付。

2. 无民事行为能力或限制民事行为能力的开户申请人，由法定代理人或者人民法院、有关部门依法指定的人员代理办理。

3. 因身患重病、行动不便、无自理能力等无法自行前往银行的存款人办理挂失、密码重置、销户等业务时，银行可采取上门服务方式办理，也可由配偶、父母或成年子女凭合法的委托书、代理人与被代理人的关系证明文件、被代理人所在社区居委会（村民委员会）及以上组织或县级以上医院出具的特殊情况证明代理办理。

贷款账户的冻结

案例

客户吴某某在银行贷款 10 万元，在贷款期间由于涉及外部的民间借贷被法院起诉，对方向法院申请冻结其账户资金。法院执行人员到达银行的营业柜台要求柜员查询其相关资金信息，发现无资金，正好看到贷款账户描述有资金，于是执行人员强烈要求冻结贷款账户。

处理误区

拒绝办理贷款账户的冻结手续。

分析

1. 贷款是企业的负债不是企业的资产，贷款账户不反映存款性质，是银行内部的记账科目，反映的是银行贷款类资产，不是借款人的结算账户，贷款账户无法冻结，系统也不支持进行冻结的操作。

2. 法律法规要求冻结的是存款类资产，非存款类资产不属于冻结的范围。

处理措施和规范建议

1. 柜员不得主动提供贷款账户。

2. 对于看到贷款账号的执行员，如果其不了解相关司法解释，可以向其进行解释，并出示最高人民法院的司法解释，如果其坚持执行，则在回执上注明为贷款账户。在接收裁定书之后，正式提出执行异议。

参考法规

1. 《中华人民共和国民事诉讼法》第二百四十二条　被执行人未按执行

通知履行法律文书确定的义务，人民法院有权向有关单位查询被执行人的存款、债券、股票、基金份额等财产情况。人民法院有权根据不同情形扣押、冻结、划拨、变价被执行人的财产。人民法院查询、扣押、冻结、划拨、变价的财产不得超出被执行人应当履行义务的范围。

人民法院决定扣押、冻结、划拨、变价财产，应当作出裁定，并发出协助执行通知书，有关单位必须办理。

2. 《最高人民法院、中国人民银行关于依法规范人民法院执行和金融机构协助执行的通知》　三、对人民法院依法冻结、扣划被执行人在金融机构的存款，金融机构应当立即予以办理，在接到协助执行通知书后，不得再扣划应当协助执行的款项用以收贷收息；不得为被执行人隐匿、转移存款。违反此项规定的，按照民事诉讼法第一百零二条的有关规定处理。

3. 《最高人民法院〈关于银行贷款账户能否冻结的请示报告〉的批复》

在银行作为协助执行人时，现行法律和司法解释只规定了可以对被执行人的银行存款账户进行冻结，冻结银行贷款账户缺乏依据。强制执行应当通过控制和处分被执行人财产的措施来实现。银行开立的以被执行人为户名的贷款账户，是银行记载其向被执行人发放贷款及收回贷款情况的账户、其中所记载的账户余额为银行对被执行人享有的债权，属于贷款银行的资产，并非被执行人的资产，而只是被执行人对银行的负债。因此，通过"冻结"银行贷款账户不能实现控制被执行人财产的目的。只要人民法院冻结到了被执行人的银行存款账户或控制其他可供执行的财产，即足以实现执行的目的，同时也足以防止被执行人以冻结或查封的资产向银行清偿债务。而所谓"冻结"被执行人银行贷款账户，实质是禁止银行自主地从法院查封、扣押、冻结的被执行人财产以外的财产中实现收回贷款的行为。这种禁止，超出执行的目的。将侵害银行的合法权益，如果确实存在银行在法律冻结被执行人存款账户之后，擅自扣收贷款的情况，则可以依法强制追回。因此，在执行以银行为协助执行人的案件时，不能冻结户名为被执行人的银贷款账户。

轮候冻结、查封

✍ 案例

客户仲某某在银行账户中有数目不小的资金，但是他因为账款纠纷涉及诉讼，其账户被法院冻结。不久后，另一个法院来银行要求查封该账户，因为涉及担保诉讼。到期之前,第一个法院办理续查封,现在银行的柜员该如何办理?

处理误区

按照第二个法院的裁定书查封,因为第一个法院的查封期限已过。

分析

法律规定可以轮候采取保全措施,第二个法院需要等第一个法院的保全措施执行完毕才能执行保全措施。续查封、冻结是在原来期限上的继续,不是再次查封、冻结,所以续查封必须要执行原来查封、冻结法院的裁定。轮候在后的法院必须要等到前面法院撤销查封、冻结或者到期后终止才能进行。

处理措施和规范建议

银行员工告诉轮候执行的法院执行人员账户已经被查封、冻结的状况,并进一步实施冻结措施,而且要在回执中注明。如果轮候冻结的法院要求查询之前法院冻结的相关材料,可以出示并可以复印。

参考法规

1.《中华人民共和国民事诉讼法》第一百零三条 财产保全采取查封、扣押、冻结或者法律规定的其他方法。人民法院保全财产后,应当立即通知被保全财产的人。

财产已被查封、冻结的,不得重复查封、冻结。

2.《最高人民法院关于人民法院民事执行中查封、扣押、冻结财产的规定》第二十八条 对已被人民法院查封、扣押、冻结的财产,其他人民法院可以进行轮候查封、扣押、冻结。查封、扣押、冻结解除的,登记在先的轮候查封、扣押、冻结即自动生效。

其他人民法院对已登记的财产进行轮候查封、扣押、冻结的,应当通知有关登记机关协助进行轮候登记,实施查封、扣押、冻结的人民法院应当允许其他人民法院查阅有关文书和记录。

其他人民法院对没有登记的财产进行轮候查封、扣押、冻结的,应当制作笔录,并经实施查封、扣押、冻结的人民法院执行人员及被执行人签字,或者书面通知实施查封、扣押、冻结的人民法院。

3.《最高人民法院、中国人民银行关于依法规范人民法院执行和金融机构协助执行的通知》　十、有关人民法院在执行由两个人民法院或者人民法院与仲裁、公证等有关机构就同一法律关系作出的两份或者多份生效法律文书的过程中，需要金融机构协助执行的，金融机构应当协助最先送达协助执行通知书的法院，予以查询、冻结，但不得扣划。有关人民法院应当就该两份或多份生效法律文书上报共同上级法院协调解决，金融机构应当按照共同上级法院的最终协调意见办理。

抹　账

✍ 案例

某某农村商业银行柜员办理业务时由于误操作向客户周某某的银行账户存入 10000 万元。业务终了，柜员经过查找发现了失误所在，打电话给周某某，希望他能够来银行办理退款业务。柜员多次打电话要求他回来，但周某某在外地办理业务，短时间无法回来。

📖 处理误区

钱进入客户账户，所有权暂时属于客户，如果需要取回，应当获得客户的许可。

♻ 分析

1. 现金属于种类物，进入客户的账户中就与原有资金混同在一起，分不出是客户的资金还是错误打入的资金。现金具有谁占有视为谁拥有所有权的推定效力。

2. 没有法定和约定的义务接受资金，属于不当得利，应当返还给所有人。

📋 处理措施和规范建议

1. 先给客户打电话，要求客户配合，这是较好的处理方式。

2. 如果客户不愿配合，则给予客户一定时间，过了时间客户不愿配合，银行就保留监控视频、凭条等一系列证据材料强行抹账。客户即使有不情愿也不会起诉。

🔍 参考法规

1.《中华人民共和国商业银行法》第六条　商业银行应当保障存款人的合法权益不受任何单位和个人的侵犯。

第二十九条　商业银行办理个人储蓄存款业务，应当遵循存款自愿、取款自由、存款有息、为存款人保密的原则。

对个人储蓄存款，商业银行有权拒绝任何单位或者个人查询、冻结、扣划，但法律另有规定的除外。

第七十三条　商业银行有下列情形之一，对存款人或者其他客户造成财产损害的，应当承担支付迟延履行的利息以及其他民事责任。

（三）非法查询、冻结、扣划个人储蓄存款或者单位存款的。

2.《中华人民共和国民法通则》第九十二条　没有合法根据，取得不当利益，造成他人损失的，应当将取得的不当利益返还受损失的人。

现金是否要当面清点

✍ 案例

一家商业银行支行的客户凌某某要求取款10万元，柜员拿出了1万元一捆的现金，因为凌某某不想在那里慢慢数，就拿着整捆的现金离开了。过了两天凌某某来到银行说所取现金中有200元假钞，要求银行承担责任，银行否认该事实，他要求银行给他看当时的视频。

📖 处理误区

银行不承担责任。

♻ 分析

银行和客户之间是储蓄合同关系，现在客户要求取款，银行有义务按照客户要求的数额足额支付。银行没有当面清点，难以举证证明自己足额且无假币地支付了现金，责任在银行。因此当面清点不是可有可无的程序。现在法院基本支持这样的判决，大型商业银行都已经按照此程序在操作。

📱 处理措施和规范建议

和客户沟通协商，让其回忆分发现金的经过。尽可能通过协商解决，因为数额不大，客户一般也不会通过诉讼解决。

🔍 参考法规

《最高人民法院关于适用〈中华人民共和国民事诉讼法〉的解释》第九十条　当事人对自己提出的诉讼请求所依据的事实或者反驳对方诉讼请求所依据的事

实，应当提供证据加以证明，但法律另有规定的除外。

在作出判决前，当事人未能提供证据或者证据不足以证明其事实主张的，由负有举证证明责任的当事人承担不利的后果。

第九十一条　人民法院应当依照下列原则确定举证证明责任的承担，但法律另有规定的除外：

（一）主张法律关系存在的当事人，应当对产生该法律关系的基本事实承担举证证明责任；

（二）主张法律关系变更、消灭或者权利受到妨害的当事人，应当对该法律关系变更、消灭或者权利受到妨害的基本事实承担举证证明责任。

黑名单

✍ 案例

客户王某为他人提供担保，但借款人一直没有偿还贷款，尽管银行一直催收借款人和王某，但是王某也一直没有代偿，于是王某被放入了银行自身的黑名单系统（锁定客户账户，无法取钱），其无法从柜台取钱。现在王某投诉，自己的退休金无法领取，要求解决。

📖 处理误区

1. 银行有权维持黑名单的状态，担保人没有代偿还款，可以一直锁定。

2. 解除黑名单。

♻ 分析

1. 按照《储蓄管理条例》的规定，任何人、组织没有经过法定手续不得对账户行使冻结、扣划的权力。该银行维持黑名单，等于对客户的账户行使冻结的权力，这属于违法行为。但是在乡镇，限制失信人提取存款是重要的方法，对不良贷款的收回具有重要的意义。

2. 在乡镇，很多客户是用存折在柜台取钱，银行自身的黑名单对这类客户具有一定的影响，因为不是司法冻结，所以在 ATM 和手机银行等电子终端不受影响。

📟 处理措施和规范建议

1. 对在黑名单中的客户账户解除锁定。

2. 如果在本行有借款未偿还或者担保贷款没有代偿，在履行通知手续的同时可以直接行使抵销权划转资金。

🔍 参考法规

《中国人民银行关于执行〈储蓄管理条例〉的若干规定》第十三条　各储蓄机构必须保证储蓄存款的支取，不得以任何理由拒绝储蓄存款的提取。

第三十九条　为维护储户的利益，凡查询、冻结、扣划个人存款者必须按法律、行政法规规定办理，任何单位不得擅自查询、冻结和扣划储户的存款。人民法院、人民检察院、公安机关和国家安全部门等因侦查、起诉、审理案件，需要向储蓄机构查询与案件直接有关的个人存款时，须向储蓄机构提出县级或县级以上法院、检察院、公安机关或国家安全机关等正式查询公函，并提供存款人的有关线索，如存款人的姓名、储蓄机构名称、存款日期等情况；储蓄机构不能提供原始账册，只能提供复印件。对储蓄机构提供的存款情况，查询单位应保守秘密。

客户带着村委会盖章的遗嘱取钱

✍ 案例

贾某某父亲去世，在银行留了一笔存款，现在贾某某准备去银行提取，携带了自己的身份证和家庭的户口本，以及父亲的死亡证明。为了保险起见，贾某某让村委会主任在父亲的遗嘱上盖章并注明"此为贾某遗嘱，贾某某为贾某的儿子，请给予取款"。

📖 处理误区

贾某某可以办理取款。

♻ 分析

1. 遗嘱不是银行审查的对象，所以即使遗嘱完全符合要求也无法凭此取款。

2. 遗嘱是所有继承人之间分配财产的依据，只是证明最终财产进行分配的方案。银行作为金融机构无能力也无义务辨别分配方案的真假。银行有两个途径可以选择，如果涉及数额不大，从方便客户的角度出发，让所有继承人现场签署取款书面材料，既可以是一并签署取款，也可以是签署同意部分人取款而其他人员放弃取款；如果涉及金额较大或继承人之间有争议，则需要有权机关出具的书面材料，目前主要是公证机构发出的继承公证书和法院的判决书。

处理措施和规范建议

1. 所有继承人到场或者以视频的方式明确该存款归谁或者由谁提取。

2. 如果继承人拒绝这样的方式或者采取这样的方式比较困难，则可以建议客户进行公证或者到法院进行诉讼，从而产生调解书或者判决书。遇到难以处理的，最好建议客户去法院进行诉讼，因为公证机构也需要所有客户到场；而法院相对灵活，法官可以根据日常生活进行判断，作出判决或者调解。

参考法规

《中国人民银行、最高人民法院、最高人民检察院、公安部、司法部关于查询、停止支付和没收个人在银行的存款以及存款人死亡后的存款过户或支付手续的联合通知》　二、关于存款人死亡后的存款过户或支付手续存款人死亡后的存款提取、过户手续问题涉及的内容比较复杂，应慎重处理。

（一）存款人死亡后，合法继承人为证明自己的身份和有权提取该项存款，应向当地公证处（尚未设立公证处的地方向县、市人民法院，下同）申请办理继承权证明书，银行凭以办理过户或支付手续。如该项存款的继承权发生争执时，应由人民法院判处。银行凭人民法院的判决书、裁定书或调解书办理过户或支付手续。

存款证明书丢失后的解冻

案例

连某某在农村商业银行开具了一份20万元的存款证明书，到期之前来到银行声称存款证明书已经丢失，他同时也不需要使用该证明书，请求提前解除控制并使用资金。

处理误区

可以提前解除，因为客户已经不需要使用该证明书了。

分析

1. 存款证明书是银行为存款人出具的证明，操作不当会给银行信誉上造成损失。因为银行的信用高，所以银行出具的存款证明书的效力高，真实可信。

2. 开具存款证明书是客户和银行的契约关系，双方一致同意才可以解除。所以双方只要达成一致意见就可以视为约定解除。

处理措施和规范建议

由客户出具关于存款证明书遗失的说明，即可办理。因为即使等到存款证明书期限结束，银行的责任也已经履行完毕，不会给银行带来任何影响，那个时候客户也有权要求银行解除控制。

空白存款凭证丢失

案例

某某农村商业银行丢失一本空白存款凭证，是否需要登报发布失效的通知。

处理误区

需要，因为存款凭证是银行重要的凭证。

分析

1. 银行的存款凭证是银行办理存款业务的主要依据，但是在法律上只有正式存款、银行盖章确认才构成双方正式的存款关系。因此，空白存款凭证不会导致银行承担责任的风险。

2. 在银行内部，空白凭证丢失要按照内控制度进行处理。

处理措施和规范建议

按照银行自身丢失存款凭证类型的处理程序办理，不需要登报发布声明。

夫妻一方去世另一方来领取存款

案例

客户林某某去世，其妻子张某某知晓林某某账户密码来提取资金，因为没有林某某的身份证，银行柜面人员又知晓林某某已经去世，所以拒绝张某某提取账户中的资金。

📖 处理误区

可以提取，为当初的夫妻共同财产，张某某也拥有所有权。

♻ 分析

在日常生活中，夫妻有相互代理权，账户中的资金可以由对方提取。但是如果知道其中一方去世，那么代理关系就不存在了，需要走继承关系以公证的方式取款。如果银行人员不知晓存款人去世的消息，且提取人知晓密码，符合代理的规定，则可以办理提取。

📝 处理措施和规范建议

让张某某进行遗产公证或者诉讼；如果金额不大，也可以让所有继承人到场共同办理取款手续。

未成年人父亲死亡的赔偿款，
母亲不在场如何提取

✍ 案例

现在交通事故或者工厂里的事故时有发生，有些男客户比较年轻就因事故死亡，留下年轻的妻子和幼小的孩子，在妻子改嫁的情况下，赔偿款一般就支付在小孩的账户之中。小孩账户中的资金如何提取？

📖 处理误区

许可小孩的爷爷、奶奶或者叔叔取款。

♻ 分析

按照法定代理的相关规定，未成年人第一顺序的法定代理人是其父母，第二顺序代理人为祖父母和外祖父母。取款行为先由其第一顺位的法定代理人中一位作出。如果其他法定代理人有不同意见，认为侵害了孩子的利益，可以进行诉讼，这不属于银行的事务范围。所以银行仅仅需要从表面审查即可。

📝 处理措施和规范建议

1. 孩子的母亲可以独立取款。

2. 孩子母亲无法寻找，可以让其爷爷奶奶其中一位来取款，但是为了减少争议，如果能够让外公外婆同时参与更好。

💡 类推使用

涉及无民事行为能力人或者限制行为能力人的相关银行业务。

🔍 参考法规

《中华人民共和国民法通则》第十六条　未成年人的父母是未成年人的监护人。

未成年人的父母已经死亡或者没有监护能力的，由下列人员中有监护能力的人担任监护人：

（一）祖父母、外祖父母；

（二）兄、姐；

（三）关系密切的其他亲属、朋友愿意承担监护责任，经未成年人的父、母的所在单位或者未成年人住所地的居民委员会、村民委员会同意的。

对担任监护人有争议的，由未成年人的父、母的所在单位或者未成年人住所地的居民委员会、村民委员会在近亲属中指定。对指定不服提起诉讼的，由人民法院裁决。

没有第一款、第二款规定的监护人的，由未成年人的父、母的所在单位或者未成年人住所地的居民委员会、村民委员会或者民政部门担任监护人。

客户在外地如何办理需要本人办理的业务

✍ 案例

客户冷某在外地治病，需要取款，但其忘记了取款密码，老家的亲戚无法取款，密码挂失可以由他人代理，但是密码重置需要本人亲自办理，而冷某自己躺在外地医院无法办理，怎么办？

📖 处理误区

因为本人为完全民事行为能力人，所以只能他亲自办理，无法代理。

♻ 分析

按照代理事项，除了涉及身份关系和法律明确规定必须由本人亲自办理的之外都可以代理。对于修改密码这样的事务，银行的相关规定要求必须本人办理，目的是为了减少争议，防范假冒客户的风险。

处理措施和规范建议

可以让冷某书写授权委托书，让其直系亲属办理，同时进行手机的视频远程认证，让其直系亲属书面承诺，如果冷某不认可，认为银行的业务办理违规，则其代理人必须退还所有款项，并赔偿一切损失。通过手机可以现场进行视频通话，因此可以充分利用手机的这个功能来确定是否为本人的意思表示。

类推使用

涉及必须由本人亲自办理的相关业务，针对特殊的业务遇到的特殊困难，可以突破常规办理，基本原则是在控制风险的前提下进行。

参考法规

《中华人民共和国民法通则》第六十三条　公民、法人可以通过代理人实施民事法律行为。

代理人在代理权限内，以被代理人的名义实施民事法律行为。被代理人对代理人的代理行为，承担民事责任。

依照法律规定或者按照双方当事人约定，应当由本人实施的民事法律行为，不得代理。

未宣告的精神病人取款

案例

客户吴某患有间歇性精神病，忘记了账户的密码。其在清醒的时候特别声明，账户中的钱不许可任何人动用，密码也不告诉任何人，但是其家人想将账户中的钱取出来给吴某治病，现在要求农村商业银行办理。

处理误区

间歇性精神病人必须要宣告为精神病人，然后才能由其代理人来办理。

分析

1. 按照我国的相关法律，对于精神病人采取宣告制度，由法院宣告其为精神病人，但是实践中主动向法院申请的比例很小，银行需要根据相关法律进行变通处理。

2. 法律规定，间歇性精神病人在精神状态良好时的行为为法律认可，但是是否精神状态良好很难证明，且即使处于精神良好状态，病人及其家人也会基于利益而否认，所以金融机构很难把握。只要其直系亲属声称为其精神病人，那么就按照精神病人来处理相关业务，让其法定代理人代为办理。

📝 处理措施和规范建议

1. 让法定代理人提交相关精神病人的材料，如病历、亲朋好友和基层组织的证明等。

2. 根据金额的大小采取不同的方式，如果金额大就需要让其所有的代理人到场或者签署放弃权利的承诺；如果是夫妻，可以让另一方来办理相关业务；如果有成年子女，要让成年子女知晓。基本原则就是预先判断产生争议的可能性，如果可能性大，那么就需要相关的人员都知情并参与；如果可能性很小，就相对简化手续。

🔍 参考法规

1.《中华人民共和国民事诉讼法》第一百八十七条　申请认定公民无民事行为能力或者限制民事行为能力，由其近亲属或者其他利害关系人向该公民住所地基层人民法院提出。

申请书应当写明该公民无民事行为能力或者限制民事行为能力的事实和根据。

第一百八十八条　人民法院受理申请后，必要时应当对被请求认定为无民事行为能力或者限制民事行为能力的公民进行鉴定。申请人已提供鉴定意见的，应当对鉴定意见进行审查。

2.《中华人民共和国民法通则》第十四条　无民事行为能力人、限制民事行为能力人的监护人是他的法定代理人。

第十七条　无民事行为能力或者限制民事行为能力的精神病人，由下列人员担任监护人：

（一）配偶；

（二）父母；

（三）成年子女；

（四）其他近亲属；

（五）关系密切的其他亲属、朋友愿意承担监护责任，经精神病人的所在单位或者住所地的居民委员会、村民委员会同意的。

对担任监护人有争议的，由精神病人的所在单位或者住所地的居民委员会、村民委员会在近亲属中指定。对指定不服提起诉讼的，由人民法院裁决。

没有第一款规定的监护人的，由精神病人的所在单位或者住所地的居民委员会、村民委员会或者民政部门担任监护人。

第十八条　监护人应当履行监护职责，保护被监护人的人身、财产及其他合法权益，除为被监护人的利益外，不得处理被监护人的财产。

监护人依法履行监护的权利，受法律保护。

监护人不履行监护职责或者侵害被监护人的合法权益的，应当承担责任；给被监护人造成财产损失的，应当赔偿损失。人民法院可以根据有关人员或者有关单位的申请，撤销监护人的资格。

第十九条　精神病人的利害关系人，可以向人民法院申请宣告精神病人为无民事行为能力人或者限制民事行为能力人。

被人民法院宣告为无民事行为能力人或者限制民事行为能力人的，根据他健康恢复的状况，经本人或者利害关系人申请，人民法院可以宣告他为限制民事行为能力人或者完全民事行为能力人。

法院冻结多个账户，总冻结金额超过争议数额

案例

外地法院到农村商业银行冻结客户金某的银行账户资金20万元，金某在农村商业银行有三个账户，每一个账户中的资金不多，于是法院冻结三个账户，每一个账户冻结金额都为10万元，是否符合要求？

处理误区

三个账户，每一个账户都为10万元，总计30万元，超过了裁定书所确定的金额，银行工作人员应当说明理由后不予办理。

分析

1. 按照《金融机构协助查询、冻结、扣划工作管理规定》，金融机构仅仅承担形式上的审查责任，审查是否有执行相关的法律文书，人员是否出示有权机关执法人员的执法证，是否两个人员共同执行；执行文书中名称、金额、大小写、账号等是否一致。

2. 至于是否超过限额、是否执行错误等相关事实不属于金融机构审查的范围，即使执行文书错误，承担责任的是执行申请人和法院。如果被执行人认为错误，金融机构人员告知其向法院提出异议。

处理措施和规范建议

按照要求审查名称、金额、大小写等，至于冻结金额的多少不予审查。

参考法规

1. 《金融机构协助查询、冻结、扣划工作管理规定》第十一条　金融机构在协助冻结、扣划单位或个人存款时，应当审查以下内容：

（一）"协助冻结、扣划存款通知书"填写的需被冻结或扣划存款的单位或个人开户金融机构名称、户名和账号、大小写金额；

（二）协助冻结或扣划存款通知书上的义务人应与所依据的法律文书上的义务人相同；

（三）协助冻结或扣划存款通知书上的冻结或扣划金额应当是确定的。如发现缺少应附的法律文书，以及法律文书有关内容与"协助冻结、扣划存款通知书"的内容不符，应说明原因，退回"协助冻结、扣划存款通知书"或所附的法律文书。有权机关对个人存款户不能提供账户的，金融机构应当要求有权机关提供该个人的居民身份证号码或其他足以确定该个人存款账户的情况。

第十九条　有权机关在冻结、解冻工作中发生错误，其上级机关直接作出变更决定或裁定的，金融机构接到变更决定书或裁定书后，应当予以办理。

第二十条　金融机构协助扣划时，应当将扣划的存款直接划入有权机关指定的账户。有权机关要求提取现金的，金融机构不予协助。

2. 《中国银监会、最高人民检察院、公安部、国家安全部关于印发银行业金融机构协助人民检察院公安机关国家安全机关查询冻结工作规定的通知》第九条　银行业金融机构协助人民检察院、公安机关、国家安全机关办理查询、冻结或者解除冻结时，应当对办案人员的工作证或人民警察证以及协助查询财产或协助冻结/解除冻结财产法律文书进行形式审查。银行业金融机构应当留存上述法律文书原件及工作证或人民警察证复印件，并注明用途。银行业金融机构应当妥善保管留存的工作证或人民警察证复印件，不得挪作他用。

第二十五条　银行业金融机构在协助人民检察院、公安机关、国家安全机关办理完毕冻结手续后，在存款单位或者个人查询时，应当告知其账户被冻结情况。被冻结款项的单位或者个人对冻结有异议的，银行业金融机构应当告知其与作出冻结决定的人民检察院、公安机关、国家安全机关联系。

协助执行账户资金操作流程

✎ 案例

客户戴某涉及诉讼，外地法院到达本地农村商业银行，要求冻结戴某的账户资金共 80 万元，操作人员按照正常的操作流程查询后，告诉法院账户余额为 90 万元，然后法院下达了冻结的通知书，冻结金额 80 万元。可是几天以后发现戴某的资金不足 80 万元，经过查询发现在查询和冻结之间的短暂期间，资金被戴某通过手机银行转账 30 万元到其他账户。

📖 处理误区

如果银行员工向外部泄露信息则需向法院承担赔偿责任。

♻ 分析

1. 随着科学技术的进步，客户通过互联网或手机瞬间就可以转移资金。只要现场的监控证明银行操作人员没有采取任何措施通风报信，工作人员也无其他违法行为，那么法院就不能追究银行的责任。

2. 基于现在的科学技术水平，银行在执行的流程措施方面需要改变传统的做法。先审查执行相关材料，符合要求即先暂时执行冻结，然后向法院执行人员书写相关材料，如果需要扣划再执行相关措施。

✍ 处理措施和规范建议

1. 主动向法院提交材料，证明银行操作人员无任何违规行为，并提供现场的监控视频。

2. 修改相关操作流程，即先控制账户中资金的进出，并明确到具体时点的资金数额。对外出具的书面材料资金数额也明确到具体时点。

🔍 参考法规

1.《金融机构协助查询、冻结、扣划工作管理规定》第十三条　金融机构对有权机关办理查询、冻结和扣划手续完备的，应当认真协助办理。在接到协助冻结、扣划存款通知书后，不得再扣划应当协助执行的款项用于收贷收息，不得向被查询、冻结、扣划单位或个人通风报信，帮助隐匿或转移存款。金融机构在协助有权机关办理完毕查询存款手续后，有权机关要求予以保密的，金融机构应当保守秘密。金融机构在协助有权机关办理完毕冻结、扣划存款手续后，根据业务需要可以通知存款单位或个人。

2. 《中国银监会、最高人民检察院、公安部、国家安全部关于印发银行业金融机构协助人民检察院公安机关国家安全机关查询冻结工作规定的通知》第七条　银行业金融机构在接到协助查询、冻结财产法律文书后，应当严格保密，严禁向被查询、冻结的单位、个人或者第三方通风报信，帮助隐匿或者转移财产。

第二十八条　银行业金融机构在协助人民检察院、公安机关、国家安全机关查询、冻结工作中有下列行为之一的，由银行业监督管理机构责令改正，并责令银行业金融机构对直接负责的主管人员和其他直接责任人员依法给予处分；必要时，予以通报批评；构成犯罪的，依法追究刑事责任：

（一）向被查询、冻结单位、个人或者第三方通风报信，伪造、隐匿、毁灭相关证据材料，帮助隐匿或者转移财产；

（二）擅自转移或解冻已冻结的存款；

（三）故意推诿、拖延，造成应被冻结的财产被转移的；

（四）其他无正当理由拒绝协助配合、造成严重后果的。

3. 《最高人民法院关于人民法院执行工作若干问题的规定》　100. 被执行人或其他人有下列拒不履行生效法律文书或者妨害执行行为之一的，人民法院可以依照民事诉讼法第一百零二条的规定处理：

（1）隐藏、转移、变卖、毁损向人民法院提供执行担保的财产的；

（2）案外人与被执行人恶意串通转移被执行人财产的；

（3）故意撕毁人民法院执行公告、封条的；

（4）伪造、隐藏、毁灭有关被执行人履行能力的重要证据，妨碍人民法院查明被执行人财产状况的；

（5）指使、贿买、胁迫他人对被执行人的财产状况和履行义务的能力问题作伪证的；

（6）妨碍人民法院依法搜查的；

（7）以暴力、威胁或其他方法妨碍或抗拒执行的；

（8）哄闹、冲击执行现场的；

（9）对人民法院执行人员或协助执行人员进行侮辱、诽谤、诬陷、围攻、威胁、殴打或者打击报复的；

（10）毁损、抢夺执行案件材料、执行公务车辆、其他执行器械、执行人员服装和执行公务证件的。

101. 在执行过程中遇有被执行人或其他人拒不履行生效法律文书或者妨害执行情节严重，需要追究刑事责任的，应将有关材料移交有关机关处理。

律师查询权

案例

一位律师拿着法院的调查函要求调查客户的档案资料，客户的档案属于保密资料，没有法律的许可不能对外泄露，否则属于违法行为。银行支行人员只听说过司法机关来调查，没有听说过律师来调查，更没有听说过律师自己行使调查权力。

处理误区

律师有调查权，可以让律师查询。

分析

1. 律师本身具有调查权，但是国内律师的调查权一直被忽视，特别是在金融单位需要对客户信息保密的情形下，如何行使调查权，如何能够确保不泄露客户的档案资料，法律对此没有进一步明确的规定。金融单位对于律师独立进行的调查可以拒绝。

2. 法院具有调查权，法院有时会亲自进行调查，但大多数情况下都是让律师进行调查，如果律师持法院的调查函则银行需要积极配合。

3. 金融机构的信息具有特殊的保密要求，法律法规明确规定了具有查询、扣划、冻结权限的有权机构，而律师的查询不在此范围内，所以金融机构不得许可律师的查询。

处理措施和规范建议

明确告诉律师不得查询，因为法律有明确的规定。

参考法规

1. 《中华人民共和国律师法》第三十五条　受委托的律师根据案情的需

要，可以申请人民检察院、人民法院收集、调取证据或者申请人民法院通知证人出庭作证。

律师自行调查取证的，凭律师执业证书和律师事务所证明，可以向有关单位或者个人调查与承办法律事务有关的情况。

2.《金融机构协助查询、冻结、扣划工作管理规定》第四条 本规定所称有权机关是指依照法律、行政法规的明确规定，有权查询、冻结、扣划单位或个人在金融机构存款的司法机关、行政机关、军事机关及行使行政职能的事业单位（详见附表）。

附表

有权查询、冻结、扣划单位、个人存款的执法机关一览表

单位名称	查询		冻结		扣划	
	单位	个人	单位	个人	单位	个人
人民法院	有权	有权	有权	有权	有权	有权
税务机关	有权	有权	有权	有权	有权	有权
海关	有权	有权	有权	有权	有权	有权
人民检察院	有权	有权	有权	有权	无权	无权
公安机关	有权	有权	有权	有权	无权	无权
国家安全机关	有权	有权	有权	有权	无权	无权
军队保卫部门	有权	有权	有权	有权	无权	无权
监狱	有权	有权	有权	有权	无权	无权
走私犯罪侦查机关	有权	有权	有权	有权	无权	无权
监察机关（包括军队监察机关）	有权	有权	无权	无权	无权	无权
审计机关	有权	有权	无权	无权	无权	无权
工商行政管理机关	有权	无权	暂停结算	暂停结算	无权	无权
证券监督管理机关	有权	无权	无权	无权	无权	无权

注：本表所列机关是《金融机构查询、冻结、扣划工作管理规定》发布之日前有关法律、行政法规明确规定具有查询、冻结或者扣划存款权力的机关。规定发布实施之后，法律、行政法规有新规定的，从其规定。

粮食直补款能否扣划

案例

客户林某某贷款 5 万元，到期后形成逾期。农户可以执行的财产很少，但是每年的粮食补贴有几千元，定期发放到位。其补贴款在贷款银行的账上，现在准备将该款项直接扣划还贷。但是没有法院的裁定书，银行系统不支持扣划，只有走扣划的操作程序才能进行。

处理误区

1. 粮食等补贴具有专属性，没有经过客户的同意，不能直接抵消归还贷款。

2. 如果没有法院的裁定书而执行扣划的操作流程，则属于违法行为，所以不能执行。

分析

1. 客户贷款形成逾期，借款人在银行的存款不可以直接进行抵消，因为银行是存款的专业经营机构，有利用其独特地位的嫌疑。但是如果在合同中进一步约定，其贷款形成逾期，银行具有扣划其账户资金用以还款的权利，则可以行使，这属于约定抵消权，需要通知到达对方才能生效。

2. 补贴款到账后就形成了客户的资产，不具有专属性。

3. 银行内部系统上的操作是银行自己的事情，在法律关系上不涉及外部。

处理措施和规范建议

1. 首先通知客户进行扣款抵消，如果能够和客户协商以补贴款形式归还，则更有利于双方维持良好关系。如果客户拒绝，则以较为快捷的方式，如电话、短信等方式通知客户，然后履行扣划还款的手续。

2. 内部按照可以扣划的审批流程进行操作。

参考法规

《中华人民共和国合同法》第九十九条　当事人互负到期债务，该债务的标的物种类、品质相同的，任何一方可以将自己的债务与对方的债务抵销，但依照法律规定或者按照合同性质不得抵销的除外。

当事人主张抵销的，应当通知对方。通知自到达对方时生效。抵销不得附条件或者附期限。

第一百条　当事人互负债务，标的物种类、品质不相同的，经双方协商一致，也可以抵销。

第二节　非柜面操作

政府提供名单错误导致补贴发放错误

案例

在农村地区，有些乡政府比较强势。银行作为金融中介，代理乡政府发放补贴。可是有一天乡政府通知银行，有一个人发错了补贴且持续了大约二年，要求银行必须将补贴款追回。银行是否有义务追回？

分析

银行作为代理发放补贴的金融中介，与委托单位是委托和被委托的关系，在代理权限内的行为后果由被代理人承担。如果代理人明知代理行为错误或者违法，则应当承担连带责任，银行单纯从补贴名单上无法看出是否为错误发放。

处理措施和规范建议

1. 向乡政府说明追回款项不在代理权限内，以前的错误不在银行，银行完全在代理权限内从事业务，没有超越代理权限。

2. 但是为了保持与乡政府的合作关系，可以先向客户说明发错的原因，如果难度不大，则可以让乡政府重新授权代理乡政府和客户沟通，尽力争取追回；如果难度大，容易激发群众对银行的误解，则最好解释清楚。

参考法规

1. 《中华人民共和国民法通则》第六十三条　公民、法人可以通过代理人实施民事法律行为。

代理人在代理权限内，以被代理人的名义实施民事法律行为。被代理人对代理人的代理行为，承担民事责任。

依照法律规定或者按照双方当事人约定，应当由本人实施的民事法律行为，不得代理。

第六十四条　代理包括委托代理、法定代理和指定代理。

委托代理人按照被代理人的委托行使代理权，法定代理人依照法律的规定行使代理权，指定代理人按照人民法院或者指定单位的指定行使代理权。

第六十五条　民事法律行为的委托代理，可以用书面形式，也可以用口头形式。法律规定用书面形式的，应当用书面形式。

书面委托代理的授权委托书应当载明代理人的姓名或者名称、代理事项、权限和期间，并由委托人签名或者盖章。

委托书授权不明的，被代理人应当向第三人承担民事责任，代理人负连带责任。

第六十六条　没有代理权、超越代理权或者代理权终止后的行为，只有经过被代理人的追认，被代理人才承担民事责任。未经追认的行为，由行为人承担民事责任。本人知道他人以本人名义实施民事行为而不作否认表示的，视为同意。

代理人不履行职责而给被代理人造成损害的，应当承担民事责任。

代理人和第三人串通，损害被代理人的利益的，由代理人和第三人负连带责任。

第三人知道行为人没有代理权、超越代理权或者代理权已终止还与行为人实施民事行为给他人造成损害的，由第三人和行为人负连带责任。

第六十七条　代理人知道被委托代理的事项违法仍然进行代理活动的，或者被代理人知道代理人的代理行为违法不表示反对的，由被代理人和代理人负连带责任。

2.《中华人民共和国合同法》第四十八条　行为人没有代理权、超越代理权或者代理权终止后以被代理人名义订立的合同，未经被代理人追认，对被代理人不发生效力，由行为人承担责任。

相对人可以催告被代理人在一个月内予以追认。被代理人未作表示的，视为拒绝追认。合同被追认之前，善意相对人有撤销的权利。撤销应当以通知的方式作出。

第四十九条　行为人没有代理权、超越代理权或者代理权终止后以被代理人名义订立合同，相对人有理由相信行为人有代理权的，该代理行为有效。

业务合作单位需要客户清单

✍ 案例

某某供电公司为了服务客户，打算绑定客户的银行卡，到期直接扣缴电费，这样对客户和供电公司都方便。但是不少客户没有这个意识，特别是农村。于是供电公司希望合作的某某农村商业银行支持，将暂时还未办理代扣代缴客户的姓名、地址、电话号码等提供给供电公司，便于供电公司营销推荐。现在某某农村商业银行能否将这些客户的资料提供给供电公司？

📖 处理误区

能，对银行也有利，供电公司仅仅用于推荐客户绑定银行卡，不会外传。

♻ 分析

1. 按照关于泄露公民信息的法律规定，未经当事人同意泄露信息就构成犯罪。银行作为为客户服务的单位，掌握着大量的客户信息，如果没有征得客户同意就泄露出去容易引起投诉、举报等，严重的涉嫌犯罪。同时这些信息到达电力公司手中，难以保证不进一步向外扩散。

2. 银监会也有同样的要求，禁止泄露客户信息。

📠 处理措施和规范建议

因为是合作关系，需要耐心地向供电公司解释为什么无法提供这些客户的信息，同时银行可以协助通知客户，向客户营销，争取获得供电公司的理解。

🔍 参考法规

1.《中华人民共和国居民身份证法》第十九条　国家机关或者金融、电信、交通、教育、医疗等单位的工作人员泄露在履行职责或者提供服务过程中获得的居民身份证记载的公民个人信息，构成犯罪的，依法追究刑事责任；尚不构成犯罪的，由公安机关处十日以上十五日以下拘留，并处五千元罚款，有违法所得的，没收违法所得。

单位有前款行为，构成犯罪的，依法追究刑事责任；尚不构成犯罪的，由公安机关对其直接负责的主管人员和其他直接责任人员，处十日以上十五日以下拘留，并处十万元以上五十万元以下罚款，有违法所得的，没收违法所得。

有前两款行为，对他人造成损害的，依法承担民事责任。

2.《中华人民共和国刑法》第二百五十三条

国家机关或者金融、电信、交通、教育、医疗等单位的工作人员，违反国家规定，将本单位在履行职责或者提供服务过程中获得的公民个人信息，出售或者非法提供给他人，情节严重的，处三年以下有期徒刑或者拘役，并处或者单处罚金。

窃取或者以其他方法非法获取上述信息，情节严重的，依照前款的规定处罚。

单位犯前两款罪的，对单位判处罚金，并对其直接负责的主管人员和其他直接责任人员，依照各该款的规定处罚。

3.《人民银行关于银行业金融机构做好个人金融信息保护工作的通知》 一、本通知所称个人金融信息，是指银行业金融机构在开展业务时，或通过接入中国人民银行征信系统、支付系统以及其他系统获取、加工和保存的以下个人信息：

（一）个人身份信息，包括个人姓名、性别、国籍、民族、身份证件种类号码及有效期限、职业、联系方式、婚姻状况、家庭状况、住所或工作单位地址及照片等；

（二）个人财产信息，包括个人收入状况、拥有的不动产状况、拥有的车辆状况、纳税额、公积金缴存金额等；

（三）个人账户信息，包括账号、账户开立时间、开户行、账户余额、账户交易情况等；

（四）个人信用信息，包括信用卡还款情况、贷款偿还情况以及个人在经济活动中形成的，能够反映其信用状况的其他信息；

（五）个人金融交易信息，包括银行业金融机构在支付结算、理财、保险箱等中间业务过程中获取、保存、留存的个人信息和客户在通过银行业金融机构与保险公司、证券公司、基金公司、期货公司等第三方机构发生业务关系时产生的个人信息等；

（六）衍生信息，包括个人消费习惯、投资意愿等对原始信息进行处理、分析所形成的反映特定个人某些情况的信息；

（七）在与个人建立业务关系过程中获取、保存的其他个人信息。

二、银行业金融机构在收集、保存、使用、对外提供个人金融信息时，应当严格遵守法律规定，采取有效措施加强对个人金融信息保护，确保信息安全，防止信息泄露和滥用。特别是在收集个人金融信息时，应当遵循合法、合理原则，不得收集与业务无关的信息或采取不正当方式收集信息。

四、银行业金融机构不得篡改、违法使用个人金融信息。使用个人金融信息时，应当符合收集该信息的目的，并不得进行以下行为：

（一）出售个人金融信息；

（二）向本金融机构以外的其他机构和个人提供个人金融信息，但为个人办理相关业务所必需并经个人书面授权或同意的，以及法律法规和中国人民银行另有规定的除外；

（三）在个人提出反对的情况下，将个人金融信息用于产生该信息以外的本金融机构其他营销活动。

银行业金融机构通过格式条款取得客户书面授权或同意的，应当在协议中明确该授权或同意所适用的向他人提供个人金融信息的范围和具体情形。同时，还应当在协议的醒目位置使用通俗易懂的语言明确提示该授权或同意的可能后果，并在客户签署协议时提醒其注意上述提示。

五、银行业金融机构不得将客户授权或同意其将个人信息用于营销、对外提供等作为与客户建立业务关系的先决条件，但该业务关系的性质决定需要预先作出相关授权或同意的除外。

十、中国人民银行及其地市中心支行以上分支机构受理投诉或发现银行业金融机构可能未履行个人金融信息保护义务的，可依法进行核实，认定银行业金融机构存在违反本通知规定，或存在其他未履行个人金融信息保护义务情形的，可采取以下处理措施：

（一）约见其高管人员谈话，要求说明情况；

（二）责令银行业金融机构限期整改；

（三）在金融系统内予以通报；

（四）建议银行业金融机构对直接负责的高级管理人员和其他直接责任人员依法给予处分；

（五）涉嫌犯罪的，依法移交司法机关处理。

银行是否可以提供代发工资的证明

✎ 案例

银行一个代发工资客户单位的员工辞职，向劳动仲裁庭申请仲裁，但是由于没有签订劳动合同，想让银行出具代发工资的具体银行流水。银行能否出具发放工资的证明材料？

📖 处理误区

因为工资确实在银行代发，为该员工出具资料证明有利于员工维权，应当出具。

♻ 分析

1. 银行和代发工资的客户建立了委托代理关系，和该客户的员工没有法律关系，所以没有义务为这名员工出具相关的证明材料。

2. 因为银行和客户建立了代发工资等法律关系，有为客户保守秘密的义务，在没有客户许可和法律要求的情况下，提供相关材料是违反规定的。

3. 银行在有保守秘密义务的情况下，法定的机构可以在出具合法手续的情况下调查相关资料。

📓 处理措施和规范建议

有的员工不理解，我的工资在这里发的，这是事实，为什么不能提供？向有这种需求的员工进行耐心解释，并告诉他们获取材料的途径，即可以先申请劳动仲裁，并向仲裁庭说明证据的情况，由仲裁庭要求用人单位提供。如果涉及法院、检察院、公安局等，这些机关具有调查取证的权力，有权机关可以通过相关的程序进行调查取证。

💡 类推适用

1. 要求银行出具和客户相关的材料。

2. 要求银行出具没有义务的材料，如贷款逾期为非故意等。

🔍 参考法规

1.《中华人民共和国劳动争议调解仲裁法》第三十九条　当事人提供的证据经查证属实的，仲裁庭应当将其作为认定事实的根据。

劳动者无法提供由用人单位掌握管理的与仲裁请求有关的证据，仲裁庭可以要求用人单位在指定期限内提供。用人单位在指定期限内不提供的，应当承担不利后果。

2.《中华人民共和国民事诉讼法》第六十四条　当事人对自己提出的主张，有责任提供证据。

当事人及其诉讼代理人因客观原因不能自行收集的证据，或者人民法院认为审理案件需要的证据，人民法院应当调查收集。

人民法院应当按照法定程序，全面地、客观地审查核实证据。

第六十七条　人民法院有权向有关单位和个人调查取证，有关单位和个人不得拒绝。

3.《中华人民共和国刑事诉讼法》第四十九条　公诉案件中被告人有罪的举证责任由人民检察院承担，自诉案件中被告人有罪的举证责任由自诉人承担。

第五十条　审判人员、检察人员、侦查人员必须依照法定程序，收集能够证实犯罪嫌疑人、被告人有罪或者无罪、犯罪情节轻重的各种证据。严禁刑讯逼供和以威胁、引诱、欺骗以及其他非法方法收集证据，不得强迫任何人证实自己有罪。必须保证一切与案件有关或者了解案情的公民，有客观地、充分地提供证据的条件，除特殊情况外，可以吸收他们协助调查。

第一百九十三条　法庭审理过程中，对与定罪、量刑有关的事实、证据都应当进行调查、辩论。

4.《人民币银行结算账户管理办法》第九条　银行应依法为存款人的银行结算账户信息保密。对单位银行结算账户的存款和有关资料，除国家法律、行政法规另有规定外，银行有权拒绝任何单位或个人查询。对个人银行结算账户的存款和有关资料，除国家法律另有规定外，银行有权拒绝任何单位或个人查询。

夫妻查询账户信息

✍ 案例

客户韩某某在某农村商业银行有活期存款和定期存款，有的还是以他人名义存的款项。现在韩某某和妻子刘某某准备离婚，刘某某想查询韩某某的银行账户和资金的进出情况，刘某某拿着结婚证、户口本等，银行能否许可其查询？

📖 处理误区

银行存款属于夫妻共同财产，应当许可查询。

♻ 分析

1. 我国采取夫妻财产共有制度，在婚姻存续期间的所得为共同共有财产，夫妻有共同的处理财产的权利。但是账户是个人资金进出结算的工具，账户的信息属于存款人的个人信息，如果没有法律的规定而仅仅根据夫妻财产共有制度进行查询、处分个人的银行账户，那么金融机构就参与到家庭财产的判断之中，所以在账户管理中，一般情况下只有存款人个人才能查询、处分账户中的资金。

2. 许多人提出，夫妻可以凭借一定的材料和手续查询对方的存款、房产等信息，现在很多地方已经许可查询房产、车辆等信息。但是涉及账户的查询，则需要修改相关法律，这属于全国人大常委会或全国人大的立法权限。

📠 处理措施和规范建议

如果本省或者本市的地方性法律许可夫妻一方持有证件进行查询，则按照地方性法规执行。在没有这样的地方性法规出台的区域，则不许可查询，如果需要查询，按照法院调查的程序向法院申请进行查询。

🔍 参考法规

1.《中华人民共和国婚姻法》第十七条　夫妻在婚姻关系存续期间所得的下列财产，归夫妻共同所有：

（一）工资、奖金；

（二）生产、经营的收益；

（三）知识产权的收益；

（四）继承或赠与所得的财产，但本法第十八条第三项规定的除外；

（五）其他应当归共同所有的财产。

夫妻对共同所有的财产，有平等的处理权。

2.《广州市妇女权益保障规定》第二十三条　夫妻一方持身份证、户口本和结婚证等证明夫妻关系的有效证件，可以向工商行政管理部门、房地产行政管理部门、车辆管理部门等机构申请查询另一方的财产状况，有关行政管理部门或者单位应当受理，并且为其出具相应的书面材料。

离婚诉讼期间，夫妻一方因客观原因不能自行收集夫妻共有财产证据的，可以向人民法院申请调查收集。

外地银行邮寄的承兑汇票丢失

✍ 案例

某某银行上海虹口区支行将一张承兑汇票以挂号信的形式邮寄到某某农村商业银行，但是在投递过程由门口保安签收后不见踪影。到期后某某农村商业银行无法付款，某某银行上海虹口区支行要求农村商业银行立即支付并按照同期贷款利率赔偿损失。某某农村商业银行要求对方尽快过来并进行公示催告，但是由于临近春节且金额不大，对方不愿春节前到来，双方僵持不下。

📖 处理误区

某某农村商业银行有一定过错，所以应当赔偿损失，立即支付承兑资金。

♻ 分析

1. 承兑汇票丢失需要最后持票人到法院进行公示催告并获得除权判决才能支付。所以需要上海的托收申请人到某某农村商业银行所在地进行公示催告。但由于金额较小，如果算上来回路费，最后持票人得不偿失。

2. 由于承兑汇票丢失的责任究竟属于谁，存在争议。快递公司是否存在过错也无法确定。某某农村商业银行和委托付款人以及某某银行上海虹口区支行之间不存在直接的法律关系，持票人只能起诉某某银行上海虹口区支行，而某某银行上海虹口区支行只能起诉快递公司，无法直接起诉某某农村商业银行。同时按照原告就被告原则，应在某某农村商业银行所在地进行诉讼。

3. 由于对方延迟申请公示催告，对于扩大的损失，某某农村商业银行不承担责任。

4. 如果涉及诉讼，则需要在被告所在地进行。原告到被告所在地进行诉讼，原告心里没有底，因为数额不大，所以一般不愿意进行诉讼。

📱 处理措施和规范建议

1. 和对方协商，某某农村商业银行接受对方委托在本地法院办理公示催告和除权判决的一切手续后，将承兑汇票款支付给对方。

2. 对于赔偿数额，因为存在争议，所以可以协商解决，某某农村商业银行给予适当赔偿。

参考法规

1.《中华人民共和国民事诉讼法》第二十一条　对公民提起的民事诉讼，由被告住所地人民法院管辖；被告住所地与经常居住地不一致的，由经常居住地人民法院管辖。

对法人或者其他组织提起的民事诉讼，由被告住所地人民法院管辖。

第二十五条　因票据纠纷提起的诉讼，由票据支付地或者被告住所地人民法院管辖。

第二百一十八条　按照规定可以背书转让的票据持有人，因票据被盗、遗失或者灭失，可以向票据支付地的基层人民法院申请公示催告。依照法律规定可以申请公示催告的其他事项，适用本章规定。

申请人应当向人民法院递交申请书，写明票面金额、发票人、持票人、背书人等票据主要内容和申请的理由、事实。

第二百一十九条　人民法院决定受理申请，应当同时通知支付人停止支付，并在三日内发出公告，催促利害关系人申报权利。公示催告的期间，由人民法院根据情况决定，但不得少于六十日。

第二百二十条　支付人收到人民法院停止支付的通知，应当停止支付，至公示催告程序终结。

公示催告期间，转让票据权利的行为无效。

第二百二十一条　利害关系人应当在公示催告期间向人民法院申报。

人民法院收到利害关系人的申报后，应当裁定终结公示催告程序，并通知申请人和支付人。

申请人或者申报人可以向人民法院起诉。

第二百二十二条　没有人申报的，人民法院应当根据申请人的申请，作出判决，宣告票据无效。判决应当公告，并通知支付人。自判决公告之日起，申请人有权向支付人请求支付。

第二百二十三条　利害关系人因正当理由不能在判决前向人民法院申报的，自知道或者应当知道判决公告之日起一年内，可以向作出判决的人民法院起诉。

2.《中华人民共和国票据法》第十五条 票据丧失，失票人可以及时通知票据的付款人挂失止付，但是，未记载付款人或者无法确定付款人及其代理付款人的票据除外。

收到挂失止付通知的付款人，应当暂停支付。

失票人应当在通知挂失止付后三日内，也可以在票据丧失后，依法向人民法院申请公示催告，或者向人民法院提起诉讼。

3.《中华人民共和国合同法》第一百一十九条 当事人一方违约后，对方应当采取适当措施防止损失的扩大；没有采取适当措施致使损失扩大的，不得就扩大的损失要求赔偿。

当事人因防止损失扩大而支出的合理费用，由违约方承担。

伪造银行印章

✍ 案例

客户仲某某为了能够获得更多贷款，伪造银行流水，并加盖伪造的农村商业银行印章。现在农村商业银行想追究仲某某的法律责任。

♻ 分析

伪造印章罪涉及的主要是国家机关和事业单位的印章，现在该罪进一步扩大到企业的印章，银行属于企业。伪造企业单位的印章也列入犯罪，同时也违反了《中华人民共和国治安管理处罚法》的规定，可以报警，要求公安局进行处理。

🖊 处理措施和规范建议

保留证据，首先报警处理，让伪造者销毁伪造的印章。如果影响较广，可以要求登报道歉。因为仅涉及银行对账单，很难确定损失的大小，如果要求赔偿损失，有一定的难度。

🔍 参考法规

1.《中华人民共和国刑法》第二百八十条 伪造、变造、买卖或者盗窃、抢夺、毁灭国家机关的公文、证件、印章的，处三年以下有期徒刑、拘役、管制或者剥夺政治权利；情节严重的，处三年以上十年以下有期徒刑。

伪造公司、企业、事业单位、人民团体印章的，处三年以下有期徒刑、拘役、管制或者剥夺政治权利。

2.《中华人民共和国治安管理处罚法》第五十二条 有下列行为之一的，处十日以上十五日以下拘留，可以并处一千元以下罚款；情节较轻的，处五日以上十日以下拘留，可以并处五百元以下罚款：

（一）伪造、变造或者买卖国家机关、人民团体、企业、事业单位或者其他组织的公文、证件、证明文件、印章的；

（二）买卖或者使用伪造、变造的国家机关、人民团体、企业、事业单位或者其他组织的公文、证件、证明文件的。

拒绝法院执行

✍ 案例

本地的法院到农村商业银行来执行某某房地产开发公司的按揭贷款保证金账户资金，银行的工作人员知晓按揭贷款的保证金类似承兑汇票的保证金，特别是银行的法律人员前段时间送过来一个判决书，该判决书确认该开发公司的按揭贷款保证金为现金质押，不能扣划。现在该法院没有冻结，直接要求扣划该保证金，银行工作人员认为不能扣划，为此双方发生争执。于是法院决定开出不协助执行的处罚决定书。

📖 处理误区

法院的执行措施错误，协助执行机构有权予以拒绝。

♻ 分析

1. 法院的执行是行使公权力，拥有强制执行的权力，如果阻挠，法院可以采取罚款、拘留等措施。

2. 法院诉讼错误、执行错误，可以通过诉讼、复议等进行纠正，而不能直接拒绝。

3. 对账户的扣划属于执行措施，可以依法提出执行异议，通过听证程序提出意见，如果听证程序之后还是裁定银行无质押权利，则可以进一步诉讼获得实体权利相关的判决，并可以上诉。

📟 处理措施和规范建议

如果涉及公安、检察院、法院、税务等相关的公权力的执行，只要手续齐全，就应当配合执行，其审查重点是进行形式审查。

参考法规

1.《中华人民共和国民事诉讼法》第一百一十一条　诉讼参与人或者其他人有下列行为之一的，人民法院可以根据情节轻重予以罚款、拘留；构成犯罪的，依法追究刑事责任：

（一）伪造、毁灭重要证据，妨碍人民法院审理案件的；

（二）以暴力、威胁、贿买方法阻止证人作证或者指使、贿买、胁迫他人作伪证的；

（三）隐藏、转移、变卖、毁损已被查封、扣押的财产，或者已被清点并责令其保管的财产，转移已被冻结的财产的；

（四）对司法工作人员、诉讼参加人、证人、翻译人员、鉴定人、勘验人、协助执行的人，进行侮辱、诽谤、诬陷、殴打或者打击报复的；

（五）以暴力、威胁或者其他方法阻碍司法工作人员执行职务的；

（六）拒不履行人民法院已经发生法律效力的判决、裁定的。

人民法院对有前款规定的行为之一的单位，可以对其主要负责人或者直接责任人员予以罚款、拘留；构成犯罪的，依法追究刑事责任。

第一百一十四条　有义务协助调查、执行的单位有下列行为之一的，人民法院除责令其履行协助义务外，并可以予以罚款：

（一）有关单位拒绝或者妨碍人民法院调查取证的；

（二）银行、信用合作社和其他有储蓄业务的单位接到人民法院协助执行通知书后，拒不协助查询、冻结或者划拨存款的；

（三）有关单位接到人民法院协助执行通知书后，拒不协助扣留被执行人的收入、办理有关财产权证照转移手续、转交有关票证、证照或者其他财产的；

（四）其他拒绝协助执行的。

人民法院对有前款规定的行为之一的单位，可以对其主要负责人或者直接责任人员予以罚款；对仍不履行协助义务的，可以予以拘留；并可以向监察机关或者有关机关提出予以纪律处分的司法建议。

2.《最高人民法院关于适用〈中华人民共和国民事诉讼法〉的解释》

第三百零四条　根据民事诉讼法第二百二十七条规定，案外人、当事人对执行异议裁定不服，自裁定送达之日起十五日内向人民法院提起执行异议之诉的，由执行法院管辖。

第三百零五条　案外人提起执行异议之诉，除符合民事诉讼法第一百一十九条规定外，还应当具备下列条件：

（一）案外人的执行异议申请已经被人民法院裁定驳回；

（二）有明确的排除对执行标的执行的诉讼请求，且诉讼请求与原判决、裁定无关；

（三）自执行异议裁定送达之日起十五日内提起。

人民法院应当在收到起诉状之日起十五日内决定是否立案。

第三百零六条　申请执行人提起执行异议之诉，除符合民事诉讼法第一百一十九条规定外，还应当具备下列条件：

（一）依案外人执行异议申请，人民法院裁定中止执行；

（二）有明确的对执行标的继续执行的诉讼请求，且诉讼请求与原判决、裁定无关；

（三）自执行异议裁定送达之日起十五日内提起。

人民法院应当在收到起诉状之日起十五日内决定是否立案。

第三百零七条　案外人提起执行异议之诉的，以申请执行人为被告。被执行人反对案外人异议的，被执行人为共同被告；被执行人不反对案外人异议的，可以列被执行人为第三人。

第三百零八条　申请执行人提起执行异议之诉的，以案外人为被告。被执行人反对申请执行人主张的，以案外人和被执行人为共同被告；被执行人不反对申请执行人主张的，可以列被执行人为第三人。

第三百零九条　申请执行人对中止执行裁定未提起执行异议之诉，被执行人提起执行异议之诉的，人民法院告知其另行起诉。

第三百一十条　人民法院审理执行异议之诉案件，适用普通程序。

第三百一十一条　案外人或者申请执行人提起执行异议之诉的，案外人应当就其对执行标的享有足以排除强制执行的民事权益承担举证证明责任。

第三百一十二条　对案外人提起的执行异议之诉，人民法院经审理，按照下列情形分别处理：

（一）案外人就执行标的享有足以排除强制执行的民事权益的，判决不得执行该执行标的；

（二）案外人就执行标的不享有足以排除强制执行的民事权益的，判决驳回诉讼请求。

案外人同时提出确认其权利的诉讼请求的，人民法院可以在判决中一并作出裁判。

第三百一十三条 对申请执行人提起的执行异议之诉，人民法院经审理，按照下列情形分别处理：

（一）案外人就执行标的不享有足以排除强制执行的民事权益的，判决准许执行该执行标的；

（二）案外人就执行标的享有足以排除强制执行的民事权益的，判决驳回诉讼请求。

第三百一十四条 对案外人执行异议之诉，人民法院判决不得对执行标的执行的，执行异议裁定失效。

对申请执行人执行异议之诉，人民法院判决准许对该执行标的执行的，执行异议裁定失效，执行法院可以根据申请执行人的申请或者依职权恢复执行。

第三百一十五条 案外人执行异议之诉审理期间，人民法院不得对执行标的进行处分。申请执行人请求人民法院继续执行并提供相应担保的，人民法院可以准许。

被执行人与案外人恶意串通，通过执行异议、执行异议之诉妨害执行的，人民法院应当依照民事诉讼法第一百一十三条规定处理。申请执行人因此受到损害的，可以提起诉讼要求被执行人、案外人赔偿。

第三百一十六条 人民法院对执行标的的裁定中止执行后，申请执行人在法律规定的期间内未提起执行异议之诉的，人民法院应当自起诉期限届满之日起七日内解除对该执行标的的采取的执行措施。

公证书的完整格式

✍ 案例

客户周某要办理抵押手续，委托其他人办理，且出具了公证委托书，但是业务经办人员感觉公证书不真实，不知道如何判断公证书的真假。

📖 处理误区

和其他公文一样，有公证处的印章即可，因为公证书是公证处出具的材料。

♻ 分析

按照《公证法》的相关规定，公证书要有公证员的签名或者签名章，以及编号。公证员签章的意义大于公章，因为出具公证书是一项法律性事务，需要有专业的知识，法律对于公证员的要求也严格。

📠 处理措施和规范建议

1. 查看编号，根据编号可以找到出具该公证书的机构，并进行查询。

2. 公证书是对应公证员的，公证员要对出具公证书的相关法律和事实进行审查并承担一定的责任，所以公证书必须要有公证员的签名，涉及事项重大的，可以进一步电话核实，以减少风险。

🔍 参考法规

1.《中华人民共和国公证法》第三十二条 公证书应当按照国务院司法行政部门规定的格式制作，由公证员签名或者加盖签名章并加盖公证机构印章。公证书自出具之日起生效。

公证书应当使用全国通用的文字；在民族自治地方，根据当事人的要求，可以制作当地通用的民族文字文本。

2.《司法部公证律师司关于公证书试行格式的几点说明》 公证书是国家公证机关出具的证明文件。要求内容真实、合法；文字准确、明了、易懂；印刷装订整洁、美观、大方。

一、关于一事一证问题

为了申请人使用方便，一般以一事一证为好。有几项证明内容但属于同一使用目的而需合并成一份证书的可以几事一证。

二、关于出生地和出生日期问题

出生地一般只写省、县（市）的名称。如省、县（市）的名称有变化，则应写出生时的名称；如果出生时的地名现已不存在，则可在地名前边加一个"原"字。

公证书上一律不写年龄，以出生日期代替年龄，出生日期一律用公历，写明×年×月×日，必要时，可用括号注明农历日期。

三、关于编号问题

公证书均需编号。一宗公证事，需要办几件公证书的，应按顺序每件编一个号，不要几件同编一个号；如几项内容办成一份公证书的，应按一件计，编一个号。

有关继承问题的公证书，继承权公证书的编号应在委托公证书之前；遗嘱公证书的编号又应排在继承权公证书之前。

委托书、遗嘱是委托人、立遗嘱人出具的文件，不应另行编号，号应编在委托公证书和遗嘱公证书上。

四、关于签名盖章问题

公证员应亲自在公证书上签名或盖签名章。签名和签名章要易于辨认，不要太草，大小一般宽为 2 公分，长为 1.5 公分。签名和签名章应报送外交部领事司备案，并抄送我部。

申请人一般应签名，不会写字的可以盖章，通常不按手印。

签名、盖章的位置见格式第一式之二。

一般不在外国文件或外文正本上盖我公证机关和公证员印章。但如外国文件或外文正本上无损害我国主权和与我国法律、政策相抵触的内容，可作另纸公证的形式予以证明。

五、关于贴照片问题

经历公证书和学历公证书一律贴照片；结婚公证书贴夫妇两人的单身或合影照片。其他证明书一般不贴照片，如果申请人提出正当理由（如使用地要求）要求贴照片的，也可以贴。照片一律用最近的一寸半身免冠照片，贴照片位置见格式第一式之二，并加盖钢印。

六、关于纸张问题

公证书应选用较好一些的纸张，封面与正文均为 16 开。

七、关于印刷问题

公证书封面一律铅印。办证不多、印刷有困难的县（市）可由省统一印刷。

公证书正文一律打字油印。

公证书封面的"公证书"用老初宋体字："中华人民共和国×省×市公证处"用二宋体字；公证书正文用打字机三号字。

版面排版的尺寸见第一式。

八、关于装订问题

装订时，应将公证书证明内容按先后顺序排列。

首先是封面（国内使用的公证文书不需要加封面）。

其次是公证书，如果是证明申请人签字属实的公证书，则应把申请人提出的文件排在前面，公证机关的公证书排在后面。（略）

如附有外文译文，是中文正本的译文，应附在中文本之后；是证明外文译文与中文正本相符，则应将译文排在公证机关的公证书之前。

最后是封底（无封面者也不需加封底）。

在几项证明内容属于同一使用目的时，装订中应将证明内容合乎规律地排列装订。

装订一般用胶水粘，要粘得平整；页数多，粘有困难的，则可把正页用订书机装订，而后粘上封面封底。（略）

送外交部领事司认证的公证文书必须装订好，切勿散着送认证。

第五章

投诉和其他

投诉处理时事情已经发展到后端，这个阶段如果不能认真对待，不能以正确的方式方法处理，不能控制好其中的法律风险，则会对金融机构产生重要的影响。

第一节　投诉

客户银行卡被盗刷

✍ 案例

客户孙某向某农村商业银行反映其银行卡在河南被盗刷，且手机收到资金转移的短信，但是银行卡一直在身边。孙某马上到附近的邮政储蓄银行ATM上查询，发现少了两万元。第二天，孙某咨询了律师然后到银行投诉，要求银行全额赔偿，声称网上案例很多都赔偿全额。

📖 处理误区

1. 客户既然要求赔偿，也有依据，就应当给予赔偿，法院的判例中银行都要赔偿一部分。

2. 银行如果不赔偿，会导致客户投诉，甚至向媒体反映，导致银行声誉风险下降。

3. 这涉及刑事犯罪，应当"先刑后民"，银行不要先赔偿，等刑事案件处理完毕后再赔偿。

♻ 分析

1. 在储蓄存款合同关系中，银行对储户应当承担信息安全保障义务，即银行应当保证其服务场所、系统设备的安全适用，保障储户信息、密码等信息数据的安全，在储户的信息、密码等信息数据被窃取之后，银行也要能够采取足够的措施保障储户资金安全。当然储户负有妥善保管银行卡和密码的义务。银行承担的信息安全保障义务中，对银行卡真伪的"实质审查义务"是其主要内容之一。这种"实质审查义务"并非额外加重银行的负担。因为作为发卡方，银行负有银行卡的安全保障义务，要切实提升银行卡防伪、识伪的科技水平，不能让用户因银行自身的技术不过关或银行卡自身存在的安全隐患而遭受意外损失。

2. 发生盗刷事件，法院一般会判决银行承担大部分责任，至于承担责任的比例，不同的法院判决也不同。既然银行应当赔偿，那么积极主动调解是最好的方式，否则有的客户会将相关事项在自媒体上发布或向政府的热线投诉影响银行声誉，同时增加工作量。

3. 在具体的司法实践中，民事诉讼和刑事诉讼都是维护社会秩序的手段，二者并不存在谁优先的问题。在刑民交叉案件的处理顺序上，可以有"先刑后民"、"刑民并行"、"先民后刑"等多种处理方式。作为上述处理方式的一种，"先刑后民"是有其适用条件的，与同一法律事实有相互牵连关系的刑事案件和民事案件同时存在时，只有在民事案件的审理必须以刑事案件的审理结果为依据，且刑事案件尚未审结时，法院才可适用"先刑后民"原则，裁定民事案件中止审理，待刑事案件审理结案，再继续审理该民事案件。而银行卡被盗刷储户诉银行这类案件中，原告与被告之间是基于储蓄存款合同而产生的经济纠纷，与案外人涉嫌经济犯罪案件不属于同一法律关系，所以不适用"先刑后民"原则。

📡 处理措施和规范建议

1. 积极主动联系客户，请客户提出赔偿比例要求，疏导客户的情绪。

2. 要求客户提交自己卡被盗刷的证据材料，即"盗刷"交易不是自己所为，交易发生时自己卡未离身，不在事发地，密码也未告知他人。其中"盗刷行为"非自己所为，交易时自己卡未离身，是储户最主要的举证责任。如果没有相关的证据，那么难以赔偿，在谈判时要向客户阐明，即使去法院也需要这些证据材料，如果没有证据，以对外发布来要挟属于敲诈勒索，需要向客户阐明清楚。

3. 因为法院判决的赔偿比例各不相同，抓住客户不想诉讼以及无法预估赔偿比例的心理，在赔偿比例上可以适当降低。同时加强银行卡的安全建设，补上漏洞。

🔍 参考法规

1.《中华人民共和国民事诉讼法》第六十四条　当事人对自己提出的主张，有责任提供证据。

2.《商业银行声誉风险管理指引》第二条　本指引所称声誉风险是指由商业银行经营、管理及其他行为或外部事件导致利益相关方对商业银行负面评价的风险。

声誉事件是指引发商业银行声誉风险的相关行为或事件。

第五条　商业银行应建立和制定适用于全行的声誉风险管理机制、办法、相关制度和要求，其内容至少包括：

（一）声誉风险排查，定期分析声誉风险和声誉事件的发生因素和传导途径。

（二）声誉事件分类分级管理，明确管理权限、职责和报告路径。

（三）声誉事件应急处置，对可能发生的各类声誉事件进行情景分析，制定预案，开展演练。

（四）投诉处理监督评估，从维护客户关系、履行告知义务、解决客户问题、确保客户合法权益、提升客户满意度等方面实施监督和评估。

（五）信息发布和新闻工作归口管理，及时准确地向公众发布信息，主动接受舆论监督，为正常的新闻采访活动提供便利和必要保障。

（六）舆情信息研判，实时关注舆情信息，及时澄清虚假信息或不完整信息。

（七）声誉风险管理内部培训和奖惩。

（八）声誉风险信息管理，记录、存储与声誉风险管理相关的数据和信息。

（九）声誉风险管理后评价，对声誉事件应对措施的有效性及时进行评估。

存款化的股金证

✍ 案例

客户张某从家中拿出了1993年的股金证要求支付，其名称为"股金证"，票面主要要素为客户名称、金额、时间以及出具单位名称。属于当初为了揽储而发行的一种记名存单，当时《公司法》尚未出台，信用社的股金和存款的概念比较模糊，现在看来属于存款。以前信用社发布过清理通知，但张某遗忘在家中。现在张某要求支付本金和每年10%利息且计算复利。

📖 处理误区

1. 属于股金证，按照当初入股的股份计算。改制时进行了公告，因没有直接书面通知到个人，错误在信用社，应当按照股份计算收益，并进行支付。

2. 按照定期存单支付利息。

♻ 分析

1. 当时的信用社属于事业单位,还不是公司制,是城镇集体所有制经济,所有的资金都是集体出资。当时没有《公司法》,也不存在股份的说法。

2. 是当初管理混乱年代吸储的一种方式,即使属于入股也没有进行股份的登记。所以现在只能按照《储蓄管理条例》支付活期利息,无证据证明为定期存款。如果考虑适当多给一些补偿,可以按照定期存款支付利息。

🖊 处理措施和规范建议

1. 积极回应,并指出不是股权,而是存款。

2. 拿出相关的法律法规,说明复利和太高的利率都是违法的,单位无法支付,如果支付也是违法的。

3. 客户的心理是想尽快解决,通过法院诉讼时间长,而且因为法律法规变化太大,影响法院判决结果的不确定因素更多,法院能够在多大的程度上支持其要求,客户心里没底,还是希望能够和银行协商解决。

4. 是否为股权,是否按照改制要求进行了通知,避开这些股权是否有效的争论。

5. 没有确定的存款日期,这是特定历史时期的产物,当时由于存在通货膨胀,利率有一段时期确实很高,但是各方都难以寻找到有力的证据,特别是对单据的持有人不利。

客户被诈骗投诉银行没有有效提醒

✍ 案例

客户田某某到银行汇款 2 万元,银行工作人员按照要求提醒他是否熟悉这个人,用途是什么。但是田某某显得不耐烦地说这个不关你们的事情,不会上当的。但是几个小时后,他回来了,说钱被骗了,对方电话打不通了,说银行没有认真多次提醒,要投诉工作人员不负责任。

📖 处理误区

银行工作人员没有提醒到位,属于工作失职。

🔄 分析

责任的承担是和义务相关联的，没有义务就没有责任。防范电信诈骗属于银行为了履行自身的社会责任和为客户服务的意识而按照监管部门的要求附加的义务，属于内部管理的范畴，对客户来说不属于法定义务和约定义务，属于善意提醒，即使提醒不到位，甚至因为疏忽没有提醒也不承担责任。

📋 处理措施和规范建议

银行工作人员不需要对客户承担任何责任。如果按照监管部门要求应当提醒而由于疏忽没有提醒，则要承担一定的行政责任。

🔍 参考法规

1.《中华人民共和国宪法》第三十三条　任何公民享有宪法和法律规定的权利，同时必须履行宪法和法律规定的义务。

2.《中华人民共和国侵权责任法》第六条　行为人因过错侵害他人民事权益，应当承担侵权责任。

根据法律规定推定行为人有过错，行为人不能证明自己没有过错的，应当承担侵权责任。

第七条　行为人损害他人民事权益，不论行为人有无过错，法律规定应当承担侵权责任的，依照其规定。

资金被小孩玩游戏转出

✍ 案例

客户张某某卡中的资金没有经过自己输入密码就被转走了，到银行声称银行卡有漏洞，银行应当承担责任，并已经咨询了律师。为此，银行查询了客户银行卡的资金流向，发现是客户的银行卡绑定了自动支付，小孩在手机上玩游戏被转走购买游戏装备了。

📖 处理误区

需要承担责任，因为银行没有尽到提醒的义务。

🔄 分析

1. 有行为就有义务，绑定银行卡是客户自己的行为，相应的责任应当由客户自己承担。银行只要证明不是自身有错误或者银行卡存在的安全隐患被盗刷即可。

2. 加强农村地区客户用卡的风险教育，教会他们安全用卡。

处理措施和规范建议

告诉张某某资金被自动转出，是因为绑定了自动支付；建议客户咨询正式的律师（村镇上的司法工作人员在老百姓的心中也是律师），他们的法律知识和处理经验较镇上的司法人员更丰富。

柜员办错业务被客户投诉要求赔偿

案例

客户郑某某到银行办理业务，由于柜员疏忽导致办理错误，郑某某要投诉，会计为了息事宁人就从后台为客户做了修改。郑某某进一步发现银行办理该业务的不足之处，声称没有经过客户许可就修改密码，严重侵犯消费者的权益，要进一步投诉。因为银行存在严格的投诉考核，柜员就主动联系客户，要求私了此事，并愿意给予一定补偿，以便尽快结束此事。该客户狮子大开口要求赔偿 10 万元，否则不断进行投诉。

处理误区

以金钱补偿要求客户不投诉。

分析

1. 以对方的不足作为要挟，要求支付一定的金钱或者其他行为达到一定标准即构成敲诈勒索罪，如果没有达到标准，可以进行治安处罚，如罚款、拘留等。只要当事人提出要求，虽然没有达到自己的愿望，但实施了这样的行为就构成违法，为犯罪未遂，依法可以从轻或者减轻处罚。所以银行的员工要学会拿起法律武器。

2. 如果员工发现自己的行为有不足之处，可能会引起客户的投诉，那么在第一时间咨询相关的法律人员，在法律人员的协助下完成和客户的沟通。相反，被客户牵着鼻子走，一味地迁就客户，最终只会越来越被动。

处理措施和规范建议

1. 客户根据银行的行为相应地一步一步作出反应，所以对于客户的不合理要求一开始就要拒绝，不能给有些客户以幻想，但是在处理技巧上可以让有经验的法律人员参与。

2. 对于自己的错误行为，很多员工都希望能够遮掩住。但是如果处理不当，就会适得其反。银行应当积极处理投诉、化解矛盾，不能给一线犯错的员工太大压力，否则一线员工处理不当只会产生更大的问题。

3. 在客户已经满意，且放弃自己的行为时可以给予其礼物表示感谢，而不是以物质条件进行交换。

🔍 参考法规

1.《中华人民共和国刑法》第二十三条　已经着手实行犯罪，由于犯罪分子意志以外的原因而未得逞的，是犯罪未遂。

第二百七十四条　敲诈勒索公私财物，数额较大的，处三年以下有期徒刑、拘役或者管制；数额巨大或者有其他严重情节的，处三年以上十年以下有期徒刑。

对于未遂犯，可以比照既遂犯从轻或者减轻处罚。

2.《中华人民共和国治安管理处罚法》第四十九条　盗窃、诈骗、哄抢、抢夺、敲诈勒索或者故意损毁公私财物的，处五日以上十日以下拘留，可以并处五百元以下罚款；情节较重的，处十日以上十五日以下拘留，可以并处一千元以下罚款。

通知客户回来还款错误　客户要求赔偿

✎ 案例

银行的客户经理请村里人员通知客户菱某某回来归还往年的不良贷款，菱某某在外地承包工程，其妻子以为他瞒着她偷偷地在银行贷款，同时感觉被人追着要贷款，在全村影响不好，所以立即通知他必须尽快回来处理。菱某某回来跑到银行质问，原来是多年前有人以他的名义和身份证复印件进行的贷款，银行之前已经认定和他无关，其不承担任何责任。他知道是现在的客户经理在没有搞清楚的情况下作出的行为，于是要求赔偿其损失，否则对外投诉。

📖 处理误区

不予赔偿，这仅仅属于银行人员的工作疏忽，而且他也没有什么损失。

♻ 分析

1. 按照侵权的一般原则，谁有过错谁承担责任，在银行通知菱某某回来还款的事情上，银行有一定的过错，如果客户有损失，银行有赔偿的责任。

2. 过错赔偿，一般按照损失多少赔偿多少的原则。客户放下生意导致的损失是间接损失，一般不予赔偿，法律主要支持赔偿直接损失。

3. 敲诈勒索行为属于犯罪，如果以对方的错误为要挟并要求对方答应自己不合理的物质要求，则属于敲诈行为。

📓 处理措施和规范建议

1. 主动和客户沟通，赔偿他这几天的务工损失、交通费，在直接损失的范围内协商处理。

2. 对于客户更多的无理要求进行法律上的教育。一般不立即让公安机关介入，因为一旦行为构成犯罪就无挽回的余地，所以对其批评教育即可。

第二节　其他方面

投资分红的时间

✍ 案例

甲农村商业银行股份有限公司决定投资乙农村商业银行股份有限公司，甲不是通过发行新股增资的形式成为乙公司的股东，而是通过购买乙公司的原有股东的股份。在签署协议时，对投资当年账面上所留下的未分配利润没有写明，尽管乙方管理层口头上约定由于甲方成为乙方股东的时间较晚，所以不应当享有该未分配利润。第二年年初乙方召开董事会会议和股东代表大会，准备分配上一年的未分配利润，管理层通知甲方，声称甲方不享有未分配利润。

📖 处理误区

甲方购买股份的时间较晚，在当年第四季度才成为正式的乙方股东，还没有为乙方做贡献，不应当享有未分配利润。

分析

1. 股权是指股东基于股东资格享有的从公司获取经济利益并参与公司管理的权利，整体性和不可分割性是股权转让最重要的特征，即股权转让是股东权利和义务的概括转让，新股东完全取代原股东地位，而非部分权利和义务的转让，股权转让不能有任何保留。

2. 董事会可提出利润分配方案，但最终有权决定利润分配方案的是股东会或股东大会，未经股东会或股东大会通过的利润分配方案不受法律保护，股东在股东会未作出决议之前不能行使股利分配请求权。即使在转让股权之前已经实际存在可供分配的利润，原股东要求分配利润的诉讼请求一般得不到支持。

3. 股权转让前，公司股东会或股东大会已经形成利润分配决议的，转让人在转让股权后有权向公司要求给付相应利润。转让人因股权转让丧失股权后，股东会或股东大会就转让前的公司利润形成分配决议，转让人可以要求公司给付相应利润。

4. 自股权转让协议生效之日起，受让股东就应享有股权所对应的一切权利，包括现时和或有利益，也承担股权所对应的义务，除非该协议以后被解除、撤销或宣告无效。

5. 如果公司确实没有考虑未分配利润因素，比如未分配利润金额巨大却按原股价转让，那么转让方可以根据《中华人民共和国合同法》以显失公平为由提起诉讼，请求撤销或变更原股权转让合同，从而获得司法救济。

处理措施和规范建议

1. 对甲公司而言，应当积极依法主张对未分配利润的拥有权，如果乙公司的董事会和股东代表大会决议剥夺了甲方作为股东所享有的权益，则该决议无效，可以通过诉讼的方式由法院宣布该决议无效，重新召开会议并作出合法的决议。

2. 对乙公司而言，这个属于股东之间的交易，不必涉入。可以在交易的合法性方面提供法律服务，提醒转让方考虑更多的细节，并将双方的商谈内容写入合同。如果不愿意给予未分配利润，同时购买方也同意，则可以召开临时股东代表大会，对涉及转让股份的未分配利润作出决议。

📖 参考法规

1.《中华人民共和国公司法》第三十七条　股东会行使下列职权：

（六）审议批准公司的利润分配方案和弥补亏损方案。

第四十六条　董事会对股东会负责，行使下列职权：

（五）制订公司的利润分配方案和弥补亏损方案。

第九十九条　本法第三十七条第一款关于有限责任公司股东会职权的规定，适用于股份有限公司股东大会。

2.《中华人民共和国合同法》第五十四条　下列合同，当事人一方有权请求人民法院或者仲裁机构变更或者撤销：

（一）因重大误解订立的；

（二）在订立合同时显失公平的。

第五十六条　无效的合同或者被撤销的合同自始没有法律约束力。合同部分无效，不影响其他部分效力的，其他部分仍然有效。

第五十七条　合同无效、被撤销或者终止的，不影响合同中独立存在的有关解决争议方法的条款的效力。

第五十八条　合同无效或者被撤销后，因该合同取得的财产，应当予以返还；不能返还或者没有必要返还的，应当折价补偿。有过错的一方应当赔偿对方因此所受到的损失，双方都有过错的，应当各自承担相应的责任。

银行厅堂的安保义务（一）

✎ 案例

客户王某某在银行取款 10 万元，刚走到营业厅外，钱即被抢走。公安局接到报案后紧急处理，一个月后，涉案犯罪嫌疑人被抓，但是资金已经被挥霍一空。王某某要求银行赔偿损失，因为银行没有尽到安全保障义务才导致他遭受损失。

📖 处理误区

在银行营业厅外部，不属于银行的安全保障范围，不应当承担责任。

♻ 分析

1. 实际进入服务场所的任何人都应该是安全保障义务相对应的权利主体，包括消费者和其他潜在的消费者。银行对预防抢劫事件发生，未能采取合理范围内的防范措施，未能完全履行其安全保障义务，应对储户的损失承担补充赔偿责任，即在未能获得赔偿的范围内，根据过错的程度进行相应赔偿。

2. "合理限度内的安全保障义务"应根据行业特点、经营场所的性质等情况来确定。银行所服务对象经常携带大量现金出入，银行的安全保障义务应在空间上予以适当延伸，不能局限于其封闭的营业场所之内。

处理措施和规范建议

1. 在营业场所外同样要安装高清的视频监控设备，在外厅也要配备一定的安全保障人员，可以维持外部秩序，保障安全，注意来往可疑人员。在发现客户钱款丢失时，应当立即报警，协助公安机关尽快破案。

2. 客户对自己的财物也有一定的保障义务，之所以发生这样的事，银行和客户都有一定责任，双方要分担损失。责任的大小根据特定的场景权衡。银行可以以此与客户谈判。

参考法规

1. 《中华人民共和国侵权责任法》第三十七条　宾馆、商场、银行、车站、娱乐场所等公共场所的管理人或者群众性活动的组织者，未尽到安全保障义务，造成他人损害的，应当承担侵权责任。

因第三人的行为造成他人损害的，由第三人承担侵权责任；管理人或者组织者未尽到安全保障义务的，承担相应的补充责任。

2. 《最高人民法院关于审理人身损害赔偿案件适用法律若干问题的解释》第六条　从事住宿、餐饮、娱乐等经营活动或者其他社会活动的自然人、法人、其他组织，未尽合理限度范围内的安全保障义务致使他人遭受人身损害，赔偿权利人请求其承担相应赔偿责任的，人民法院应予支持。

因第三人侵权导致损害结果发生的，由实施侵权行为的第三人承担赔偿责任。安全保障义务人有过错的，应当在其能够防止或者制止损害的范围内承担相应的补充赔偿责任。安全保障义务人承担责任后，可以向第三人追偿。赔偿权利人起诉安全保障义务人的，应当将第三人作为共同被告，但第三人不能确定的除外。

银行厅堂的安保义务 (二)

✍ 案例

客户史某某年龄较大，2016 年某天，他到银行办理业务，推开玻璃门进入贵宾厅后，由于家里有急事，他转身就向外走去，一下子撞在玻璃门上，鼻梁骨折。现在史某某住进医院，要求银行赔偿损失。

📖 处理误区

属于客户自身不注意导致的损失，银行没有过错，所以不应当承担责任。

♻ 分析

银行应当保障进入服务场所的任何人安全，应当采取措施预防危险事件发生，未采取有效的防范措施，应根据过错的程度进行相应赔偿。

📝 处理措施和规范建议

1. 在玻璃门上贴上"当心玻璃"、有人看护玻璃门的转动、雨雪天气防止地面湿滑等，银行应采取这些措施防止客户受到伤害。同时所采取的措施要到位，在通常的情况下能够防止客户受到伤害，如果采取的措施不到位，则需要承担责任。

2. 客户对自己也具有一定的注意义务，要分担损失，而不是银行赔偿全部的损失。银行可以在赔偿比例上与客户协商，对于那些漫天要价的客户，如果无法达成一致意见，就通过诉讼的方式解决。

撤销拍卖公告的赔偿

✍ 案例

某某农村商业银行在乡镇有很多房产作为营业使用，随着小城镇建设以及旧网点的更新改造，有些网点放弃不用需要出售。某某农村商业银行邀请了拍卖公司进行拍卖，拍卖公司在报纸和网站上发布了拍卖公告，当地政府突然进行干预，要求立即停止拍卖。如何立即撤销这些拍卖公告并对拍卖公司进行补偿？

处理误区

不予补偿，因为买卖没有进行，委托方可以随时终止委托。

分析

1. 拍卖是委托关系，委托人可以随时撤销委托。

2. 受托人的合理支出，委托人应当给予补偿。如果约定撤销委托的违约金，则应当对拍卖公司支付违约金。

处理措施和规范建议

1. 发出撤销拍卖的公告。

2. 对拍卖公司的公告费、宣传费等给予一定的补偿。

参考法规

《中华人民共和国拍卖法》第二十条 拍卖人接受委托后，未经委托人同意，不得委托其他拍卖人拍卖。

第二十九条 委托人在拍卖开始前可以撤回拍卖标的。委托人撤回拍卖标的的，应当向拍卖人支付约定的费用；未作约定的，应当向拍卖人支付为拍卖支出的合理费用。

改制中政府投入的房产能否拍卖

案例

农村商业银行的前身，属于集体企业。当时大部分农村信用社处于亏损状态，后来按照《公司法》改制为企业，各乡镇的房产也都投入到改制后的农村信用社中，农村信用社并没有支付相应的对价进行购买。现在农村商业银行准备处置这些房产，可是当地的政府部门没有同意办理产权转移，认为当初给予农村商业银行时，农村商业银行没有支付对价，如果需要出售，则需要扣除土地出让金，这些房产是否属于农村信用社所有，是否可以自由处置？

处理误区

没有缴纳土地出让金，转让应当受到限制。

🔁 分析

1. 农村信用社在没有改制之前类似事业单位，在改制过程中，政府将相关的资产注入作为对员工置换身份的补偿，改制前农村信用社的员工属于集体企业的人员，政府包办一切，改制为企业后就需要按照企业化的方式运营。

2. 农村信用社的房产是政府特别政策之下给予的产权，属于出让所有，非划拨，是员工身份置换的对价，超过对价的需要进行购买，所以在转让中不应当有法律障碍。

📠 处理措施和规范建议

1. 寻找相关政策文件，各省都有相关政策，以相应的政策文件解释当初获得房产的合法性。

2. 买受人要接受相关土地用途的限制，因为当时政府对于这些旧网点的土地用途进行了限制，主要为金融用地。

🔍 参考法规

1.《关于进一步规范国有企业改制工作的实施意见》第十八条 改制时经核销、提留、剥离后的净资产为负资产的企业，人员安置费用缺口部分由县财政负责解决。

2.《江苏省省级国有中小型企业改制调整劳动关系费用提留和国有净资产处置办法》第三条 原国有企业改制成多元股权企业时，从改制前企业评估后净资产中按下列顺序提留有关费用（资金）：

（一）改制前企业未提少提的基本养老、失业和医疗保险费（以下简称社会保险费用）；

（二）解除劳动关系不进入改制后企业职工的安置费或经济补偿金；

（三）需预提的离休人员医药费；

（四）需预提的未参加医疗保险的退休人员的医药费；

（五）五、六十年代精简下放人员生活费；

（六）死亡职工和死亡退休人员供养直系亲属定期救济费；

（七）离岗退养职工费用；

（八）留用职工调整劳动关系的职工安置费或经济补偿金；

（九）坏账准备；

（十）国家和省规定的其他费用。

第四条　所有改制企业，都应当调整职工劳动关系，与不进入改制后企业的职工办理解除劳动关系手续；与留用职工协商，相应变更或重新签订劳动合同，明确新的用工主体。

第二十一条　改制时资不抵债以及净资产不足以提留本办法三条（一）至（八）项费用的企业，经土地行政主管部门批准，用划拨土地使用权评估作价冲抵企业净负债，并按本文前述规提留费用（资金）。剩余土地资产由改制后企业缴纳40%土地让金后取得土地使用权。土地出让手续由改制后企业凭财政机关的批复意见及土地行政主管部门事先的批准文件，到土地行政主管部门办理。改制时企业冲抵净负债（包括提留费用）的土地资产价值以及改制后企业实际缴纳的土地出让金数额，合并计入"无形资产"科目，并按"土地出让年期"进行摊销。

新《广告法》下的宣传

案例

位于某某乡镇的一个金融机构张贴公告说它们的利率最高，希望老百姓到它们那里存款。它们还发短信给客户，推荐产品和服务等。

处理误区

《存款保险条例》已经出台，存款利率逐步放开，金融机构有自主制定利率的权力，可以在本地区以最高利率吸收存款。

分析

1. 新《广告法》要求广告发布者不得以"最高"等字眼进行虚假宣传，因为容易误导消费者，已经有不少银行及其他单位因此受到处罚。

2. 新《广告法》还规定发送短信必须获得客户的许可，要有退定或者拒绝接受的方式，如果客户提出拒绝接受，则不得再继续发送。

处理措施和规范建议

银行将广告宣传纳入审核，同时要求广告合作单位将广告内容送审。

参考法规

《中华人民共和国广告法》第九条　广告不得有下列情形：

（一）使用或者变相使用中华人民共和国的国旗、国歌、国徽，军旗、军歌、军徽；

（二）使用或者变相使用国家机关、国家机关工作人员的名义或者形象；

（三）使用"国家级"、"最高级"、"最佳"等用语；

（四）损害国家的尊严或者利益，泄露国家秘密；

（五）妨碍社会安定，损害社会公共利益；

（六）危害人身、财产安全，泄露个人隐私；

（七）妨碍社会公共秩序或者违背社会良好风尚；

（八）含有淫秽、色情、赌博、迷信、恐怖、暴力的内容；

（九）含有民族、种族、宗教、性别歧视的内容；

（十）妨碍环境、自然资源或者文化遗产保护；

（十一）法律、行政法规规定禁止的其他情形。

第十三条　广告不得贬低其他生产经营者的商品或者服务。

第二十五条　招商等有投资回报预期的商品或者服务广告，应当对可能存在的风险以及风险责任承担有合理提示或者警示，并不得含有下列内容：

（一）对未来效果、收益或者与其相关的情况作出保证性承诺，明示或者暗示保本、无风险或者保收益等，国家另有规定的除外；

（二）利用学术机构、行业协会、专业人士、受益者的名义或者形象作推荐、证明。

第二十八条　广告以虚假或者引人误解的内容欺骗、误导消费者的，构成虚假广告。

广告有下列情形之一的，为虚假广告：

（一）商品或者服务不存在的；

（二）商品的性能、功能、产地、用途、质量、规格、成分、价格、生产者、有效期限、销售状况、曾获荣誉等信息，或者服务的内容、提供者、形式、质量、价格、销售状况、曾获荣誉等信息，以及与商品或者服务有关的允诺等信息与实际情况不符，对购买行为有实质性影响的；

（三）使用虚构、伪造或者无法验证的科研成果、统计资料、调查结果、文摘、引用语等信息作证明材料的；

（四）虚构使用商品或者接受服务的效果的；

（五）以虚假或者引人误解的内容欺骗、误导消费者的其他情形。

第四十三条　任何单位或者个人未经当事人同意或者请求，不得向其住宅、交通工具等发送广告，也不得以电子信息方式向其发送广告。

以电子信息方式发送广告的，应当明示发送者的真实身份和联系方式，并向接收者提供拒绝继续接收的方式。

第五十三条 任何单位或者个人有权向工商行政管理部门和有关部门投诉、举报违反本法的行为。工商行政管理部门和有关部门应当向社会公开受理投诉、举报的电话、信箱或者电子邮件地址，接到投诉、举报的部门应当自收到投诉之日起七个工作日内，予以处理并告知投诉、举报人。

第五十七条 有下列行为之一的，由工商行政管理部门责令停止发布广告，对广告主处二十万元以上一百万元以下的罚款，情节严重的，并可以吊销营业执照，由广告审查机关撤销广告审查批准文件、一年内不受理其广告审查申请；对广告经营者、广告发布者，由工商行政管理部门没收广告费用，处二十万元以上一百万元以下的罚款，情节严重的，并可以吊销营业执照、吊销广告发布登记证件：

（一）发布有本法第九条、第十条规定的禁止情形的广告的。

银行的零星事务让个人处理的风险

✍ 案例

某某农村商业银行在全县的网点众多，经常会有一些零星的小工程，如做个地坪，更换灯管、修水管、屋顶维修等，这些不是经常性的业务，有时支行请个老工人修补一下，风险的防范措施不到位。该如何安排？

📖 处理误区

安排雇工修补这些零星工程，比较省钱、省事，因为零星工程难以找到正规公司做。

♻ 分析

1. 雇佣个人，如果发生意外，雇佣单位要承担雇主责任，这些人员有时进行高风险作业，安全保护措施不足，发生危险的概率高。

2. 雇佣关系中，雇员的工作受到雇主的支配和控制，是一种从属关系，按照相关法律规定，如果双方为雇佣关系，雇员在从事雇佣工作中遭受人身损害的，雇主应当承担相应的赔偿责任；如果双方为承揽关系，则双方当事人就不存在控制、支配和从属关系，加工承揽工作由加工承揽人自行安排相应的工作量，工作程序、工作方法和技巧等由承揽人自己决定，工作中造成第三人和自身损害的定作人不承担赔偿责任,只有定作人对定作指示或选任有过失的才承担相应的过错赔偿责任。

🔫 处理措施和规范建议

寻找有一定资质的公司从事该项业务,并在合同中对安全防范进行约定。同时加强风险管理。如果确实属于较小的工程,难以找到公司从事该业务,则除了加强安全管理之外,仍需签订承揽合同,而不能认为金额小且对方是个人就忽略签署协议。

🔍 参考法规

1.《最高人民法院关于审理人身损害赔偿案件适用法律若干问题的解释》第九条 雇员在从事雇佣活动中致人损害的,雇主应当承担赔偿责任;雇员因故意或者重大过失致人损害的,应当与雇主承担连带赔偿责任。雇主承担连带赔偿责任的,可以向雇员追偿。

前款所称"从事雇佣活动",是指从事雇主授权或者指示范围内的生产经营活动或者其他劳务活动。雇员的行为超出授权范围,但其表现形式是履行职务或者与履行职务有内在联系的,应当认定为"从事雇佣活动"。

第十条 承揽人在完成工作过程中对第三人造成损害或者造成自身损害的,定作人不承担赔偿责任。但定作人对定作、指示或者选任有过失的,应当承担相应的赔偿责任。

第十一条 雇员在从事雇佣活动中遭受人身损害,雇主应当承担赔偿责任。雇佣关系以外的第三人造成雇员人身损害的,赔偿权利人可以请求第三人承担赔偿责任,也可以请求雇主承担赔偿责任。雇主承担赔偿责任后,可以向第三人追偿。

雇员在从事雇佣活动中因安全生产事故遭受人身损害,发包人、分包人知道或者应当知道接受发包或者分包业务的雇主没有相应资质或者安全生产条件的,应当与雇主承担连带赔偿责任。

2.《中华人民共和国合同法》第二百五十一条 承揽合同是承揽人按照定作人的要求完成工作,交付工作成果,定作人给付报酬的合同。

承揽包括加工、定作、修理、复制、测试、检验等工作。

第二百五十三条 承揽人应当以自己的设备、技术和劳力,完成主要工作,但当事人另有约定的除外。

承揽人将其承揽的主要工作交由第三人完成的,应当就该第三人完成的工作成果向定作人负责；未经定作人同意的，定作人也可以解除合同。

第二百六十一条　承揽人完成工作的，应当向定作人交付工作成果，并提交必要的技术资料和有关质量证明。定作人应当验收该工作成果。

监控视频仅仅保留三个月

✍ 案例

程某某一年前在银行办理多笔业务，包括开手机网银、汇款等，他还记得办理了定期存款转存，可是单据显示为取款，他认为是银行的工作人员办理业务错误，他没有拿到钱，现在要求银行给个说法。监控视频超过三个月就自动覆盖，所以监控视频也无法证明。

♻ 分析

1. 取款时需要提供证据证明资金支付以及数额符合要求。钱是否给对方？按常理来说应当给对方，因为如果没有给客户的话，他们不会离开，也不会签字。

2. 农村市场比城市市场更需要规范，要想得更细。例如，该案例说明三个月的监控视频保存期限无法满足农村市场的需要。

3. 按照公安机关对于银行的安全标准要求，视频监控不少于一个月，这符合对于刑事案件的安全管理实际需求，但远远无法满足民事行为内在现实需求，法律规定的侵权时效至少为一年，现在已经有些银行将重要部位的监控视频保留至一年。

✎ 处理措施和规范建议

农村金融机构的监控视频仅仅保留三个月无法满足实际的需要，应当延长至一年及以上。

🔍 参考法规

1.《银行营业场所风险等级和防护级别的规定》5.3.10 实行安全柜员制的营业场所应安装视频安防监控装置，应能实时监视、记录现金支付交易全过程，回放图像应能清晰显示柜员操作及客户脸部特征。视频安防监控装置还应能够实时监视营业场所内人员的活动情况，回放图像应能清晰辨别进出人员的体貌特征。安防系统记录资料的保存期不应少于 30 天。

2. 《中华人民共和国民法通则》第一百三十五条　向人民法院请求保护民事权利的诉讼时效期间为二年，法律另有规定的除外。

第一百三十六条　下列的诉讼时效期间为一年：

（一）身体受到伤害要求赔偿的；

（二）出售质量不合格的商品未声明的；

（三）延付或者拒付租金的；

（四）寄存财物被丢失或者损毁的。

微信公众号转发文章

✍ 案例

有些农村商业银行及省级联社都运营着微信号，因为文章不足，转发别人的文章在所难免，但是在转发过程中的知识产权问题应当引起注意。

📖 处理误区

大家都在转发其他来源的文章放在自己的微信号中供客户阅读。

♻ 分析

1. 转发其他人的文章属于著作权的范畴，需要标注作者、出处等，如果对方标注不得转载，则没有经过许可进行转载就是侵犯对方的著作权。

2. 微信公众号对著作权的侵权方式主要有两种，一是篡改、剽窃著作权人作品的行为。侵权微信公众号将他人的文字作品标以自己名字或匿名在网络上传播，不仅侵害了权利人的署名权，同时对权利人的名誉权、荣誉权等人身权利造成了侵害。未经著作权人同意，在网络上私自传播著作权人的作品，就是侵犯了原作者的网络传播权。微信公众号如果采取超文本链接的方式，而且链接的是文字作品著作权人的公众号，一般不认为侵权。

3. 对于网络服务提供者侵犯著作权所承担的责任，我国法律采取世界上普遍采用的"避风港规则"，即当网络著作权侵权行为发生后，若网络服务提供者被通知侵权，则负有删除义务，否则即被视为侵权，要与直接侵权行为人一起承担连带责任；若侵权内容没有存储在网络服务提供者的服务器上且又没有被通知删除，则该网络服务提供者就不承担侵权责任。

4. 如果是商业化运营的微信号，则需要对转载的文章作者支付报酬。

📋 处理措施和规范建议

1. 尽可能选择那些可以转载的文章，主要是独创性弱、具有普遍性的文章。

2. 如果有人提出来侵犯了著作权，及时将文章删除，则不构成侵权，也可以获得同意转载后支付稿酬。

3. 可以鼓励员工和客户写相关内容，还可以密切和客户的关系，省级联社也可以发动全省的力量运营好微信号。

🔍 参考法规

1. 《中华人民共和国著作权法》第三十三条 作品刊登后，除著作权人声明不得转载、摘编的外，其他报刊可以转载或者作为文摘、资料刊登，但应当按照规定向著作权人支付报酬。

2. 《中华人民共和国著作权法实施条例》第三十条 著作权人依照著作权法第三十三条第二款声明不得转载、摘编其作品的，应当在报纸、期刊刊登该作品时附带声明。

3. 《中华人民共和国侵权责任法》第三十六条 网络用户、网络服务提供者利用网络侵害他人民事权益的，应当承担侵权责任。

网络用户利用网络服务实施侵权行为的，被侵权人有权通知网络服务提供者采取删除、屏蔽、断开链接等必要措施。网络服务提供者接到通知后未及时采取必要措施的，对损害的扩大部分与该网络用户承担连带责任。

网络服务提供者知道网络用户利用其网络服务侵害他人民事权益，未采取必要措施的，与该网络用户承担连带责任。

后　记

经过一年的努力，终于将自己处理过的事务变成文字出版。本书的完成离不开家人的支持和鼓励，晚上我一个人在单位的宿舍里独自写稿，我的夫人在千里之外独自带着孩子；儿子才上小学，他的阳光鼓励着我前行。我的父母在老家为我每一次的努力和每一天的成长而喜悦。在此，感谢他们的默默付出。

感谢沭阳农村商业银行对我的接纳，这些案例都取材于实践，没有沭阳农商银行的工作实践，就没有本书的诞生。感谢沭阳农商银行的每一位员工的咨询、信任和鼓励。

感谢沭阳农商银行董事长王昌林和行长谢宝，以及宿迁民丰农村商业银行董事长许尔波，他们鼓励我、支持我，将我放在业务一线锤炼，让我的法律事务处理更具有针对性和有效性。

特别感谢中国金融出版社张铁为本书出版给予的鼓励以及所做细致入微的工作。

丁求
2017 年 4 月